主　　编　孙晓勇　国家法官学院院长
最高人民法院司法案例研究院院长
副 主 编　胡田野　国家法官学院副院长
刘　畅　最高人民法院司法案例研究院规划部主任
主编助理　赵文轩　最高人民法院司法案例研究院规划部编辑
刘丽媛　最高人民法院司法案例研究院规划部编辑

《中国法院年度案例》编辑人员（按姓氏笔画）
王　锐　刘　畅　朱建伟　朱　琳　吴光荣　李晓果
李　谦　杨小利　胡　岩　赵文轩　唐世银　徐一楠
贾　停　曹海荣　梁　欣　程诗翰　程　瑛

本书编审人员　朱　琳

中国法院2022年度案例

国家法官学院 最高人民法院司法案例研究院 / 编

婚姻家庭与继承纠纷

中国法制出版社
CHINA LEGAL PUBLISHING HOUSE

《中国法院2022年度案例》通讯编辑名单

凌　巍　北京市高级人民法院
刘晓虹　北京市高级人民法院
董　扬　天津市高级人民法院
王　佳　河北省高级人民法院
刘冬梅　山西省高级人民法院
杨智勇　内蒙古自治区高级人民法院
周文政　辽宁省高级人民法院
张功岩　吉林省高级人民法院
孙学诗　黑龙江省高级人民法院
牛晨光　上海市高级人民法院
戴鲁霖　江苏省高级人民法院
缪　芳　江苏省高级人民法院
符东杰　江苏省南通市中级人民法院
周耀明　江苏省无锡市中级人民法院
杨　治　浙江省高级人民法院
蒋　莹　浙江省高级人民法院
吴　婧　安徽省高级人民法院
林文君　福建省高级人民法院
章光园　江西省高级人民法院
王露爽　山东省高级人民法院
郭宇凌　河南省高级人民法院
宋淼军　湖北省高级人民法院
杨晓彤　湖北省宜昌市中级人民法院
唐　竞　湖南省高级人民法院
谢佩宏　广东省高级人民法院
邹尚忠　广西壮族自治区高级人民法院
韦丹萍　广西壮族自治区高级人民法院
李周伟　海南省高级人民法院
谭中平　重庆市高级人民法院
任　梦　四川省高级人民法院
李丽玲　云南省高级人民法院
石　瑾　云南省昆明市中级人民法院
龙　媛　贵州省高级人民法院
施辉法　贵州省贵阳市中级人民法院
王丽萍　西藏自治区高级人民法院
郑亚非　陕西省高级人民法院
吴　莹　甘肃省高级人民法院
央　措　青海省高级人民法院
康　莹　宁夏回族自治区高级人民法院
马小菊　新疆维吾尔自治区高级人民法院
王　琼　新疆维吾尔自治区高级人民法院生产建设兵团分院

序

党的十八大以来，以习近平同志为核心的党中央高度重视法治在推进国家治理体系和治理能力现代化中的重要作用，党的十九届六中全会通过的《中共中央关于党的百年奋斗重大成就和历史经验的决议》指出，必须坚持中国特色社会主义法治道路，贯彻中国特色社会主义法治理论，坚持依法治国、依法执政、依法行政共同推进，坚持法治国家、法治政府、法治社会一体建设，全面增强全社会尊法学法守法用法意识和能力。人民法院始终坚持以习近平法治思想为指导，把加强司法案例研究作为推进全面依法治国的重要途径，通过发布具有普遍指导意义的典型案例，统一法律适用、提高审判质效，提升司法公信力，努力让人民群众在每一个司法案件中感受到公平正义。《中国法院年度案例》丛书，旨在总结提炼典型案例的裁判规则和裁判方法，发挥司法规范、指导、评价、引领的重要作用，大力弘扬社会主义核心价值观，增强全民法治意识和法治素养，展现新时代我国法治建设新成就。

《中国法院年度案例》丛书自2012年编辑出版以来，已连续出版11年，受到读者广泛好评。近年来，为更加全面地反映我国司法审判执行工作的发展进程，顺应审判执行实践需要，响应读者需求，丛书2014年度新增金融纠纷、行政纠纷、刑事案例3个分册，2015年度将刑事案例调整为刑法总则案例、刑法分则案例2个分册，2016年度新增知识产权纠纷分册，2017年度新增执行案例分册，2018年度将刑事案例扩充为4个分册。自2020年起，丛书由国家法官学院与最高人民法院司法案例研究院共同编辑，每年年初定期出版。在全国各级人民法院的大力支持下，丛书编委会现编辑出版《中国法院2022年度案例》系列丛书，共23册。为助力实施环境资源审判专门化的司法政策，推进生态文明建设与绿色发展，自今年起，丛书将土地纠纷（含林地纠纷）分册改为土地纠纷（含环境资源纠纷）分册。

《中国法院年度案例》丛书以开放务实的态度、简洁明快的风格，在编辑中坚持以下方法，努力把案例书籍变得“好读有用”：一是高度提炼案例内容，控制案例篇幅，每个案例基本在3000字以内；二是突出争议焦点，剔除无效信息，尽可能在有限的篇幅内为读者提供有效、有益的信息；三是注重对裁判文书的再加工，大多数案例由案件的主审法官撰写“法官后语”，高度提炼、总结案例的指导价值，力求引发读者思考，为司法工作提供借鉴，为法学研究提供启迪。

《中国法院年度案例》丛书编辑工作坚持以下原则：一是广泛选编案例。国家法官学院和最高人民法院司法案例研究院每年通过各高级人民法院从全国各地法院汇集上一年度审结的典型案例近万件，使该丛书有广泛的精选基础，优中选优，可提供给读者新近发生的全国各地多种类型的典型性案例。二是方便读者检索。为体现以读者为本的宗旨，丛书分卷细化，每卷下还将案例主要根据案由分类编排，每个案例用一句话概括裁判规则、裁判思路或焦点问题作为主标题，让读者一目了然，迅速找到目标案例。

中国法制出版社始终全力支持《中国法院年度案例》丛书的出版，给了作者和编辑们巨大的鼓励。2022年，丛书将继续提供数据库增值服务。购买本书，扫描前勒口二维码，即可在本年度免费查阅往年同类案例数据库。我们在此谨表谢忱，并希望通过共同努力，逐步完善，做得更好，真正探索出一条编辑案例书籍、挖掘案例价值的新路，更好地服务社会主义法治国家建设、服务法治社会建设、服务学习研究法律的读者。

《中国法院年度案例》丛书既是法官、检察官、律师等法律工作者的办案参考和司法人员培训的实用教材，也是社会大众学法用法的经典案例读本，同时是教学科研机构案例研究的良好系列素材。当然，案例作者和编辑在编写过程中也难以一步到位实现最初的编写愿望，客观上会存在各种不足甚至错误，欢迎读者批评指正。我们愿听取各方建议，不断扩宽深化司法案例研究领域，立足新发展阶段，实现中国特色司法案例研究事业的高质量发展。

国家法官学院

最高人民法院司法案例研究院

2022年1月

目　录

Contents

一、婚姻家庭纠纷

（九）赡养纠纷

（十）收养关系纠纷

（十一）探望权纠纷

（十二）分家析产纠纷

二、继承纠纷

（一）法定继承纠纷

（二）遗嘱继承纠纷

（三）遗赠纠纷

三、申请人身安全保护令

一、婚姻家庭纠纷

（一）婚约财产纠纷

1

双方未办理结婚登记手续请求返还彩礼的处理

——李某甲诉李某乙婚约财产案

【案件基本信息】

1. 裁判书字号

山东省淄博市中级人民法院（2021）鲁03民终2261号民事判决书

2. 案由：婚约财产纠纷

3. 当事人

原告（上诉人）：李某甲

被告（被上诉人）：李某乙

【基本案情】

李某甲、李某乙于2018年4月相识并建立恋爱关系，同年5月开始同居生活。2019年1月13日，李某甲支付李某乙彩礼88000元，当日，李某乙从该彩礼中支付17442元用于购买首饰，4月5日至10日，李某乙从该账户中陆续取款共计70000元，李某乙于同年8月13日生育非婚生女李某丙，双方未办理结婚登记手续。李某乙主张系双方共同取款，彩礼已用于双方共同生活及抚养孩子，李某甲对此不予认可。后双方因彩礼返还纠纷诉至法院。

另查，李某乙曾于2019年10月17日就双方非婚生子女的抚养纠纷诉至法院，法院最终判决非婚生女李某丙由李某乙抚养，李某甲自判决生效当月起每月支付抚养费1000元至李某丙18周岁止。后李某甲未履行支付抚养费的义务。

【案件焦点】

涉案彩礼能否返还以及返还比例如何确定。

【法院裁判要旨】

山东省淄博市临淄区人民法院经审理认为，《最高人民法院关于适用〈中华人民共和国民法典〉婚姻家庭编的解释（一）》第五条规定，当事人请求返还按照习俗给付的彩礼的，如果查明属于以下情形，人民法院应当予以支持：（一）双方未办理结婚登记手续；（二）双方办理结婚登记手续但确未共同生活；（三）婚前给付并导致给付人生活困难。适用前款第二项、第三项的规定，应当以双方离婚为条件。本案中，双方对被告收受原告彩礼88000元无异议，本院予以确认。原、被告双方虽未办理结婚登记手续，但自2018年5月起即开始共同生活，并生育一女。李某乙除收受彩礼当日从彩礼中支付款项购买首饰外，又于2019年4月5日至10日将剩余彩礼取出。根据原告提交的证据及庭审调查，共同生活期间双方的收入并不稳定，被告称彩礼已用于共同生活、孩子抚养等理由成立，原告要求被告返还该彩礼，依据不足，对此不予支持。综上，依照《最高人民法院关于适用〈中华人民共和国民法典〉时间效力的若干规定》第一条第三款、《最高人民法院关于适用〈中华人民共和国民法典〉婚姻家庭编的解释（一）》第五条、《中华人民共和国民事诉讼法》[1] 第六十四条

---

① 《中华人民共和国民事诉讼法》已经于2021年12月24日修改，于2022年1月1日起实施。本书收录案例均裁判于该法修改之前，适用的是当时有效的条文，下文将不再对此进行提示。

的规定，判决如下：

驳回原告李某甲的诉讼请求。

李某甲不服一审判决提起上诉。山东省淄博市中级人民法院经审理认为：本案中，虽然双方未办理结婚登记，但双方同居期间育有一女，且在同居期间，彩礼账户里的钱已被陆续取出，因同居期间双方收入都不稳定，李某乙主张彩礼已用于双方同居期间共同生活和抚养孩子符合双方当事人所陈述的实际情况，理由成立，一审判决李某乙不返还李某甲彩礼，合情合理合法，应予支持。李某甲的上诉请求不能成立，应予驳回；一审判决认定事实清楚，适用法律正确，应予维持。据此，二审判决如下：

驳回上诉，维持原判。

【法官后语】

本案为一起婚约财产纠纷，裁判的关键在于如何准确理解返还彩礼的条件。

彩礼是指以结婚为目的，按照当地风俗习惯，一方或其家庭成员给付另一方的礼金及贵重财物。给付彩礼是我国的民间婚俗，是男女双方以将来结婚为目的而为的给付，从法律性质上看是一种以结婚为条件的赠与行为。所以，对于彩礼纠纷的处理，根据双方最终缔结婚姻目的的实现结果来确定是否返还，符合公平原则。原则上，没有形成婚姻关系的，彩礼应当以退还为宜。这种没有形成婚姻关系是指既没有办理结婚登记，也没有实际共同生活的情形。实践中，男女双方虽然因为婚龄等原因没有办理结婚登记，但已经按照当地风俗举行了婚礼，双方也实际共同生活，此种情况下双方因感情破裂分手时，如果简单以未办理结婚登记手续为由要求女方全部返还彩礼，则显失公平。

关于彩礼返还的具体情形，《最高人民法院关于适用〈中华人民共和国民法典〉婚姻家庭编的解释（一）》（以下简称《婚姻家庭编司法解释》）第五条规定，当事人请求返还按照习俗给付的彩礼的，如果查明属于以下情形，人民法院应当予以支持：（一）双方未办理结婚登记手续；（二）双方办理结婚登记手续但确未共同生活；（三）婚前给付并导致给付人生活困难。适用前款第二项、第三项的规定，应当以双方离婚为条件。在司法实践中，人民法院处理彩礼返还纠纷应当根据双方共同生活的时间、彩礼给付的数额并结合当地风俗习惯、经济发展水平等因素，具体确定彩礼是否返还以及返还的具体数额，重点应关注以下问题：

1. 区分彩礼给付与借婚约为名向对方索取财物。《中华人民共和国民法典》第一千零四十二条规定，禁止借婚姻索取财物。基于包办、买卖性质的婚约发生的财物给付或者借婚约为名向对方索取财物的，究其本质，是将缔结婚姻作为其谋取财物的手段或工具，与正常的民间彩礼给付性质不同。人民法院可基于男女双方结婚真实意愿、给付财物金额大小，并结合当地风俗习惯及经济发展水平，综合认定给付的财物的性质。借婚姻关系索取财物的，或者因索要财物造成给付方生活困难的，可酌情返还。

2. 区分彩礼给付与恋爱期间小额赠与。男女双方在交往过程中为表达感情、出于自愿所给付的日常用品，或在某些特定节日给付的带有特殊含义数字的红包（如520红包等），赠送的价值较小的物品，请客花费、逢年过节等人情往来的消费性支出，一般应认定为恋爱期间的赠与行为，与双方当事人以缔结婚姻为目的的彩礼给付性质不同，给付人要求返还的，人民法院不予支持。

3. 彩礼应否返还应重点关注双方是否已经实质形成长久稳定的共同生活关系。如前所述，《婚姻家庭编司法解释》规定了彩礼返还的具体情形，究其本质，均关注男女双方是否形成了实质的婚姻关系。这里所指的实质的婚姻关系不仅指办理了结婚登记，还需双方已经实际共同生活。共同生活主要体现在相互之间共同为家庭贡献力量，相互扶助、相互照顾、精神慰藉，共同承担生活负担。对于骗婚及虽已办理结婚登记手续但确未共同生活的，应返还彩礼。

4. 彩礼返还的范围应综合涉案情况灵活认定。确定彩礼返还时，要根据已给付彩礼的实际使用情况，考虑双方是否为筹办婚事支付了必要的费用或是否已经在实际共同生活中发生了必要的消耗等，在此基础上予以适当返还。实际生活中，常出现如下情形，如虽然男女双方没有共同生活，但可能已为筹办婚礼购买了生活用品或支付了其他费用；再如，在认定婚前给付导致给付人生活困难的情形中，男女双方也可能已经在实际共同生活中对彩礼进行了部分消耗。

因此在处理彩礼返还问题时应当灵活掌握，真正体现公平原则。同时，还要考虑到在广大农村地区，往往会出现男方因给付高价彩礼，离婚后无力负担再娶费用的情形，因此，当事人请求返还按习俗给付的彩礼的，人民法院可以根据案件的具体情况，综合考虑双方共同生活的时间、彩礼数额、彩礼用途、是否生育子女，并结合当地风俗习惯和经济水平等因素，酌情确定是否返还以及返还的具体数额，以妥善平衡各方当事人的利益，维护社会的和谐稳定。

编写人：山东省淄博市临淄区人民法院　刘海红　张凌燕

（二）离婚纠纷

2

离婚案件中虚假离婚合意之司法认定

——陈某诉张某离婚案

【案件基本信息】

1. 裁判书字号

北京市第二中级人民法院（2020）京02民终2214号民事判决书

2. 案由：离婚纠纷

3. 当事人

原告（被上诉人）：陈某

被告（上诉人）：张某

【基本案情】

原告陈某、被告张某于2008年1月31日登记结婚，婚后育有一子张小某。

2014 年 11 月 2 日，双方协议离婚并签订《离婚协议书》，对婚姻关系、子女抚养及财产分割作出明确约定。2015 年 1 月 15 日双方复婚；2017 年 7 月中旬，双方因感情不和开始分居。现陈某诉至法院要求离婚并处理子女抚养、共同财产分割问题。张某辩称双方系因购房办理假离婚，《离婚协议书》的财产分割内容是双方串通的虚假意思表示，应属无效，要求重新分割。

另查，2014 年 11 月 3 日，陈某与案外人签订房屋买卖合同购买 303 号房屋。当日，陈某支付购房定金、居间费和保障服务费；2015 年 1 月 12 日陈某申请贷款支付房款 160 万元。后 303 号房屋登记于陈某名下。

【案件焦点】

陈某与张某于 2014 年 11 月 2 日协议离婚是否为通谋虚假离婚。

【法院裁判要旨】

北京市西城区人民法院经审理认为：陈某、张某自由恋爱，在相互了解后缔结婚姻关系，且共同育有一子，彼此应当珍惜；但婚后双方未能注重感情培养，导致感情破裂，现双方均表示愿意解除婚姻关系，法院不持异议。考虑到婚生子张小某正处于成长、发育的关键时期，本着不随意改变子女成长环境和未成年人利益最大化原则，结合双方抚养能力，确定张小某由陈某直接抚养；结合子女生活地域、实际需要和张某收入等因素，张某每月给付子女抚育费 5000 元。

就共同财产处理，本着照顾子女及女方权益原则，婚后购买的家具家电归陈某所有，由陈某给付张某折价补偿。陈某提出异议的银行存款转出部分，结合法院查明的事实，扣除陈某能够进行合理解释和来源、出处对应的款项部分，约 36 万元陈某未能充分举证证明系经张某同意处分，法院对陈某的处分行为不予确认，视为陈某用于此后的子女抚养和房屋还贷。关于陈某抗辩 2016 年 8 月 24 日向其母转账的 20 万元中，有用于偿还其母向其转账款项，陈某未能就其母向其转账款项的性质进行充分举证，该笔转款涉及案外人权益，应另案处理。

关于张某主张平均分割 303 号房屋，其虽抗辩称与陈某前次离婚系为购买

303 号房屋而进行的假离婚，双方对共同财产的分割非真实意思表示，但未能据其主张事实向法庭充分举证，且陈某亦不认可，法院对张某的抗辩意见不予采纳，《离婚协议书》的约定对双方均产生约束力。结合 303 号房屋购买时间、购买主体、购房款组成和产权登记等事实，法院确认房屋归陈某所有，陈某应当对复婚后张某参与共同还贷及房屋对应增值部分，向张某进行补偿，具体数额法院结合双方确定的房屋市场价值、查明和确定的共同还贷时间进行核算，为 628620 元；张某要求平均分割该房屋的主张，法院不予支持。

据此，北京市西城区人民法院判决如下：

一、陈某与张某离婚；

二、婚生子张小某由陈某抚养，张某按月给付子女抚育费 5000 元至张小某年满 18 周岁止；

三、共同财产：钢琴一架……归陈某所有，陈某给付张某折价补偿款 25000 元；

四、303 号房屋归陈某所有，陈某给付张某房屋共同还贷及对应增值部分 628620 元；

五、驳回双方的其他诉讼请求。

张某不服一审判决，提起上诉。北京市第二中级人民法院经审理认为：本案的争议焦点为一审法院对于张某与陈某离婚后的子女抚养及财产分割问题所做处理是否适当。一审法院对于双方婚姻关系的解除、子女抚养及陈某银行存款所做处理并无不当，二审法院同意一审法院裁判意见。

关于 303 号房屋的分割问题，首先应明确房屋的性质，张某上诉主张其与陈某于 2014 年 11 月的协议离婚为假离婚，进而主张双方签订的《离婚协议书》中关于财产分割的条款无效，法院对其前述主张不予认可，具体分析如下：首先，303 号房屋中介经办人黄某虽向一审法院出具《证明》，表示陈某与张某办理购房手续过程中双方均到场，关系和谐并仍以夫妻相称。但二审中，黄某提交了书面说明并出庭接受询问，表示前述《证明》并非其本意，系无奈之下书写。同时称办理购房手续时陈某与张某已是离异状态，并未以夫妻相称。其次，本案中，张某与陈某离婚、购房、复婚的时间节点虽结合得较为紧密，但综合本案现有证据，缺乏能够证明张某与陈某当时协议离婚并非双方真实意思表示的直接证据，如离婚后签署的财产约定或当时的往来通信记录等。最后，张某受过专业法学教育，本身具有一定法学理论基础，其应知晓签署离婚协议的法律后果，因此，其在签署离婚协议时应较一般人更为审慎。但本案中，张某与陈某签署离婚协议后并未签订其他协议，且在协议中亦存在“双方承诺对该协议书的字词义非常清楚，并愿意完全履行本协议书，不存在受到胁迫、欺诈、误解情形”的内容，前述事实均与张某主张双方系假离婚存在相悖之处。故综合考量本案实际情况，法院认定 2014 年 11 月双方协议离婚系双方真实意思表示，离婚时签订的《离婚协议书》应为有效。陈某在双方离婚后复婚前用协议书中约定归其所有的银行存款购买 303 号房屋，用其个人财产支付房屋首付款并以个人名义办理银行贷款，且房屋亦登记在陈某名下，故 303 号房屋应属于陈某的个人财产。一审法院综合考量 303 号房屋的购买时间、购买主体、购房款组成和产权登记等事实，确定 303 号房屋归陈某所有，由陈某对复婚后张某参与共同还贷及房屋对应增值部分进行补偿并无不当，结合双方确定的房屋市场价值、查明和确定的双方共同还贷时间等因素，确定陈某给付张某 303 号房屋共同还贷及对应增值部分 628620 元亦无不当。张某上诉主张平均分割 303 号房屋不能成立，法院不予支持。最终判决：

驳回上诉，维持原判。

【法官后语】

随着一线城市经济迅速发展，车房指标等稀缺资源的重要性日益凸显，离婚率与离婚登记数量也在不断攀升，除夫妻感情破裂或其他家庭因素所致离婚外，因规避限购政策、降低税费成本、逃避债务、获取拆迁利益等因素导致的“假离婚”现象亦不鲜见，离婚纠纷案件数量亦随之增加。目前司法实务中对“假离婚”的认定尚未有明确裁判规则，虚假离婚合意认定标准模糊、裁判尺度不一。本案是涉及“假离婚”认定的典型案例，通过对虚假离婚合意的认定标准进行分析，明确考量因素，以期对类案处理提供一定裁判思路，同时通过类案判决对蓄意通过假离婚手段达到一定目的的当事人予以警示，弘扬正确价值导向。

一、涉“假离婚”案件中虚假离婚合意的举证责任及考量因素

根据“谁主张，谁举证”的一般举证责任规则，此类离婚案件中一般由主张双方系“假离婚”的一方承担举证责任。目前我国法律及司法实务并无明确规定，“假离婚”涉及的事实亦较为繁杂，对于双方是否达成虚假离婚合意依赖于法官自由裁量。本文认为，认定双方是否存在虚假离婚合意可从以下四个方面进行考量：

1. 虚假离婚合意的直接意思表示。

通过梳理案件发现，部分当事人办理“假离婚”时除在行政机关签订离婚协议书外，还会另行签署协议明确双方“假离婚”意思并作出相关约定。此类证据一般包含夫妻双方对于“假离婚”合意的直接意思表示，对于认定“假离婚”的证明力较高。此外，双方当事人就“假离婚”事项进行沟通的微信聊天记录、通话录音等亦可作为反映当事人真实意思的直接证据。

2. 离婚后的共同生活事实及重要时间节点。

“假离婚”的夫妻双方通常仅在形式上办理离婚手续，办理离婚后双方仍共同居住生活或处理家庭事务，如有相关证据能证明双方在离婚后仍共同接送孩子、共同购买房屋偿还房贷，对外仍以夫妻名义相称、行为亲密，双方仍未脱离共同家庭生活等，一般可认定双方当事人存在虚假离婚的合意。此外，还可考察当事人离婚后实施重要法律行为的时间节点，如办完离婚手续后迅速购房并申请贷款，房屋登记手续办理完毕后又迅速复婚的，则可能为“假离婚”。

3. 相关政策条件的考察。

夫妻双方合意“假离婚”通常基于某种目的，如规避车房限购政策、减少贷款成本、降低税费等，而此类优惠政策一般有严格限制条件，夫妻双方可能以“假离婚”方式使自身满足该条件。认定双方是否有虚假离婚合意，可以通过对当事人购房、购车、贷款的条件予以审查实现，如果双方婚姻情况明显影响前述条件成就时，则“假离婚”的可能性增大。

4. 证人证言、当事人认知能力等其他因素。

除能反映当事人意思表示的直接证据与客观事实等，离婚纠纷中证人证言作为证据出现亦属常见，熟悉当事人生活状况且具有一定中立性的证人证言、当事人自身认知能力在与其他证据结合的情况下，亦能在很大程度上动摇法官的自由心证。但需要注意的是，在只有此类辅助性证据，缺乏认定双方虚假离婚合意的直接性、关键性证据情况下，法官仍应采取审慎态度作出裁量。

二、涉“假离婚”案件中虚假离婚合意认定应从严把握

实践中，“假离婚”案件还可能掺杂夫妻感情、子女抚养、财产分割等多种因素，加大了法官对“假离婚”合意的认定难度。当案件事实满足前述部分考量因素时并不能当然认定双方系“假离婚”，尤其在缺乏直接证据证明双方“假离婚”合意的情况下，法官所作认定更应结合案件具体事实从严把握。具体原因主要有以下两点：一是我国法律及审判实务历来对婚姻采取审慎态度。《中华人民共和国民法典》第一千零七十七条规定离婚冷静期制度，确认双方离婚的真实意思，减少冲动离婚，彰显立法者适度保护离婚自由、审慎对待离婚的立法态度。审判实务中，如不存在法律规定应当判决离婚的情形，对于第一次起诉离婚的案件，法院一般也不会判决离婚，充分给予双方缓和矛盾、挽救婚姻的机会。由此，无论是在立法层面还是在实务层面，对离婚持审慎态度的司法传统要求对“假离婚”的认定从严掌握。二是“假离婚”实质为夫妻双方规避国家政策而获取相关利益，不应得到提倡。政府制定相应政策意在使各项资源得到合理配置，实现效率的最大化，而夫妻双方以“假离婚”手段规避相关政策达到使自己获益的目的，不利于政府职能的实现和资源的最优配置，因而“假离婚”行为亦不应在司法案件中获得正面提倡。通过严格限制假离婚的认定，引导当事人审慎实施相关行为，树立正确的婚姻家庭观念。

三、本案中虚假离婚合意之判定

本案中，张某主张其与陈某于2014年11月的协议离婚为假离婚，进而主张双方在《离婚协议书》中的财产分割条款无效。依据查明的事实，双方签订《离婚协议书》当晚陈某即与案外人签订房屋买卖合同并支付定金，在陈某申

请贷款之后双方即复婚，且双方亦同时到场办理购房手续。合议庭初次研究本案时，亦认为双方离婚、购房、复婚的时间节点结合如此紧密有违常理，存在“假离婚”的可能。然而综合本案现有证据，双方未签订其他协议，亦无沟通“假离婚”事项的通信记录等，缺乏能够证明张某与陈某虚假离婚合意的直接证据；且一审中的购房中介黄某在二审推翻其证言并出庭接受询问，明确表示双方在购房时没有以夫妻相称。另，张某具有一定法学教育背景，应知晓签署离婚协议的法律后果，但其仍在《离婚协议书》中采用“双方承诺对该协议书的字词义非常清楚，并愿意完全履行本协议书，不存在受到胁迫、欺诈、误解情形”等表述确切的语句，结合前述事实及司法实务中对离婚所持审慎态度，合议庭最终认定张某与陈某并非“假离婚”，双方签订的《离婚协议书》有效。

本案通过对涉“假离婚”案件中虚假离婚合意认定的举证责任、考量因素、证明标准等方面进行分析，以期为司法实务中虚假离婚合意认定提供分析路径，并在一定程度上规范法官的自由裁量权，促进裁判尺度统一。同时，通过判决彰显法律对“假离婚”行为的负面态度，倡导树立正确的价值导向。

编写人：北京市第二中级人民法院　侯晨阳　杨云霞

3

离婚协议对变更子女姓名的约定无强制效力

——魏某诉郑某婚姻家庭案

【案件基本信息】

1. 裁判书字号

福建省福鼎市人民法院（2020）闽0982民初2138号民事判决书

2. 案由：婚姻家庭纠纷

3. 当事人

原告：魏某

被告：郑某

【基本案情】

魏某与郑某于2001年5月21日登记结婚，婚后生育一子郑小甲、一女郑小乙。后因夫妻感情不和，于2017年3月3日协议离婚，约定婚生女郑小乙归魏某抚养，若魏某需要变更婚生女郑小乙姓氏，郑某需配合魏某办理相关变更手续。后魏某欲变更婚生女郑小乙姓氏，但郑某拒绝配合，魏某诉至法院，请求判令郑某履行离婚协议的约定义务，配合办理变更婚生女郑小乙姓名为魏小乙的相关手续。

【案件焦点】

魏某与郑某在离婚协议中关于变更婚生女姓氏的约定是否有效。

【法院裁判要旨】

福建省福鼎市人民法院经审理认为：关于子女姓氏问题，根据《中华人民共和国婚姻法》[①] 第二十二条之规定，子女可以随父姓，也可以随母姓。本案中，魏某与郑某虽然在双方订立的《离婚协议书》中就婚生女郑小乙的姓氏变更事项进行了约定，但鉴于该事项具有人身属性，且涉及未成年人权益保护问题，因此应当审慎处理。根据《最高人民法院关于变更子女姓氏问题的复函》（［81］法民字第11号）的有关精神，成年子女有权决定是否更改自己的姓名，但未成年子女的姓氏应当由其父母双方协商一致后确定，父亲或母亲一方未征得对方同意，不应随意更改子女姓氏，即父母在其未成年子女的姓氏选择问题上享有同等权利。郑小乙姓氏的变更问题，应当由魏某与郑某协商一致后至公安部门办理相关手续；但鉴于案件庭审过程中郑某未到庭，且结合郑某拒绝配

① 《中华人民共和国民法典》于2021年1月1日起实施，《中华人民共和国合同法》《中华人民共和国民法总则》等同时废止。本书收录的部分案例裁判于《中华人民共和国民法典》生效前，适用的是当时有效的法律规定，下文将不再对此进行提示。

合办理婚生女郑小乙的姓氏变更手续行为可知，事实上，魏某与郑某并未就婚生女郑小乙的姓氏变更问题达成一致意见，故对于魏某提出的要求郑某配合其变更婚生女郑小乙姓氏的主张，不予支持。依照《中华人民共和国婚姻法》第二十二条、《中华人民共和国民事诉讼法》第一百四十四条规定，判决如下：

驳回魏某的诉讼请求。

【法官后语】

姓名权是公民一项重要的人身权利，其中“名”之部分代表个体，在合法范围内可以拥有诸多个性，而“姓”之部分体现着血缘传承、伦理秩序和文化传统，更具有稳定性。但近年来，快节奏的生活和个人意识的觉醒导致离婚率居高不下，单亲家庭子女姓名变更问题日渐突出，因抚养子女的父或母一方擅自更名引发的诉讼纠纷屡见不鲜，本案即涉及男女双方在离婚协议中约定变更子女姓名条款的效力认定问题。

一、父或母单方变更子女姓名难以实现的原因分析

姓名权可区分为姓名决定权、姓名使用权和姓名变更权，本案涉及的主要是姓名决定权和姓名变更权，并指向父母对未成年子女姓名决定和变更的共同权利，因此我们讨论父或母单方变更子女姓名难以实现的原因也可以从这方面出发。

一是出于对父母平等冠姓权和共同命名权的尊重。自然人对姓氏决定权的行使，以其具有意思能力为前提，故作为无民事行为能力或限制民事行为能力的未成年人，其姓名基本由父母平等冠姓、共同命名。由此可见，父母对于未成年子女的冠姓权和命名权是由子女本身享有的命名权和父母监护权两者中派生出的代理权，父母双方均平等地享有以自己的姓氏冠于未成年子女名字之前并为子女命名的权利。但由于该派生权利的共同性决定了子女姓名的确定、变更都要经过双方同意才可进行，这种共同权利与共同监护权一般，不因父母婚姻关系破裂而受阻却，因而一方如果未经对方同意擅自变更子女姓名即构成对另一方权利的侵害，对方有权要求恢复原姓名。

二是出于对未成年子女利益及其亲情、社会关系稳定的保护。姓名是权利

主体依法享有的与他人相区别的一个标识符号，在一定范围和意义上具有专有性，而姓名作为个体与其他个体及社会交往的载体，又必须具有稳定性。对于未成年子女而言，改变姓名意味着其原已习惯的社会交往个人载体的变更，该子女及其周边的社会关系都需再适应其新的姓名，而重复和不同人适应新的交往载体可能对未成年人造成较大影响。对与原姓名联系更紧密一方的近亲属而言，改变姓名尤其是改变姓氏可能造成情感上的隔阂，特别是在注重家庭传承、宗族意识的地区，改变姓名的行为更容易激发矛盾，影响亲情的延续。同时，改变未成年子女姓名还可能造成该子女日常生活和升学等方面的不便，从有利于子女利益最大化、亲子关系稳定、亲情延续等因素考虑，非经父母协商一致或其他必要情况，不因父或母单方利益而改变婚生子女姓名是更稳妥之策。

三是司法权和行政权运行的客观因素。一方面是法律法规适用的空白。长久以来，处理父或母单方变更子女姓名相关纠纷可援引的法律依据屈指可数，仅有最高院对于相关案例的指导意见，同时姓名管理属于公安机关行政职权范围，基于司法机关对行政权的尊重，依据法律赋予的职权和相关案件受理范围，非必要情况法院不会干预行政机关职权行使的相关事项。另一方面是行政管理相对严格。各级公安机关在办理变更未成年子女姓名相关事项过程中均严格贯彻《公安部关于父母离婚后子女姓名变更有关问题的批复》中“对于离婚双方未经协商或协商未达成一致意见而其中一方要求变更子女姓名的，公安机关可以拒绝受理”等相关规定和精神，要求变更未成年子女姓名必须父母双方协商一致，共同申请变更子女姓名。

二、通过离婚协议约定变更子女姓名事项的可行性分析

若想离婚协议的约定在变更婚生子女姓名时起到产生对方配合办理相关手续的义务，首先需要确定离婚协议约定变更婚生子女姓名相关条款的效力。我们可以从以下两个角度考虑该问题：

一是约定变更子女姓名相关事项的离婚协议是否成为附条件的合同，而该变更子女姓名相关事项的条款能否成为合同的“条件”部分，在对方不依约配合办理姓名变更手续时，产生强制履行的合同义务。一方面离婚协议虽归属于

合同范畴，但其生效时间区别于一般合同，于夫妻双方在民政部门登记机关办理相关的离婚手续后正式生效。虽附条件的合同生效时间一般区别于普通合同，即在所附条件成立后合同方才生效。但就此产生的矛盾是在离婚协议已经生效的情况下，双方约定的姓名变更条款因还未到相关部门办理变更手续而所附条件尚未成就。因此，约定变更子女姓名相关事项的离婚协议无法成为附条件合同，亦无法产生一方不依约配合对方办理婚生子女姓名变更手续时的强制履行义务。另一方面根据《中华人民共和国民法典》第四百六十四条第二款之规定，婚姻、收养、监护等有关身份关系的协议，适用有关该身份关系的法律规定；没有规定的，可以根据其性质参照适用本编规定。未成年子女姓氏变更的约定，属于具有人身属性的约定条款，且该内容涉及未成年人权益保护问题，不能单纯依照夫妻双方在离婚协议中的约定，认定一方已同意对方变更婚生子女姓名的要求，产生配合履行义务。

二是能否以离婚协议确定的意思表示证明双方已就变更子女姓名问题达成一致意见。例如，本案中，虽然原、被告双方协议离婚时有过配合办理变更婚生女姓氏的约定，但在原告起诉前，被告已经拒绝配合办理更名的相关手续，该案庭审过程中被告亦未到庭，可表明原、被告此时并未就婚生女郑小乙的姓氏变更问题达成一致意见。实践中裁判者在这一问题上的态度倾向于离婚协议签订时确定的意思表示无法作为裁判时原、被告是否协商一致的依据。

三、实践中行政机关处理方式及司法机关与行政机关与该问题的衔接

根据2002年《公安部关于父母离婚后子女姓名变更有关问题的批复》中“对于离婚双方未经协商或协商未达成一致意见而其中一方要求变更子女姓名的，公安机关可以拒绝受理”的规定可知，行政机关对于父或母单方变更子女姓名亦持消极态度。许多省份也根据公安部相关规定的指导精神，陆续出台了更细致的实施规定，这些规定无疑都强调了父母协商一致对于变更子女姓名这一事项的必要性。

而通过离婚协议书约定婚生子女姓名变更事项这一做法，目前在行政实践中也难以实现。一方面是这种通过合同约定形成合意的方式与变更未成年子女

姓名的相关程序不符，根据各地对于相关问题的实施规定，变更未成年子女姓名大多须持父母双方共同签名同意的申请书或由父母双方到户籍所在地相关部门现场申请，且共同签名同意可能还需经过公证程序，而父母双方共同约定一方变更子女姓名时，对方须协助办理相关手续的离婚协议条款，在行政机关办理申请变更未成年子女姓名的程序中显然不受认可。另一方面是离婚协议在今后的行政实践中也难以成为父母双方对于离婚后变更子女姓名协商一致的证明。除上述通过离婚协议约定变更子女姓名事项的可行性分析中所述“签订离婚协议时确定的意思表示无法证明双方已就变更子女姓名问题达成一致意见”外，行政机关客观上难以通过司法鉴定等方式判断离婚协议的真假，而放宽协商一致这一事项的证明标准无疑会引起更多后续问题。

父或母单方变更未成年子女姓名以及仅依据离婚协议的约定条款单方申请变更子女姓名在行政实践中难以实现，只能通过诉诸法院的方式要求对方按照离婚协议约定协助办理变更子女姓名手续。而由此又产生了另一个问题：变更婚生子女姓名的诉讼请求是否属于法院民事案件受案范围？实践中大多数法院对受理该类案件持积极态度，但也有部分法院认为夫妻离异时婚生子女姓名变更事项，包括是否受理、是否符合更名条件、是否给予更改等，是公安户籍管理部门行使户籍管理的行政事务职责范围，并不属于人民法院民事诉讼的受案范围。该问题目前可以先向行政机关申请姓名变更，无法实现后再行提出行政诉讼的方式加以解决，这一方式同样适用于父或母单方申请变更婚生子女姓名不被公安机关受理的情况。

而对于已经受理并作出更名裁判的法院而言，也会出现执行难以推进的问题。目前可参考的也仅有两种做法，且执行效果欠佳。一是综合运用多种方式促使被告一方自动履行，通过加强释法说理和执行调解，联合当地村（居）委会、妇联等多做思想工作，明晰变更子女姓名对其子女产生的有利影响，且并不损害其自身权益。二是发函公安机关要求协助执行，要求公安机关依据法院生效判决办理该案婚生子女姓名变更，当然这种做法在实践中亦很难实现。

四、关于实践中类似情况处理方式的思考

综上所述，我们从魏某与郑某以离婚协议方式约定变更婚生子女姓氏这一案件的讨论中，得出以下结论：

一是对于在离婚时欲变更婚生子女姓名的父或母一方而言，完全依赖于离婚协议的约定产生协助办理相关手续的强制义务以约束对方显然暂时无法实现。而以普通合同或者承诺书形式约定的，则要考虑法院处理此类案件过程中存在的不同观点。故对于需要对方配合办理变更子女姓名手续的一方，最稳妥的办法无疑是在双方协商一致的情况下，及时制作或提交有双方签名的变更婚生子女姓名的申请书等文件，尽快办理姓名变更相关事项。

二是对于裁判该类案件的法官而言，应贯彻《最高人民法院关于变更子女姓氏问题的复函》《公安部关于父母离婚后子女姓名变更有关问题的批复》等指导文件精神，维护父母对其未成年子女的择姓定名问题的同等权利。但更重要的是遵循最有利于未成年子女原则，对父母双方是否就变更子女姓名问题协商一致进行审查，重点考虑姓名变更对未成年子女健康成长产生的有利因素和不利影响，同时充分考虑未成年子女的真实意愿，将8周岁以上未成年子女对其姓名变更的意见纳入裁判依据。

三是从法律制定及适用角度而言，法律规定不够明晰，导致实践中纠纷频发，相关司法机关应联合行政机关，立足于社会婚恋现状，对于离异的父或母一方申请变更婚生子女姓名及申请依据离婚协议约定变更婚生子女姓名问题，是否受理、如何裁判出台相关司法解释或指导性案例，明确夫妻双方在离婚情况下对于变更婚生子女姓名出现矛盾应如何处理。

编写人：福建省福鼎市人民法院　周冬冬　张高雅

4

以裁判方式设立居住权之研究

——马某诉李某离婚案

【案件基本信息】

1. 裁判书字号

北京市第一中级人民法院（2020）京01民终8445号民事判决书

2. 案由：离婚纠纷

3. 当事人

原告（上诉人）：马某

被告（被上诉人）：李某

【基本案情】

马某与李某系夫妻，于2005年11月4日登记结婚，婚后生育一女马某心。2016年前后两人之间出现分歧，马某于其后数年内多次起诉要求与李某离婚。后两人分居。两人在婚姻关系存续期间购买长安牌小型轿车一辆、本田小型轿车一辆。其间，马某因其所在工作单位建房，于2015年年底取得位于北京市延庆区某小区某室之居住、使用权利。另，两人对于10万元款项归谁所有存有争议，对于是否存在6万元夫妻共同债务存有争议。故，马某诉至法院请求离婚并对夫妻共同财产作出分割。

【案件焦点】

1. 北京市延庆区某小区某室之分割问题；2. 女方李某居住利益保护问题。

【法院裁判要旨】

北京市延庆区人民法院经审理认为：对于两人婚姻关系存续期间购置的房屋（使用权），即位于北京市延庆区某小区某室之居住、使用权利问题。马某虽辩称该房是其父亲出资，即使该辩称属实，因该房屋属于马某工作单位建设，具有一定的人身属性或福利性质，亦应视为马某取得该房屋之居住、使用权利，其配偶、子女等可以共同居住。其父若真实出资，相应资金可作为债权另行处理。该房屋之居住、使用权利具有财产利益属性，可以分割或分配。综合分析本案案情，法院认为，自判决生效之日起至2024年6月3日止由李某居住更为合适。其一，现有证据显示，马某、李某结婚后没有购置其他房屋。离婚后需解决居住问题，李某对此存在困难。其二，马某将房屋加锁，李某被迫离开，造成其不念旧情之印象。其三，当事人陈述，房屋加锁后，已近9个月无人居住，房屋不必要的空置导致浪费。其四，判决生效之日至2024年6月3日期间，该房屋由李某居住，一方面帮助其渡过离婚时精神和经济上之难关，另一方面为李某探望或辅助照顾马某心提供一个熟悉的环境，对母女皆为有利。且对马某没有造成明显不公，因为该处房屋对其而言并非必不可少之居所。否则，马某不会加锁并半年以上时间不在此居住。2024年6月4日及其后，案涉房屋的居住、使用方案，当事人可另行协商，亦可在具备实物分割或作价补偿的情况下进行相应的分割。

北京市延庆区人民法院依照《中华人民共和国婚姻法》等相关规定，判决：位于北京市延庆区某小区某室，于判决生效之日起至2024年6月3日止由李某居住。

马某不服一审判决，提出上诉。北京市第一中级人民法院经审理认为：一审法院根据房屋现状，本着照顾妇女儿童的原则，判决该房屋自判决生效之日起至2024年6月3日暂由李某居住，之后房屋的居住分配或分割方案由李某与马某另行协商，系基于本案案情作出的妥当安排，并无不当，本院予以确认。

北京市第一中级人民法院依照《中华人民共和国民事诉讼法》第一百七十条第一款第一项之规定，判决如下：

驳回上诉，维持原判。

【法官后语】

一、居住权可通过裁判方式设立

《中华人民共和国民法典》（以下简称《民法典》）颁布之前，只在《最高人民法院关于适用〈中华人民共和国婚姻法〉若干问题的解释（一）》（法释〔2001〕30号）中提到过居住权，此外再无其他规定涉及。该解释第二十七条第三款规定："离婚时，一方以个人财产中的住房对生活困难者进行帮助的形式，可以是房屋的居住权或者房屋的所有权。"《民法典》颁布之前，裁判者在处理各类案件时曾不断尝试以裁判方式设立居住权，如离婚居住权、老年人居住权等，但在具体案件中究竟能否通过裁判方式设立居住权尚存争议。《民法典》将居住权确定为法定物权，明确规定了居住权的两种设立方式，一是通过合同设立，二是通过遗嘱设立，并未明确规定居住权可否通过裁判方式设立，居住权能否通过裁判方式设立仍存争议。

笔者认为居住权可以通过裁判方式设立，原因有二：其一，居住权的立法目的在于解决"住有所居"的问题，充分保障弱势群体居住利益。但如果仅能以当事人意定的方式设立居住权，势必会减损居住权功能，不利于充分保护弱势群体权益，当物权人不主动为特定的弱势群体设立居住权时，该特定人的居住利益将无法保障。其二，司法实践中涉及居住权的纠纷越来越多，具有取得居住权法定"原因"的特定群体因相对方不愿意为其设立居住权而进入诉讼，如老年人、丧偶夫妻一方、离婚后暂未找到居所的无房一方等。所以有必要引入灵活裁判，允许法院通过裁判方式在符合法定情形时直接为特定群体设立居住权，从而充分保障弱势群体居住利益，并弥补《民法典》规定之居住权不能完全实现其立法目的的漏洞。

二、以裁判方式设立居住权适用案件范围

居住权是指权利人以自己的生活需求为限，在他人房屋里进行居住的权利，属于他物权。因此，居住权与所有权之间既相互依赖又相互对立，居住权人的占有、使用受到所有权的限制，所有权人的使用、处分亦受到居住权的制约，居住权的设立为所有权人增添了负担。《民法典》规定之居住权通过合同或遗嘱方式设立，是当事人自由意志的体现，属于意定居住权。而以裁判方式设立的居住权是裁判者根据具体案情通过裁判强加给所有权人的负担，因此为防止所有权人利益受损，以裁判方式设立居住权适用案件范围不宜过分宽泛，需具有法律规定的“原因”。此种法律规定的“原因”一般源于赡养、抚养和扶养的需要，故而以裁判方式设立居住权可适用于婚姻家庭及继承类案件。当然裁判者在适用时需判断是否符合居住权典型应用情境，即所有权人对另一方具有特定帮扶义务，另一方具有获得居住权的法定“原因”，且处于弱势地位其居住权益具有被保护的需要。详细阐述如下：

离婚案件是适用裁判方式设立居住权的典型案件，一种情形下可与离婚经济帮助制度结合适用。离婚经济帮助，即当存在离婚后一方生活将陷入困难的情况时，由具备负担能力的另一方对其给予适当的帮助，以保护困难一方的基本生存利益不受损害。离婚经济帮助可以说是夫妻相互扶养义务在离婚后的继续和延伸。离婚经济帮助当事人仅可在离婚时提出，帮助形式既可以是金钱、实物帮助，也可以是房屋的所有权或居住权。我国最早有关居住权的制度规定在《最高人民法院关于适用〈中华人民共和国婚姻法〉若干问题的解释(一)》(已废止）之中，首次通过司法解释为离婚案件生活困难的配偶一方的居住权提供了裁判依据。虽然法释〔2020〕22号文删除了法释〔2001〕30号文第二十七条的规定，但《民法典》第一千零九十条沿用了离婚经济帮助制度。因此，当离婚案件中生活困难一方向对方提出房屋居住权的离婚经济帮助时，裁判者可通过裁判方式为生活困难一方设立居住权，但要考虑设立的居住权期限等。另一种适用情形为分割夫妻共同财产时，当一方离婚后无房居住，而另一方有条件可以向住房困难方提供住房时，本着照顾妇女或儿童权益的原则，裁判者可以为没有住处一方设立居住权，帮助其度过离婚困难时期。根据审理离婚案件应当对子女抚养、财产分割问题一并处理的原则，此种情形下以裁判方式设立居住权不以当事人是否提出明确诉讼请求为限。

赡养案件中为保护老年人的居住利益，也具有以裁判方式设立居住权的适用空间。赡养义务既是中华民族的传统美德，也是一种法定义务，通常情况下子女赡养父母乃人之常理，但当父母年事已高无房可住，凭现有收入难以维持生活时，子女又怠于履行赡养义务，老年人可以基于赡养义务要求子女给付赡养费，也可以要求子女为其提供房屋进行居住，且相较于给付赡养费，设立居住权更益于保障无房老年人晚年生活安定幸福。民事诉讼充分尊重当事人意思自治，遵循“不告不理”的原则，因此在此类案件中只有老年人提出要求设立居住权的诉讼请求，裁判者才可通过裁判方式设立居住权。

无遗嘱继承案件中为保护丧偶一方、生活困难又缺乏劳动能力继承人的利益，以裁判方式设立居住权同样具有适用空间。当被继承人单独所有或被继承人与其配偶共同所有的住宅被分配时，若其他继承人坚持要求分割住宅，丧偶一方的居住权利将难以保障。根据《民法典》第一千一百五十六条规定“遗产分割应当有利于生产和生活需要”，以及法律对配偶特殊利益的保护，应允许法院通过裁判方式为丧偶一方设立居住权。同样地，根据《民法典》第一千一百三十条第二款“对生活有特殊困难又缺乏劳动能力的继承人，分配遗产时，应当予以照顾”的规定，应允许法院通过裁判方式为生活困难又缺乏劳动能力的继承人设立居住权。继承案件具有特殊性，审理此类案件时一般遵循不遗漏遗产、不遗漏继承人等原则一次性解决纠纷，因此该类案件中以裁判方式设立居住权同样不以当事人是否提出明确诉讼请求为限。

此外，当事人因法律知识受限，可能会因为诉讼请求不当、逾期改变诉讼请求、不提供或者不充分提供证据等使其居住权益无法通过诉讼得到充分保障，因此裁判者在处理该类案件时可以行使必要的释明权，引导弱势一方正确、及时地主张权利。

三、以裁判方式设立居住权在个案中应考量的因素

居住权产生之初就是为了保障弱势群体居住利益，以裁判方式设立的居住权违背了所有权人的自由意志，强行为所有权人增添了负担，实际上是牺牲了所有权人的一定利益而达到保护弱势群体居住利益的目的，因此裁判者在通过裁判方式设立居住权时应谨慎适用，以免损害所有权人之权益。

笔者认为裁判者在通过裁判方式设立居住权时应结合案情重点考虑以下五个方面：第一，是否出于保护弱势一方居住利益。在具体案件中，裁判者首先要考虑设立居住权是否符合保护弱势一方居住利益的立法目的。第二，该弱势一方是否具有获得居住权的法定“原因”。具体“原因”类型本文第二部分已经阐述，在此不再赘述。第三，为一方设立居住权是否为必需。裁判者要通过弱势一方是否存在收入不佳、对于解决居住问题存在困难等客观事实去衡量判断。第四，是否对所有权人造成明显不公或损害。裁判者在以裁判方式设立居住权时还需平衡所有权人的利益，避免居住权的设立造成所有权人生活窘迫或居无定所。第五，应谨慎确定居住权期限。在具体案件中裁判者需要综合考虑弱势一方的年龄、身体状况，是否需要抚养未成年子女，未成年子女年龄、就学等问题，合理确定居住权期限。如在赡养案件、无遗嘱继承案件中可以主要考虑当事人的自然寿命确立居住权期限，但在离婚案件中不能仅以此作为考量因素，这样对于所有权人显失公平，法院应依据双方实际情况合理确定。例如，对于需要抚养未成年子女的居住权人，其目的是能够让子女有更好的生活环境，并确保其身心健康发展，可裁判居住权期限至子女所接受的教育结束为止或者子女成年之后。

编写人：北京市延庆区人民法院　刘艳玲

5

先行判决在离婚诉讼中的程序价值与司法适用

——赵某诉姚某离婚案

【案件基本信息】

1. 裁判书字号

北京市第一中级人民法院（2020）京 01 民终 7998 号民事判决书

2. 案由：离婚纠纷

3. 当事人

原告（被上诉人）：赵某

被告（上诉人）：姚某

【基本案情】

赵某与姚某于2006年6月登记结婚，2007年5月生有一女赵某娇。2013年双方分居，赵某娇与其母姚某生活。赵某起诉要求：1. 判决双方离婚；2. 女儿赵某娇由赵某抚养。其主张，此系第二次起诉离婚，双方感情确已破裂无和好可能。姚某同意解除婚姻关系，其认为赵某应支付：1. 双方分居期间的抚养费1106870元。2. 一次性支付赵某娇抚养费1888190元。3. 以下财产姚某享有70%份额：（1）北京市海淀区901号房屋；（2）天津市南开区3203号房屋；（3）赵某将金××公司股权转让的款项；（4）舟山某公司代持的赵某享有的××公司60%的股权；（5）赵某持有的北京某科技公司75%的股权折价；（6）赵某持有的北京某管理咨询公司100%的股权折价；（7）赵某持有的南京某医疗公司20%的股权折价；（8）赵某对某学校的投资925万元产生的投资权益折价。4. 精神损害赔偿金10万元。

对于离婚原因，赵某称双方自2013年开始分居至今，感情确已破裂且无和好可能。姚某称双方确于2013年分居至今，分居原因系其发现赵某出轨，后赵某即离家与第三者长期居住，并与第三者生有三个孩子。为证明上述主张，姚某提交了手机短信记录、赵某与其他女子及儿童照片。经姚某申请法院向北京市某社区卫生服务中心调取了两个儿童预防接种管理系统中的个人信息，显示两儿童的父亲为赵某，母亲为王某。姚某曾以赵某与王某犯重婚罪为由向法院提起刑事自诉，后法院以重婚罪缺乏罪证为由驳回姚某的自诉。2020年6月双方之女赵某娇出具申明一份，表示自愿选择和姚某一起生活。另查，赵某同时任多家公司的股东及法定代表人。

【案件焦点】

赵某是否与案外人存在同居关系从而导致离婚损害赔偿的适用。

【法院裁判要旨】

北京市海淀区人民法院经审理认为，《中华人民共和国民事诉讼法》第一百五十三条规定，“人民法院审理案件，其中一部分事实已经清楚，可以就该部分先行判决”。本案争议财产因涉及赵某所持多家公司股权的分割且数额较大，需进行收集证据、评估等程序，一时难以查清，故先行就已查清的离婚及子女抚养问题作出判决，对于财产部分，继续审理，待查明后再行裁判。

本案双方均同意离婚，法院不持异议，准予离婚。对于离婚过错方的认定，虽然本案证据确会引起普通人的合理怀疑，但系统信息并非正式的身份关系证明材料，不能认定赵某系两个儿童的父亲。照片虽显示赵某与其他女子一起在公共场合，但亦不能据此认定其存在婚外关系且与他人同居。虽姚某提交的证据足以引起普通人的合理怀疑，但认定赵某与第三者同居且育有子女尚不充分，姚某据此要求赔偿其精神损害抚慰金的请求，不予支持。关于子女抚养问题，赵某娇一直随母亲生活，考虑其本人意愿，由其母姚某抚养为宜，由赵某支付抚育费用。综上，判决如下：

一、准予赵某与姚某离婚；

二、赵某娇由姚某抚养，赵某每月支付抚育费18000元至其年满18周岁止；

三、驳回赵某就子女抚养部分的其他诉讼请求；

四、驳回姚某要求赔偿其精神损害抚慰金的诉讼请求。

宣判后，姚某提起上诉，请求撤销一审判决第四项，依法改判赵某支付其精神损害赔偿金10万元。

北京市第一中级人民法院经审理认为：赵某与姚某自2013年分居后，赵某认可其在北京市某社区居住过，与预防接种管理系统中个人信息记载的社区卫生服务中心区域相一致。北京市某社区卫生服务中心预防接种管理系统所记载的个人信息中，显示两个儿童的父亲为赵某，身份证号与本案赵某身份证号一致，母亲为王某。虽然疫苗接种档案并非正式的身份关系证明材料，但无论从两个儿童的姓氏还是从父亲信息栏的登记内容来看均会引起普通人的合理怀疑。加之赵某与王某及孩子一同出行外地，超出了一般朋友间交往的正常范围，家庭的外观特征较为明显。因赵某对上述情形均未提供合理解释，根据现有证据进行综合分析，结合民事证据的高度盖然性原则，可以认定赵某存在婚外不正当关系，由此给姚某造成一定程度的精神损害，故对姚某要求赵某支付其精神损害赔偿金的请求予以支持。综上，判决如下：

一、维持北京市海淀区人民法院民事判决第一项、第二项、第三项；

二、撤销北京市海淀区人民法院民事判决第四项；

三、赵某于本判决生效之日起七日内给付姚某精神损害赔偿金8万元；

四、驳回姚某的其他诉讼请求。

【法官后语】

2017年《中华人民共和国民事诉讼法》第一百五十三条规定，“人民法院审理案件，其中一部分事实已经清楚，可以就该部分先行判决”，该规定被视为“先行判决”的法律依据，本案即系在离婚纠纷中适用先行判决的典型案例。

一、先行判决在离婚诉讼中的具体适用

先行判决在离婚诉讼中的适用可以促进诉讼审理程序的整理，降低纠纷解决的程序成本，特别是在当事人权益保护方面意义突出。

（一）适用前提

先行判决在离婚诉讼中适用的前提包括三个方面：一是诉讼标的可分，二是裁判时机已届成熟，三是先行判决具有适当性和必要性。三者应同时满足。

具体而言，诉讼标的①可分包括同一离婚诉讼中涉及的多项诉讼标的可分以及同一诉讼标的部分可分。前者如离婚纠纷涉及婚姻关系解除、子女抚养权归属、多项财产分割的法律关系，其中婚姻关系解除系之后一系列问题解决的前提，若经审理法院认为应当解除婚姻关系，则离婚、抚养的身份关系即可与后续财产关系分离进行独立裁判，先行判决。后者如同一财产关系中的诸多财产类别，房屋、

① 本文所指诉讼标的采旧实体法学说，即实体法上的法律关系或权利义务关系。

存款等便于分割，能够尽快查清部分可与公司股权、清算评估等一时难以厘清部分相分离。同时，诉讼标的可分应包含其可独立裁判之意，即先行判决部分须不依赖于剩余部分即可作出，且先行判决部分不会受到本审级剩余程序的影响。

裁判时机已届成熟是指诉讼标的独立部分达到可以作出终局裁判的程度。即对诉讼标的独立部分，法官获得自由心证并可作出结论，一般而言是指法官对原告或者上诉人的诉讼理由是否成立可以确定并作出终局判决。

先行判决的适当性和必要性是指在诉讼标的裁判时机已届成熟基础上考虑是否适宜或确有必要作出先行判决。民事诉讼法第一百五十三条规定采“可以”而非“应当”用语，是将先行判决纳入法官自由裁量的范畴，是否应将适宜裁判的部分和尚不适宜裁判的部分进行分割作出一部终局判决由法院决定。因先行判决可能会造成同一诉讼被分离在不同审级进行审理，不利于法官判断的统一性（如本案二审改判认定男方存在婚姻过错，则会影响后续财产分割的剩余判决），故要求法官在适用先行判决时以案件审理是否适当和必要来决定。

（二）程序设计

先行判决要求法官作出裁判前充分释明。民事诉讼法以授权性规范赋予法官自由决定适用先行判决的权限而无须经过当事人同意，但囿于当事人法律知识水平的限制，考虑剩余判决与当事人心理预期的平衡，法官有必要在作出判决前明确告知先行判决的意图，以使当事人有充分准备，防止诉讼突袭。

裁判文书应体现先行判决与剩余判决的区分和衔接。在遵循现有裁判文书写作格式的前提下，先行判决文书中应明确体现此判决仅为部分判决。如本案一审法院在说理部分开篇即明确“本次先行判决解决的是双方2006年6月12日登记结婚的离婚问题及子女抚养问题”，说理末尾写明“本案中，双方争议的财产部分，因涉及赵某所持多家公司股权的分割且数额较大，需收集证据、进行评估等程序，一时难以查清。故本案先行就已查清的离婚及子女抚养问题作出判决，对于财产部分，本院继续审理，待查明后再行裁判”。

（三）适用效果

先行判决作出时，不能径直驳回剩余诉讼请求，亦不应要求当事人另行诉讼，而应由原审法院针对剩余部分继续审理尽快作出剩余判决。

根据诉讼法理论，驳回诉讼请求的判决可以发生既判力，当事人不得再提起该诉讼请求。[①] 先行判决作为一部终局判决，当然具有既判力。若在先行判决作出时径直驳回剩余诉讼请求或要求当事人另行诉讼，实质已通过法院对当事人实体权利的判断剥夺了当事人之诉权，此与先行判决及时性、终结性的程序价值相背离。故而，在先行判决作出后，剩余部分仍应按照正常诉讼程序继续审理。基于先行判决之结果，亦可促使当事人调整其对剩余判决之预期，从而利于双方当事人协商解决纠纷。本案就是如此，一审法院针对婚姻关系解除、子女抚养、损害赔偿问题作出先行判决后，剩余财产分割部分在该法院继续审理。

二、本案实体与程序一体化权益保护

本案借助先行判决实现当事人权益实体与程序的一体化保护。诉讼程序方面，在因婚姻持续对一方造成严重伤害而财产分割等问题又一时难以厘清的情况下，人民法院可以考虑先行就婚姻关系解除及子女抚养问题作出裁判。本案中，双方已分居多年且均同意离婚，男方与婚外异性长期保持不正当关系且育有子女等事实对女方伤害较大，考虑双方共同财产部分需收集证据、进行评估等程序，一时难以查清，从保护女方权益，尽早减少及弥补对女方情感伤害等角度出发，本案先行解决双方婚姻关系解除及子女抚养问题，财产部分继续审理待查明后再行裁判。审判实体方面，离婚损害赔偿制度是现代法治对形式平等掩盖下实质不平等的矫正，侧重维护妇女等特殊群体合法权益。本案中男方存在过错事实明确，二审改判认定男方存在过错，利于之后财产分割裁判中贯彻保护妇女及无过错方原则。此外，二审在先行判决认定男方过错的基础之上，同时考虑离婚损害赔偿制度的立法精神及立法目的，综合全案证据对女方要求损害赔偿的主张予以支持，实现对妇女权益的双重保护。

编写人：北京市第一中级人民法院　张琳　方硕

---

① ［德］罗森贝克、施瓦布、戈特瓦尔德：《德国民事诉讼法》，李大雪译，中国法制出版社2007年版，第998页。

6

出具“离婚证明书”机制有效保护离婚案件当事人个人信息

——高某诉庞甲离婚案

【案件基本信息】

1. 裁判书字号

北京市第三中级人民法院（2021）京03民终12359号民事判决书

2. 案由：离婚纠纷

3. 当事人

原告（被上诉人）：高某

被告（上诉人）：庞甲

【基本案情】

高某与庞甲于2011年2月9日登记结婚，2015年4月1日生育一子庞乙。后双方于2016年9月20日登记离婚，2017年6月2日复婚，2019年3月开始分居。2020年9月，庞乙由庞甲母亲带回老家学习生活。高某起诉至法院，请求与庞甲离婚，主张未成年之子庞乙由高某抚养，庞甲每月支付抚养费4500元直至庞乙年满18周岁时止，并请求法院依法分割双方共同财产。

【案件焦点】

1. 可否判决双方离婚；2. 子女由哪方抚养；3. 共同财产应如何分割。

【法院裁判要旨】

北京市朝阳区人民法院经审理认为：高某起诉要求与庞甲离婚，庞甲同意离婚，法院不持异议。

关于子女抚养，应当以与子女共同生活为宜，共同生活有利于对未成年子女的教育、照顾，更加有利于子女的成长。庞乙由庞甲母亲带回老家抚养，未与父母共同生活，不利于父母的探望、照顾和对子女的教育。现高某表示愿意直接抚养。法院综合考虑双方的抚养意愿、抚养能力，按照有利于未成年子女的原则，判决庞乙由高某直接抚养，庞甲每月支付庞乙抚养费4500元。关于探望权，双方均同意每两周探望一次，周五晚6点接走，周日下午5点前送回，法院不持异议。关于双方名下共同财产绿岛苑房屋，因房屋登记在高某名下，房屋贷款在高某名下，按照照顾子女和女方的原则，法院判决房屋归高某所有，由高某支付庞甲房屋补偿款100万元，房屋剩余贷款由高某负责偿还。关于双方共同存款，根据其间高某房贷等支出、支付给庞甲的房租支出、给庞甲及其母亲的支出、孩子教育支出、保险汽车服务支出、旅游住宿支出，根据照顾子女和女方的原则，酌情确定高某支付庞甲15万元。

北京市朝阳区人民法院判决如下：

一、准予高某与庞甲离婚；

二、高某与庞甲未成年之子庞乙由高某直接抚养，庞甲自2021年7月起，于每月5日之前支付庞乙抚养费4500元，直至庞乙年满18周岁时止；

三、庞甲可每两周探望庞乙一次，周五晚6点接走，周日下午5点前送回，高某应予以协助；

四、北京市朝阳区绿岛苑房屋由高某所有，高某于判决生效后七日内支付庞甲房屋补偿款100万元，房屋剩余贷款由高某负责偿还；

五、高某于判决生效后七日内支付庞甲15万元；

六、驳回高某的其他诉讼请求。

庞甲不服一审判决，提起上诉。北京市第三中级人民法院经审理认为：父母有权自主决定对未成年子女进行教育和保护，现祖孙在鞍山共同生活，孩子不能直接得到父母的关心照料，且根据高某和庞甲的个人情况来看，抚养能力相当，原审法院综合考虑双方的抚养意愿、抚养能力，按照有利于未成年子女的原则，判决由母亲高某直接抚养庞乙，并无不当。关于绿岛苑房屋，根据目前房屋登记于高某名下，房屋贷款亦在高某名下的情况，原审法院认定房屋由高某所有，由高某偿还剩余贷款，并确定由高某给付庞甲的房屋折价款，处理并无不当，法院予以维持。关于其他存款等分割，法院认为，综合考虑双方的存款及支出情况，根据照顾子女和女方的原则，原审法院酌定的数额是合理的，法院予以维持。

北京市第三中级人民法院依照《中华人民共和国民事诉讼法》第一百七十条第一款第一项之规定，作出如下判决：

驳回上诉，维持原判。

【法官后语】

本案在审结后，高某向北京市第三中级人民法院提交申请，希望法院能为其出具“离婚证明书”。高某申请“离婚证明书”的主要理由为离婚判决包含了未成年子女信息、财产信息和隐私内容，其在办理需要提供能够证明其离婚事实的证据的手续时，这些信息和隐私有泄露的风险。因此，高某希望法院能够出具离婚证明书，只记载双方当事人姓名、性别、身份证号、生效法律文书案号等基本信息，体现出二人离婚的事实，不涉及案件其他具体细节，以避免泄露未成年子女、财产信息等隐私内容，保障其合法权益。

一、法院为离婚案件当事人出具离婚证明书确有必要

法院建立为离婚案件当事人出具“离婚证明书”机制具有必要性。离婚案件当事人在办理诸如银行贷款、户口迁移、财产登记、子女出国留学等事项时，经常会被要求提供能够证明其婚姻状况的书面材料。而目前民政部门仅针对协议离婚的情形发放离婚证，对于诉讼离婚的双方当事人则不予出具任何证明文件，当事人只能通过提交离婚案件的法院民事判决书或者调解书以证明其婚姻状况。由于法院的判决书或者调解书中除了载明双方解除婚姻关系的内容外，往往对法院查明的事实予以详细记载，包括家庭矛盾、财产信息、子女抚养信

息等大量内容，涉及诸多个人隐私。因此，在仅需要确证当事人离婚信息的情况下，法院向当事人出具“离婚证明书”可以有效避免泄露个人隐私导致其相关合法权益受到损害。

二、法院为离婚案件当事人出具离婚证明书具有实际可操作性

建立“离婚证明书”机制具有实际可操作性。自2016年以来，包括上海高院、四川高院在内的多地法院根据《最高人民法院关于进一步深化家事审判方式和工作机制改革的意见（试行）》的规定，颁布了《离婚证明书开具规范》《关于加强离婚案件〈离婚证明书〉出具工作的通知》等规范性文件，该机制在实践中运作已较为成熟，产生了较好的社会效果。因此，处理婚姻纠纷的法院在实际工作中完全可以借鉴兄弟法院的经验做法，为出具离婚证明书制度制定更加成熟完善的做法。

三、法院为离婚案件当事人出具离婚证明书应注意的问题

人民法院在离婚诉讼法律文书生效后，当事人如有现实需求，可以依据当事人的申请开具“离婚证明书”。“离婚证明书”中仅记载双方当事人姓名、性别、身份证号、生效法律文书案号等基本信息，确认双方解除婚姻关系的具体时间。不涉及案件的其他具体事实细节，诸如未成年子女信息、财产信息等内容，有效避免当事人因反复出示离婚裁判文书造成个人信息泄露的风险。“离婚证明书”制度能够在证明解除婚姻关系事实的情况下切实保护诉讼当事人的隐私及合法权益，是便民利民之举，是司法为民的生动体现。

此外，需要说明的是，当事人申请“离婚证明书”没有时限要求，一方面，在该机制具体建立之前审结的离婚案件当事人，可以向法院提出申请；另一方面，如当事人在离婚法律文书生效后未能及时提出申请，亦可在事后出现需要时，按照相应程序提出申请。同时，人民法院亦可对法官、合议庭提出要求，在审理离婚案件过程中，将“离婚证明书”机制作为一项释明的内容告知当事人，如有需要可以在法律文书生效后及时提出申请。

编写人：北京市第三中级人民法院　杨夏　刘倩

（三）离婚后财产纠纷

7

离婚时有负担能力方对生活困难方进行适当帮助的具体标准

——霍某诉魏某离婚案

【案件基本信息】

1. 裁判书字号

北京市第二中级人民法院（2020）京02民终9868号民事判决书

2. 案由：离婚纠纷

3. 当事人

原告（上诉人、被上诉人）：霍某

被告（被上诉人、上诉人）：魏某

【基本案情】

霍某与魏某于2001年5月30日登记结婚，2004年2月19日生一女。婚后，魏某发生车祸，头部受伤，智力受到影响，现为智力残疾，等级为三级。因肇事司机逃逸，魏某未得到相应赔偿。霍某自2016年开始起诉要求与魏某离婚，四次起诉均被审理法院判决驳回诉讼请求。2015年12月，魏某回娘家居住至今。

2020年，霍某以离婚纠纷为由将魏某起诉至法院，请求法院判令双方离婚，婚生女由霍某抚养，魏某每月给付抚养费1500元，并要求魏某承担本案诉讼费用。

另查明，霍某月平均收入为 5000 元。魏某每月有残疾补助金 700 元至 800 元。

【案件焦点】

离婚时一方生活困难的，另一方应当给予适当帮助的认定。

【法院裁判要旨】

北京市房山区人民法院经审理认为：婚姻关系以感情来维系。魏某于 2001 年结婚，婚后发生车祸，霍某与魏某的女儿于 2004 年出生，二人在 2015 年年底才开始分开居住。二人感情出现问题是因为魏某发生车祸智力受到影响。现霍某四次提起离婚诉讼，且魏某已在娘家居住生活五年，双方夫妻感情确已完全破裂，霍某要求离婚，应予支持。魏某现因病情加重已失去自理能力，其生活收入仅为政府每月给付的 700 元至 800 元残疾补助，且离婚后魏某没有住处。北京市上一年度农村人均消费支出为 21881 元，且魏某因自身疾病，日常有一定的医疗费用支出。综合考虑，离婚后魏某生活困难。霍某每月收入 5000 元至 6000 元，在赡养老人及抚养女儿的基础上，有能力对魏某进行一定的经济帮助。但在考虑霍某需要赡养父母、抚养女儿以及魏某现在的身体状况、当地的生活水平与魏某现在每月残疾补助金额的条件下，将其对魏某的经济帮助确定为每月 1500 元，帮助期限为 10 年。同时考虑到霍某现在的经济状况，其一次性给付帮助金存在困难，故将给付方式确定为按月给付。

北京市房山区人民法院依照《中华人民共和国婚姻法》第三十二条、第三十七条及第四十二条之规定，判决如下：

一、准予霍某与魏某离婚；

二、婚生女由霍某自行抚养；

三、霍某每月给付魏某经济帮助 1500 元（从 2020 年 10 月 1 日起至 2030 年 9 月 30 日止）；

四、驳回霍某其他诉讼请求。

魏某、霍某均不服原审判决，提出上诉。北京市第二中级人民法院经审理认为：根据查明的案件事实能够确认霍某与魏某夫妻感情确已完全破裂，一审法院判决准予双方离婚适当，本院不持异议。鉴于魏某车祸后的病情加重现已失去生活自理能力、生活困难，因此双方离婚后应由霍某给予魏某一定的经济帮助。一审法院根据霍某经济收入及当地基本生活水平酌情确定的具体时限及数额亦属适当。对双方关于霍某给予魏某经济帮助数额及期限的上诉意见，本院均不予采纳。综上所述，霍某、魏某的上诉请求均不能成立，应予驳回；一审判决认定事实清楚，适用法律正确，应予维持。

北京市第二中级人民法院依照《中华人民共和国民事诉讼法》第一百七十条第一款第一项规定，判决如下：

驳回上诉，维持原判。

【法官后语】

《中华人民共和国民法典》（以下简称《民法典》）第一千零九十条规定：离婚时，如果一方生活困难，有负担能力的另一方应当给予适当帮助。具体办法由双方协议；协议不成的，由人民法院判决。人民法院审理具体案件时，应综合该制度的设立目的、案件实际情况等综合认定。

一、离婚时一方生活困难的判断标准及参考因素

根据《最高人民法院关于适用〈中华人民共和国婚姻法〉若干问题的解释（一）》第二十七条的精神，一方生活困难是指依靠个人财产和离婚时分得的财产无法维持当地基本生活水平。一方离婚后没有住处的，属于生活困难。依据该条规定生活困难有两项判断标准：一是依靠个人财产和离婚时分得的财产仍无法维持当地基本生活水平的；二是一方离婚后没有住处的。

首先，对生活困难进行认定时，是要求两种情况同时具备，还是只要存在第二种情形即应认定为生活困难，理论界与司法实践中均存在争议。按照我国房屋是用来居住的住房政策以及我国居民目前的生活状况，普通百姓只拥有一套住房即婚姻住所的居多，在离婚时必然会对房屋的所有权进行分割，即双方对房屋按份共有或房屋归一方所有，一方需对另一方进行折价补偿或将房屋出

售，双方分割卖房款，后两种情况在客观上都会出现一方或双方均没有住处，如果因此被认定为生活困难，可能会出现一方的总体经济能力明显优于另一方，仅因其离婚时没有住房，就认定为生活困难，进而要求另一方对其进行经济帮助的情形。甚至出现双方均没有住处，而均被认定为生活困难，双方需互相帮助的荒谬情形。这不仅有违公平正义的原则，亦与该制度的设立初衷不符。故一方离婚后没有住处的，应结合离婚帮助制度设立的目的，仅在离婚时一方没有归其所有或者居住使用的住处，而且结合其个人财产和离婚时分得的财产其仍然不能通过购买、租赁等方式获得住处的，无法维持当地基本生活水平，才能认定为生活困难。

其次，《民法典》明确规定了离婚赔偿制度及离婚补偿制度，笔者认为判断生活困难应将离婚损害赔偿及离婚经济补偿考虑在内。狭义上，离婚时分得的财产仅包括对夫妻共同财产进行分割所取得的财产；广义上，离婚时分得的财产不仅包括对夫妻共同财产进行分割所取得的财产，还包括因离婚而获得的其他一切财产，包括因离婚损害赔偿与离婚经济补偿而获得的财产。

离婚损害赔偿是夫妻一方由于过错行为而导致离婚，无过错方有权请求过错方给予赔偿的制度。其主要功能是弥补损害，抚慰受害方遭受的精神伤害，惩戒过错方的违法行为。即使离婚时没有夫妻共同财产，只要一方存在《民法典》第一千零九十一条规定的情形导致离婚的，另一方（无过错方）就有权要求赔偿。《民法典》中离婚经济补偿制度取消了离婚家务补偿只在约定财产制度下适用的规定，将补偿范围扩大到法定财产制和约定财产制均可以适用，而且增加了补偿确定的具体办法，即“具体办法由双方协议；协议不成的，由人民法院判决”。这一制度体现了法律公平正义的理念及对家务劳动价值的认可，不以申请补偿一方是否兼具家庭生活与社会工作为前提，以平衡夫妻双方付出与获取之间的利益关系，在离婚时从承担支付一方的个人财产或者分得的夫妻共同财产中支取。离婚损害赔偿和离婚经济补偿的目的、适用条件、功能各不相同，并行不悖。离婚经济帮助的目的是解决一方在离婚时的生活困难问题。因此，即使离婚损害赔偿与离婚经济补偿不属于对夫妻共同财产的分割，其最终仍是属于一方的个人财产，会对一方的生活水平产生影响。

最后，国家、政府或其他组织机构给予一方的补助、津贴等是否应当作为生活困难的判断依据。具体到本案中，魏某因车祸导致残疾，每月残疾补助金为700元至800元。如果其残疾补助金能够满足基本生活需要，那么霍某是否仍应对其予以适当帮助。笔者认为，离婚经济帮助的目的是解决一方在离婚时的生活困难问题，因此在考虑一方是否生活困难时应当将国家、政府或者其他组织机构给予其个人的补助、津贴作为判断依据。

二、离婚后一方生活困难，有负担能力的一方给予适当帮助中有负担能力的判断标准

在离婚时，除了对另一方的经济帮助，还会有对父母的赡养义务及对子女的抚养义务。那么是否应当将此作为一方是否有负担能力的判断前提？笔者认为离婚经济帮助发生于双方离婚以后，此时双方已经是独立自主的个体，夫妻之间的义务已经终止。离婚经济帮助是在特定情形下夫妻扶养义务的延伸，其性质已由夫妻之间无条件扶养转化为有条件帮助。而一方对自己父母的赡养义务、对子女的抚养义务是法定的、无条件的。因此，在考虑一方是否有负担能力时，应当综合一方应负担的对父母的赡养义务及对子女的抚养义务做出判断。具体到本案中，霍某月收入为5000元至6000元，需要赡养父母、抚养女儿，因此其对魏某的帮助应在保障其履行赡养义务及抚养义务的前提下均衡考虑，最终确定为每月1500元。

三、适当帮助的方式、期限、数额确定及考量因素

按照《民法典》第一千零九十条规定，帮助的具体办法由双方协议；协议不成的，由人民法院判决。笔者认为帮助的方式及内容应当视当事人协商或者法院判决加以区分。

第一，在当事人自行协商的情况下，只要双方意思表示一致，帮助的方式及内容不违反法律法规的强制性规定及社会一般的善良风俗即可。具体可能表现为支付金钱，给付实物财产，安排就业，培训、教育以提高就业素质和劳动技能等。

第二，在双方协商不成由法院进行判决的情况下，考虑到裁判标准的统一及判决的执行等方面，应对帮助的内容与方式进行限定，即在帮助的内容上仅限于一定财产的给付或房屋的居住权等具有可执行性的方式。同时，在帮助方式、期限上，应在结合帮助方式的基础上，充分考量双方的经济能力及生活状况灵活确定。具体到本案中，霍某现在的经济状况，其一次性给付帮助金存在困难；魏某已丧失劳动能力，故将给付方式确定为按月给付，给付期限确定为10年。

编写人：北京市房山区人民法院　张丽婷

8

民法典实施后离婚经济补偿制度的法律适用及认定标准

——林某诉陈某离婚案

【案件基本信息】

1. 裁判书字号

北京市第三中级人民法院（2021）京03民终6169号民事判决书

2. 案由：离婚纠纷

3. 当事人

原告（被上诉人）：林某

被告（上诉人）：陈某

【基本案情】

陈某与林某于1993年10月18日在北京市朝阳区登记结婚。婚后于1996年11月25日育有一子陈某睿。北京大学第六医院对陈某睿进行检查韦氏智力测验，检测结果为：属重度智力低下；患者不能正常交流与沟通。陈某晴出生于2011年11月10日，系社会福利机构抚养的儿童，于2014年4月30日由陈某之姊陈某丽收养，并办理收养登记，实际由陈某、林某进行抚养。

陈某年工资收入342600元。林某现无工作，每月收取房屋租金6000元，陈某公积金每月4000元在其手中，另外其母亲和姐姐会贴补其一些费用。

另查，夫妻共同财产如下：1. 北京市朝阳区某街道1331号房屋（以下简称1331号房屋），要求房屋归陈某，陈某给付林某折价款。2. 牌号京××沃尔沃牌小汽车，要求车辆归陈某，陈某给付林某折价款。3. 北京市朝阳区103号房屋（以下简称103号房屋）中属于陈某的50%份额归林某所有，不同意给付陈某折价款。

林某另提出如下诉讼请求：1. 林某称其在婚姻期间对家庭付出较多，要求陈某补偿其200万元。2. 林某另称其未来生活困难，要求陈某补偿其未来20年的生活费861660元。3. 林某还称陈某存在家暴、出轨、虐待和遗弃子女的行为，要求陈某赔偿其精神赔偿金10万元。陈某对林某上述主张均不同意。

【案件焦点】

陈某应否给予林某补偿款。

【法院裁判要旨】

北京市朝阳区人民法院认为：婚姻的建立与维系应以夫妻感情为基础，现双方均同意离婚，法院认为双方夫妻感情确已破裂，故准许双方离婚。关于陈某晴的抚养问题，由于陈某晴长期跟随陈某、林某共同生活，陈某、林某事实上对陈某晴负担抚养义务，现陈某、林某离婚，客观上增加了林某抚养的负担，陈某应给予补偿，法院根据陈某晴现阶段的生活教育情况，结合陈某的收入状况及其他抚养负担，酌定陈某每月支付陈某晴抚养费4000元至陈某晴年满18周岁止。林某以其为家庭付出较多为由要求陈某补偿其200万元，法院不予支持，理由如下：首先，夫妻之间家庭分工不同，各自对家庭的贡献方式存在差别，个人付出难以量化，林某固然在对子女的日常生活照料上付出更多，但也不能否定陈某对家庭的贡献。其次，家庭付出的多少并非法律上要求对方给予补偿的理由。林某以未来生活困难为由要求陈某补偿其未来20年的生活费，缺乏法律依据，法院不予支持。根据我国婚姻法规定，离婚时，如一方生活困难，另一方应从住房等个人财产中给予适当帮助；具体办法由双方协议；协议不成时，由人民法院判决。林某现阶段未参加工作，独自照料两个孩子，收入来源较陈某存在很大不足，法院在分割夫妻共同财产时本着离婚时对生活困难一方适当帮助的有关规定，另结合照顾子女和女方权益的原则予以考虑。关于夫妻共同财产分割，法院结合案件查明事实予以处理。

北京市朝阳区人民法院判决如下：

一、准予陈某与林某离婚；

二、在陈某晴由林某实际抚养期间，陈某自2010年12月起每月向林某支付陈某晴抚养费4000元至陈某晴年满18周岁止；

三、北京市朝阳区1331号房屋归林某所有，该房屋剩余按揭贷款由林某负责偿还，陈某予以配合，房屋权属转移登记手续可待抵押登记注销后另行办理；林某于判决生效后三十日内补偿陈某房屋折价款500万元；

四、牌号为京××的沃尔沃牌小汽车归林某所有，林某于判决生效后三十日内给付陈某折价款6万元；

五、北京市朝阳区103号房屋原由陈某享有的50%份额分别由陈某享有25%、由林某享有25%；

六、陈某于判决生效后三十日内补偿林某40万元；

七、驳回陈某的其他诉讼请求。

陈某不服一审判决，提出上诉。北京市第三中级人民法院经审理认为：陈某与林某夫妻感情确已破裂，原审法院据此判决离婚，双方均无异议，本院予以维持。关于陈某晴的收养问题以及其他子女抚养问题。根据双方陈述情况以及陈某睿的身体原因，可以认定陈某、林某曾存在与陈某晴共同生活的意思表示，实际上陈某晴多年来亦是由二人照顾。现林某在本案中表示愿意继续与孩子共同生活，在林某实际抚养陈某晴期间，陈某应当承担部分抚养费，原审法院所判数额适当，本院予以维持。关于婚后房产的分割以及其他共同财产的处理，原审法院综合考量本案实际，处理较为妥当，本院予以维持。关于林某应否获得经济补偿的问题。本案中因陈某睿患病长期就医，家庭负担较为沉重，结合双方在承担家庭义务所付出的时间成本、精力成本以及获得的效益等多方面因素进行综合衡量，林某照顾孩子起居就医等时间较长，付出较多，可以认定已经达到了法律规定主张经济补偿的标准。原审法院对此认定不当，本院予以纠正。此外，原审法院认为根据离婚时给予生活困难一方适当帮助的原则，应对林某给予一定经济补偿，亦符合案件实际，本院予以维持。

北京市第三中级人民法院依照《中华人民共和国民事诉讼法》第一百七十条第一款第一项之规定，作出如下判决：

驳回上诉，维持原判。

【法官后语】

离婚经济帮助制度、离婚经济补偿制度、离婚损害赔偿制度并称为我国三大离婚救济制度。本案即涉及其中离婚经济补偿制度的法律适用问题。尤其是在民法典实施后，如何在审判中准确把握离婚经济补偿的相关认定标准，是本案中值得研究探讨的重点问题。

一、我国关于离婚经济补偿制度的立法沿革

离婚经济补偿，是指在婚姻关系解除时一方因对家事劳动付出较多而有权向另一方要求补偿的法律制度。主要功能在于在夫妻共同财产分割的基础上，对家庭义务承担较多的一方的权利给予救济和平衡。我国2001年修正的婚姻法首次确立了离婚经济补偿制度，具体体现在第四十条，“夫妻书面约定婚姻关系存续期间所得的财产归各自所有，一方因抚育子女、照料老人、协助另一方工作等付出较多义务的，离婚时有权向另一方请求补偿，另一方应当予以补偿”。该制度在一定程度上填补了法律漏洞，具有重要意义。但该条规定将离婚经济补偿的前提确定为“夫妻书面约定婚姻关系存续期间所得的财产归各自所有”，由于在我国绝大部分家庭采取法定共同财产制，该制度自实施以来使用率明显偏低。

我国民法典出台后，在婚姻法的基础上进行修改，取消了离婚经济补偿只在约定财产制下适用的规定，将经济补偿范围扩大到法定财产制和约定财产制同样适用，同时增加了补偿的具体办法。即民法典第一千零八十八条，“夫妻一方因抚育子女、照料老年人、协助另一方工作等负担较多义务的，离婚时有权向另一方请求补偿，另一方应当给予补偿。具体办法由双方协议；协议不成的，由人民法院判决”。

二、关于离婚经济补偿制度的法律适用以及民法典时间效力的相关规定

由于婚姻法与民法典均由全国人民代表大会制定、处于同一位阶、不存在种属关系，伴随民法典施行，婚姻法废止，在两部法律冲突时就会引发法律溯及既往适用问题。本案中，具体需厘清两个问题。

一是关于“跨越”民法典实行前后的法律事实的法律适用。从理论上分析，民事法律事实可按其发生的形态分为瞬间性法律事实和持续性法律事实，瞬间性法律事实发生的时间是一个“点”，持续性法律事实发生的时间是一条不断延伸的“线”。[①] 对这类“跨法”的法律事实统一适用新法有利于维护法律适用的稳定，也保护了当事人根据新的法律形成新的预期。《最高人民法院关于适用〈中华人民共和国民法典〉时间效力的若干规定》（以下简称《民法典时间效力规定》）第一条规定了法不溯及既往原则和例外，其中第三款即规定了对于法律事实发生在民法典实行前并持续至民法典实施后，引起的民事纠纷案件，适用民法典的规定。从本案的案情来看，双方对家庭所作贡献的模式呈持续状态，并非全部发生在民法典颁布之前。民法典实施后，本案的持续性法律事实应当归入民法典生效后要调整的范围。

二是关于有利溯及的适用规则。我国立法法第九十三条但书条款规定，为了更好地保护公民、法人和其他组织的权利和利益而作的特别规定，可以溯及适用。但由于有利溯及的标准抽象化难度很大，其规定较为单一零散。民法典颁布后，最高人民法院司法解释中第一次明确了民事审判有利溯及的标准，具体体现在《民法典时间效力规定》第二条，提出了“三个更有利于”作为判断

---

① 黄薇主编：《中华人民共和国民法典释义及适用指南》（下册），中国民主法制出版社2020年版，第89页。

标准，即更有利于保护民事主体合法权益，更有利于维护社会和经济秩序，更有利于弘扬社会主义核心价值观。本案中，婚姻法规定离婚经济补偿仅能在夫妻约定财产制下适用，而民法典规定将离婚经济补偿范围扩大到法定财产制和约定财产制同样适用，对家庭义务承担较多一方给予更多救济，充分贯彻了国家在立法层面对公民利益的全面保护理念，亦为道德层面正当性提供了支撑。因此，虽然本案立案时间在民法典出台之前，但从上述规定的具体内容分析，适用民法典的该项规定符合立法精神。

三、我国民法典中关于离婚经济补偿的法理依据及认定标准

婚姻重大利益，必然有成本投入，虽然这些投入都是自愿的，尤其是在时间上和精力上的投入，无法与收益之间达到衡平，就很可能产生不公平。基于此，婚姻法律应充分考量种种可能性，通过相应的制度设计，减少和预防这种不公平现象的发生，这也是离婚经济补偿制度的理论依据。

在具体适用中，离婚经济补偿制度的适用需要符合一定条件，本文结合本案具体案情，根据民法典婚姻家庭编的相关规定予以分析。一是不区分所有制类型一律适用，无论夫妻关系存续期间采取的是法定共同财产制还是约定了分别财产制，如果一方在婚姻中相比另一方对家庭负担了更多的义务，均有权利在离婚时请求补偿。二是经济补偿以负担了较多家庭义务为前提，民法典中列举了抚养子女、照料老年人、协助另一方工作等，作为负担较多义务一方可提出经济补偿的情形。本案中，经查，因两人婚生子陈某睿患病长期就医，家庭负担较为沉重，结合双方在承担家庭义务所付出的时间成本、精力成本以及获得的效益等多方面因素进行综合衡量，林某自孩子患病后就辞去待遇较为优厚的财务工作，选择在家照顾孩子起居就医等，时间跨度十几年，在个人时间精力体力上付出较多。尤其面对陈某睿的特殊病情，不仅付出大量体力劳动，还投入大量精神关怀，可以认定已经达到了法律规定主张经济补偿的标准。三是经济补偿需一方主动提出，法院不得主动适用。四是仅限于在离婚时提出相应请求，在离婚后一方提出经济补偿请求的，法院不予受理。综合本案情况以及林某在审理中多次主张对其多年付出给予经济补偿的请求，本案符合民法典中

关于离婚经济补偿的给付条件，法院终审判决最终确认陈某应当给予林某相应离婚经济补偿，是正确的，亦符合案件实际。因此，对于本案最终确定的补偿金额而言，应结合上述因素，同时考虑陈某在经济上对家庭作出的贡献，以及林某今后照顾两个孩子的实际情况和陈某睿的病情发展等作出认定，原审法院酌予确定的40万元经济补偿，数额上较为合理。

此外，需要说明的是，离婚经济补偿的具体执行，以夫妻共同财产分割的确定为基础，补偿金应当从承担支付义务一方的个人财产或分得的共同财产中支取。不能采取在夫妻共同财产分割前先行扣除经济补偿，再对剩余共同财产进行分割的做法，否则，离婚经济补偿的救济功能将失去意义。

编写人：北京市第三中级人民法院　杨夏

9

北京牌照权利与车辆权利冲突下优先保障位阶规则确立

——满某某诉张某离婚后财产案

【案件基本信息】

1. 裁判书字号

河北省张家口市中级人民法院（2021）冀07民终2444号民事判决书

2. 案由：离婚后财产纠纷

3. 当事人

原告（上诉人）：满某某

被告（被上诉人）：张某

【基本案情】

满某某、张某于2008年结婚，2014年11月7日协议离婚。离婚协议约定：

“雪铁龙车（北京牌照）两年内归男方（张某）使用，两年后过户给女方（满某某）。”2020年6月，张某购置丰田车（价值9万元），仍使用原雪铁龙车北京牌照。满某某以张某未履行离婚协议为由诉至法院，请求法院判令张某配合其办理丰田车（含北京牌照）的车辆转移登记过户手续，赔偿其违法使用车牌所造成的损失。另查，满某某在北京市申请个人小客车配置指标未果，在北京市未登记小客车。

【案件焦点】

1. 满某某依据离婚协议是否可以拥有北京牌照的使用权；2. 丰田车是否可以过户到满某某名下。

【法院裁判要旨】

河北省蔚县人民法院经审理认为，张某于2020年购买丰田牌小型轿车一辆，不属于满某某、张某在婚姻关系存续期间的共同财产。车辆所有人通过行政许可享有对牌照的使用权，而非通过金钱支付方式取得。车辆号牌不具有金钱价值，北京牌照不属于当事人的财产，满某某的诉讼请求不予支持，判决如下：

驳回满某某的诉讼请求。

满某某不服，提出上诉。河北省张家口市中级人民法院经审理认为：1. 关于离婚协议效力。该协议系双方自愿达成，所涉及的车辆转移登记并不违反法律、行政法规的强制性规定，不违背公序良俗，具有合法性、有效性。2. 关于满某某对北京牌照及车辆的权利与张某对丰田车辆物权的位阶关系。北京牌照不具有市场价值，属于行政行为调控与配置范畴，是赋予公众在北京拥有小客车的资格。车辆具有市场价值，属于公众通过市场可以获得的物品。当北京牌照所涉权利与车辆物权发生冲突的时候，赋予北京牌照获得资格可以有效满足协议主体的预期，可以让双方当事人充分感受到公平与正义，且更有利于落实诚信原则、践行社会主义核心价值观，故应当优先保障当事人对北京牌照的权利。3. 关于北京牌照及车辆的归属。车辆可以过户，但车牌不能过户。《中华人民共和国民法典》第三百二十二条的规定强调了约定优先原则，还强调了物在添附（加工、附合、混合）后不可分状态下，物分属不同权利主体的物的归属原则。本案中，北京牌照与车辆分属于不同的民事主体，优先保障当事人对北京牌照的权利时，车辆与牌照在转移登记过户过程中也具有不可分性。依照前述优先保障当事人对北京牌照权利的司法理念，结合张某置换车辆未能履行协议具有一定过错、满某某并无过错的实际，以保护无过错方利益为原则，应当确定丰田车（包括北京牌照与车辆）归满某某所有，由满某某给予张某补偿。4. 关于涉案车辆转移登记过户的条件审查。满某某与张某的婚姻关系存续期已满一年，在北京市没有登记小客车，符合《北京市小客车数量调控暂行规定》实施细则规定，具备转移登记过户条件。

河北省张家口市中级人民法院依照《中华人民共和国民法典》第七条、第一百五十三条、第一百九十五条、第三百二十二条，《最高人民法院关于适用〈中华人民共和国民法典〉时间效力的若干规定》第一条第三款，《中华人民共和国民事诉讼法》第一百七十条第一款第二项的规定，作出如下判决：

一、撤销河北省蔚县人民法院民事判决；

二、张某名下的丰田车（包括北京牌照与车辆）归满某某所有，张某配合满某某于本判决生效后十日内办理转移登记过户手续并交付满某某；

三、满某某自愿补偿张某 5 万元，于丰田车转移登记过户并交付后十日内履行完毕；

四、驳回满某某的其他诉讼请求。

【法官后语】

北京车辆牌照属于政府宏观调控范畴。司法实践中，存在通过虚假结婚、租赁、买卖等手段获取北京牌照的行为。北京牌照权利逐步成为诉讼热点。人民法院对北京牌照权利的性质认定、权利归属、租借买卖行为等予以规范并确定相应的裁判规则，对于依法参与北京牌照乱象治理、严格规范转移登记程序具有重要的司法价值和法治导向。

一、北京牌照与车辆分属不同权利主体的情况下优先保护位阶规则确定考量

本案中，张某购置新车仍使用北京牌照，违背离婚协议约定，违背社会主

义核心价值观。离婚协议约定内容合法有效，是满某某拥有北京牌照权利的来源或者基础。在裁判中必须坚持落实社会主义核心价值观，维护权利实现的预期性、稳定性。北京牌照权利保障和车辆物权保护的位阶优先，还要考量行政管控方式、市场资源配置、当事人过错等因素。相比较来看，北京牌照可以看作一项行政许可，并不体现财产价值；而车辆是物权保护对象，任何组织和个人不得侵犯物权。本案中，北京牌照权利与车辆物权分属两个主体。在冲突情况下，优先保障行政管控下的权利更符合普遍认识观。车辆可以通过市场获得，在权利受损时可以金钱来代替予以救济，并且完全可以自主实现。但是，北京牌照资格不是由市场所决定的，申请指标具有一定的偶然性，也并不是完全自主实现。法律价值出现不同位阶时，考虑本案所涉及的公共秩序、权利自由、公平正义，应当赋予北京牌照权利保障优先地位。另外，车辆过户体现了北京牌照与车辆的密切关系，具有不可分的性质。虽然本案中北京牌照与车辆并不是民法典第三百二十二条所规定的加工、附合、混合方式所形成，但是从目的解释方法来分析，该条的本质是在强调物在不可分状态下的归属规则。本案中，北京牌照与车辆变动不可分，依据前述司法理念，按照充分发挥物的效用以及保护无过错的原则确定，应当判决车辆归满某某所有，由满某某给予张某相应补偿。

二、转移登记过户的司法与行政审查

离婚协议约定车辆转移登记过户，还需要审查受让人是否符合《北京市小客车数量调控暂行规定》实施细则规定。本案中，满某某符合婚姻关系存续期已满一年、在北京市没有登记小客车的条件。也就是说，满某某的权利保护既要在司法层面上获得支持，又要在行政管理层面上符合条件，双重要求缺一不可。如果满某某不符合“婚姻关系存续期已满一年”的条件，人民法院应当驳回诉讼请求。理由是公安机关交通管理部门在这种情况下不能办理转移登记手续，人民法院即使作出支持满某某的裁判也得不到执行，很有可能会是一纸空文，不如直接驳回请求更为妥当。反对该观点者认为，驳回诉讼请求直接剥夺了受让人的受让权利。实践中，“婚姻关系存续期已满一年”只是延长了虚假婚姻的时间成本，并不能真正堵住利用虚假婚姻过户的漏洞。作假者有可能利用更长的时间成本为代价，来换取通过摇号可能一年以上时间也得不到指标的结果。所以，打击虚假婚姻过户，仅在婚姻存续期间上作出限制还没有完全达到效果。建议积极利用婚姻大数据信息更加精准地区分虚假婚姻，有效避免违法行为。需要强调的是，这种情况只有北京地区存在，其他地区车牌目前不受管控。人民法院在司法政策制定中既要考虑北京地区的特殊性，又要为将来其他地区的管控提供有益的司法借鉴。

三、租赁等黑市行为的法律评估

行政管理规定对租赁等行为采取严格的管控措施。《北京市小客车数量调控暂行规定》实施细则第三十三条规定，经公安、司法机关等调查确认有买卖、变相买卖、出租或者承租、出借或者借用小客车指标确认通知书行为的，由指标管理机构公布指标作废；已使用指标完成车辆登记的，由公安机关交通管理部门依法撤销机动车登记，由指标管理机构公布指标作废。同时，三年内不予受理该申请人提出的指标申请。依照上述规定，人民法院在审理租赁车牌等相关案件时，一律以违反法律、行政法规的强制性规定认定为无效合同。本案中，满某某在诉讼中提出，张某在置换车之后租赁给他人获取利益。但并未提供相关证据证实。司法实践中，在出租方与承租方产生纠纷，可以适用无效合同解决。出租方与承租方各取所需，因纠纷诉至法院的非常鲜见，通过司法裁判制裁租赁北京牌照车辆难以达到根治效果。本案中，如果张某出租北京牌照车辆属实，就会通过与满某某的违约行为获取租金利益，这种利益是建立在租赁合同无效基础上，在本案中无法作出制裁行为，不能判决租金利益给付满某某，这样就变相地支持了无效行为。如果不作出制裁，就会造成张某通过违约获取非法租金的不公平。

四、“同意履行义务”时效中断的评价规则

“同意履行义务”中的“同意”，包括承诺与行为。本案双方约定两年后北京牌照过户给女方，过户不仅是双方的合意，还有公安机关交通管理部门的行为。如何评价张某将车辆票据给满某某的行为，观点也不尽统一。第一种观点认为，过户是公安机关交通管理部门的行为，张某给付满某某车辆票据的行为不仅属于履行过户义务的范畴，还有可能是保管等其他意思表示。第二种观点认为，应当对过户作广义的理解，既包括公安机关交通管理部门的行为，又包括张某个人积极的配合行为。“同意”的情形认定与评价规则，在涉及行政管理领域行为的，要坚持当事人意思表示和公众普遍认识两项标准，不能仅依据当事人一方意思表示作出判断。张某给付票据的行为，主观上在满某某心理上形成了履约认识与预期。在过户时，满某某持有车辆票据与张某不交付车辆票据相比较，前者更接近过户行为完成。民法典第一百九十五条规定“同意履行义务”并未规定认定规则和列举具体情形，建议在制定司法解释时予以明确，特别是要将交付凭证、票据等行为视作“同意”的情形。“同意履行义务”时效中断后，何时再重新计算诉讼时效，司法实践中也有争议，主要表现在：中断的时间点就是重新计算的时间点，尽可能地督促当事人行使权利；中断的时间点不是重新计算的时间点，“同意履行义务”状态下无须权利人再通过其他方式明确和维持权利，此期间不应当视为权利人怠于行使权利。本案采取第二种观点。如果未约定宽限期，就应当以义务人明确不履行义务之时重新起算。

北京牌照所涉各种利益复杂多样，特别是对小客车指标申请、登记过户以及租赁借用等利益交换行为的规制，需要人民法院与行政机关在司法与执法方面的良性互动、协调配合。人民法院要在价值观冲突语境下，科学研究确立规则，在环境治理、交通改善过程中更加注重强化法治引领，从而获得最佳的法治效果。

编写人：河北省张家口市中级人民法院　赵洲　史丽娟

10

为假离婚签订的《离婚协议》之效力认定

——黄某华诉黄某芸离婚财产案

【案件基本信息】

1. 裁判书字号

上海市第一中级人民法院（2021）沪01民终351号民事判决书

2. 案由：离婚财产纠纷

3. 当事人

原告（被上诉人）：黄某华

被告（上诉人）：黄某芸

【基本案情】

2013年黄某华和黄某芸登记结婚，黄某芸住进黄某华名下的房子。两年后女儿出生，为了让女儿接受更好的教育，两人计划购买一套学区房。为了能享受首房首贷的优惠政策，二人计划“假离婚”，商定离婚之后，以黄某芸的名义购买学区房，黄某华将房屋的首付款300万元以离婚补偿款的形式转给黄某芸。后二人签署《离婚协议》对子女抚养、财产分割以及离婚补偿款做出约定，并办理了离婚登记手续。

离婚后，黄某华将自己和母亲共有的一套房子变卖，陆续给黄某芸转款共计294万余元，黄某芸用这笔钱支付了学区房的首付款。其间，两人仍生活居住在一起。然而，拿到房产证后，黄某芸却以双方感情破裂、离婚系双方真实意思表示为由拒绝复婚。黄某华将黄某芸诉至法院，请求法院判定《离婚协议》中关于财产分割的约定无效；黄某芸归还其个人财产294万元，重新分割夫妻共同财产。在案件审理过程中，黄某华撤回了要求黄某芸返还欠款和重新分割夫妻共同财产的诉请。

【案件焦点】

夫妻双方为假离婚而签订的《离婚协议》效力认定。

【法院裁判要旨】

上海市浦东新区人民法院经审理认为：黄某华提供的双方微信聊天记录、录音等证据显示，黄某芸在离婚前多次与黄某华讨论购房政策、贷款优惠条件以及房屋置换方案，并在办理离婚登记的前一日，还催促黄某华办理离婚，表示“怕政策有问题，而且离婚时间越长贷款越好办”，在离婚之后，黄某芸与黄某华以及黄某华母亲的对话中，又屡次提到“没有想过要真离婚”“因为要买房子，必须要离婚”等，并认可曾说过“房本下来一年复婚”。以上说辞均体现出黄某芸的离婚意愿并非真实，双方实为规避限购和享受贷款优惠政策而协议离婚，《离婚协议》中关于财产分割的约定系因虚伪意思表示而无效，判决支持黄某华的诉请。

一审判决后，黄某芸不服，上诉至上海市第一中级人民法院，称离婚补偿款是黄某华为了拿到女儿抚养权才给她的，并不是给她买房的，请求撤销一审判决。

上海市第一中级人民法院经审理认为：本案争议焦点在于《离婚协议》是否系双方当事人的真实意思表示。综合双方当事人在离婚前后进行的多次对话，可以充分认识到双方办理离婚是为了购买房屋，二人签订的《离婚协议》是为了达成购房目的而作出的虚假意思表示。《离婚协议》中约定了黄某华需支付黄某芸300万元补偿款，其后黄某华也确实向黄某芸进行了转款，但该款项实为购房所需。加之双方婚后并无如此大额的财产，黄某华向黄某芸所转款项也是出售了其与案外人共有的房屋后所得款项，若如黄某芸所述黄某华是为了得到女儿抚养权而向其支付补偿款，那么该补偿款也应在其可控、可承受范围之内，现在的款项完全不在黄某华可承受范围之内，与其收入完全不匹配。遂判决：驳回上诉，维持原判。

【法官后语】

“假离婚”是指夫妻一方或者双方本无离婚的真实意思而因双方通谋或受对方欺诈而作出离婚的意思表示。虚假离婚一般包括两种情形：一是通谋离婚，二是欺诈离婚。通谋离婚，是指婚姻当事人双方为了共同的或各自的目的，串通暂时离婚，等目的达到后再复婚的行为。欺诈离婚，是指一方当事人为了达到离婚的真正目的，采取欺诈手段向对方许诺先离婚后再复婚，以骗取对方同意“暂时”离婚的行为。

通谋离婚的当事人一般为获得计划生育指标、购房资格、拆迁款或为逃避债务等登记离婚，但实际上夫妻感情并未破裂，二人往往继续维持共同居住、共同生活的关系，其特点在于双方对于离婚的目的是明知的，并且共同策划促成，不存在欺诈和胁迫。我国法律并未明确评价假离婚效力，但在司法实践中，法院普遍采取“隔离技术”，消弭法律评价矛盾，对动机意思与效果意思、身份关系与财产关系进行区分①。

首先，应当区分动机意思与效果意思。离婚行为是一种民事法律行为，其效力取决于意思表示的真实性，而意思表示的生成是一个由内而外的过程。就本案而言，当事人双方首先产生获得首套房屋购买资格的动机，随后作出终止婚姻关系的意思表示，继而实施向民政部门申请离婚的行为。但因动机意思具有前端性、隐秘性、不稳定性、难以辨识性等特点，故不应包含在意思表示的概念之中。因此，意思表示的动机与内容之间可以形成隔离。在假离婚案件中，婚姻当事人动机层面的通谋虚伪并不影响双方就“终止婚姻关系”形成合意并办理离婚登记，其效果意思和表示行为没有任何瑕疵，故而就身份关系而言，假离婚具有真效力。离婚（包括假离婚）的男女双方自愿恢复夫妻关系的，应当到婚姻登记机关办理复婚登记。

---

① 参见蔡立东、刘国栋：《司法逻辑下的“假离婚”》，载《国家检察官学院学报》2017年第25期。

本案中，已有证据显示签订协议时黄某华、黄某芸的真实意愿为“离婚→实现法外利益→复婚”，事实上二人对离婚的法律效果是积极追求的，因为只有离婚，才能够实现规避二套房屋限购政策之目的，故而不存在意思表示的瑕疵，符合民法典第一千零七十六条“自愿”离婚的要求，双方的离婚行为应认定有效。

其次，应当区分身份关系与财产关系。婚姻具有身份与财产两重关系，这也意味着离婚协议本质上是一个复合型协议，其中财产分割协议是一个附生效条件的合同，身份关系的解除就是其生效条件。但这并非意味着，在效力认定上，财产协议完全附属于身份协议，随婚姻关系的解除而直接生效。财产协议是否有效应进行独立考察，若符合民事法律行为的无效或可撤销事由，如通谋虚伪、违背公序良俗或者存在欺诈、胁迫的情况，尚不能发展到生效环节。

本案中，黄某华和黄某芸在签订财产分割协议时，并不具有对财产进行分割的真实意思，登记离婚后也仍然共同使用支配名义上分割给一方的个人财产，且该分割明显损害了黄某华的利益。根据民法典第一百四十六条行为人与相对人以虚假的意思表示实施的民事法律行为无效的规定，应认定该财产分割协议无效。

综上，在假离婚案件中，双方当事人一旦办理了离婚登记手续，婚姻关系即告解除，假离婚具有真效力；但就财产分割协议而言，需要考察当事人签订协议时的真实意思，若遭受损失一方当事人不能做到有效举证，则将面临人财两空的窘境，本案为假离婚案件的效力认定提供了一个裁判方向。

编写人：最高人民法院司法案例研究院与复旦大学联合培养实习生　贺翀

11

夫妻一方对外所负侵权之债是否属于夫妻共同债务

——蔡某诉史某离婚后财产案

【案件基本信息】

1. 裁判书字号

北京市第一中级人民法院（2020）京01民终3001号民事判决书

2. 案由：离婚后财产纠纷

3. 当事人

原告（上诉人）：蔡某

被告（被上诉人）：史某

【基本案情】

蔡某与史某于2017年9月27日登记结婚，2019年3月28日经法院判决离婚，婚后未生育子女。蔡某曾于2017年11月30日上班途中驾驶车辆发生交通事故给案外第三人刘某造成损害，后刘某以机动车交通事故责任纠纷为由将蔡某诉至法院要求蔡某承担相应修车费，法院于2018年12月5日作出（2018）京0105民初24945号民事判决：蔡某给付刘某修车费52000元。史某称其对交通事故知情，但对法院判决蔡某承担修车费的事不知情。蔡某起诉主张，婚姻关系存续期间其在上班途中因驾驶机动车发生交通事故对他人的赔偿应属于夫妻共债，史某应共同承担。史某称蔡某驾驶机动车发生交通事故与己方无关，不应属于夫妻共债。

【案件焦点】

史某婚姻关系存续期间对外所负侵权之债是否应认定为夫妻共同债务。

【法院裁判要旨】

北京市海淀区人民法院经审理认为，判断是否属于夫妻共同债务，需要考虑以下几个因素：第一，双方是否具有举债之合意；第二，所负的债务是否用于家庭日常生活。蔡某因驾驶车辆与他人发生交通事故，由此产生的债务不属于夫妻共同债务，应由其个人承担。判决：

驳回蔡某该项诉讼请求。

蔡某不服原审判决，提起上诉。北京市第一中级人民法院经审理认为：夫妻一方因侵权行为致人损害产生的债务，一般认定为一方个人债务。但该侵权行为系因家庭劳动、经营等家事活动产生或其收益归家庭使用的，应认定为夫妻共债。蔡某在婚姻关系存续期间因交通事故形成的侵权之债，虽不是蔡某与史某的共同意思表示，双方也没有实际分享该债务带来的利益，但从该债务的产生基础和目的来看，该侵权行为系发生在蔡某上班途中，蔡某的上班行为属于家庭劳动及生产生活的一部分，其上班所得的工资收益亦属于夫妻共同财产的组成部分，归家庭使用，蔡某因侵权行为产生债务的基础是为了夫妻共同生活谋取利益，应属于夫妻共债的范畴，故蔡某在上班途中因交通事故对案外人的赔偿应属于双方的夫妻共债，由双方共同负担。综上所述，判决：

一、撤销北京市海淀区人民法院民事判决；

二、（2018）京 0105 民初 24945 号民事判决确认的蔡某给付刘某修车费 52000 元为蔡某、史某的夫妻共同债务，由蔡某承担偿还责任，史某于判决生效后十日内给付蔡某 26000 元。

【法官后语】

2018 年《最高人民法院关于审理涉及夫妻债务纠纷案件适用法律有关问题的解释》（以下简称 2018 年《解释》）出台推动夫妻共债问题重回用途论阶段，民法典将该解释内容吸收入典，有效缓解了长期以来围绕夫妻共债认定问题的论争。但当前夫妻共债认定规则仅限于意定之债，司法实践对日渐突出的夫妻一方对外侵权所负债务的认定无法可依，需要通过司法评价与方法论解释厘清认定标准，进而对类案形成相对统一的裁判路径。

一、侵权之债是否应认定为夫妻共同债务的大数据审视

笔者以“夫妻共同债务”及“侵权”为关键词在中国裁判文书网检索2018年《解释》出台至今相关裁判，筛选出471份有效样本。

（一）数据反馈

分析发现，涉夫妻一方对外所负侵权之债是否属于夫妻共债的认定以机动车交通事故责任纠纷最为突出，占比64%。提供劳务者受害纠纷占比16%，财产损害赔偿纠纷占比3%，生命权、健康权、身体权纠纷占比6%，不当得利纠纷占比3%，其他纠纷占比8%。

样本所见对夫妻共债的最终认定中，将夫妻一方所负侵权之债认定为共债占比59.1%（一二审均予以认定夫妻共债占比47.8%，一审不予认定二审予以认定夫妻共债占比11.3%），认定为个债占比39.4%（一审认定二审不予认定夫妻共债占比10.3%、一二审均不予认定夫妻共债占比29.1%），另有1.5%（驳回诉求，另案处理）的案件法院裁判对该项诉请不予审理或建议另案处理。

在法律适用上，不论对夫妻共债是否予以支持，样本所见裁判所援引法律均较为混乱。包括民法典、婚姻法、侵权责任法等均有涉及。

涉夫妻一方侵权之债是否构成夫妻共债认定的裁判依据[①]

法条	数量	占比
民法典第一千零六十四条	43	9.1%
2018年《解释》	97	20.6%
婚姻法第四十一条	20	4.2%

① 因一份判决可能同时援引多条裁判依据，故样本所见援引不同裁判依据总和大于样本总数。

续表

法条	数量	占比
婚姻法司法解释二第二十四条	100	21.2%
婚姻法司法解释二第二十六条	17	3.6%
侵权责任法第八条	39	8.3%
《最高人民法院关于人民法院审理离婚案件处理财产分割问题的若干具体意见》第十七条	10	2.1%
物权法第一百零二条	10	2.1%
未体现法律依据	173	36.7%

（二）裁判困境

依上述，夫妻一方对外侵权所负债务是否属于夫妻共债的认定分歧显而易见。

首先，认定标准不一。夫妻一方对外侵权所负债务是否应与意定之债同等对待在实践中尚无定论，部分案件参照现行立法直接做出认定或不予认定的裁判，而部分案件认为现行立法确立的夫妻共债认定规则适用对象不包括侵权之债进而对当事人要求确认侵权之债属于夫妻共债的诉求予以搁置。由此一方面导致同案不同判、增加当事人诉累的消极影响，另一方面亦可能有损债权人合法利益，在弱者保护原则中失衡。

其次，裁判规则混乱。2018 年《解释》的出台并未缓解侵权之债作为夫妻共债认定的无序局面，法官无法可依或盲目找法现象突出，民法典的实施亦未有效化解，故而该问题是否应援引现行夫妻共债认定规则尚不明确，即便需要援引，应属直接援引还是漏洞填补仍需斟酌。

最后，审判逻辑各异。裁判集中体现为“推定论”“共同侵权论”及“目的论”的区分进路。“推定论”依据双方存在婚姻关系，将夫妻一方所产生的侵权之债推定为夫妻共债，此种裁判思路又可细分为两种：一是从时间角度出发，依据侵权行为发生于婚姻关系存续期间推定该侵权之债为夫妻共债；二是从共同财产角度出发，夫妻不仅共同享有积极财产所带来的利益，同样也应共同承担积极财产所产生的相应消极财产。“共同侵权论”从侵权责任认定的逻辑出发，用侵权责任的构成要件来分析侵权人配偶应否承担赔偿责任。“目的论”则主要审查侵权行为是否为夫妻共同生活或共同生产经营以及是否为夫妻双方带来利益，进而判断是否为夫妻共债，本案判决即是如此。不同的裁判思路导致相似的案情产生迥异的裁判结果。

二、以“共同意思与共同利益”为考量的夫妻共同债务认定法律规则解析

《中华人民共和国民法典》（以下简称《民法典》）第一千零六十四条吸收2018年《解释》内容对夫妻共债的认定设立“夫妻合意之债、家事代理之债以及超出家事代理共享之债”的三种债务形态，分析来看，夫妻共债认定规则实质以两项基础理念为考量依据。

（一）基于共同意思表示作出的举债行为成立共同债务

法律行为理论以意思表示为核心，必须根据行为人的意思表示而设立。目前规则认定构成夫妻共债的共同意思表示包括本来合意与拟制共意两个层面。

1. 本来合意。

《民法典》第一千零六十四条第一款规定“夫妻双方共同签名或者夫妻一方事后追认等共同意思表示所负的债务”，即为明示意思表示，而第二款但书部分“基于夫妻双方共同意思表示”，可理解为默示意思表示的推定，如接受款项的是配偶账户并由配偶掌握该账户，或是配偶在场且没有反对等情形。此时，夫妻双方以明示或默示行为作出共同举债的意思表示，由此形成的债务当然应属夫妻共债，这是意思表示引起特定法律效果必然，毋庸多言。

2. 拟制共意。

《民法典》第一千零六十四条第一款规定“夫妻一方在婚姻关系存续期间以个人名义为家庭日常生活需要所负的债务，属于夫妻共同债务”可理解为基于《民法典》第一千零六十条日常家事代理权产生之债。日常家事代理权，是指夫妻一方因家庭日常生活需要而与第三方为一定民事法律行为时互为代理的权利。夫妻一方在日常家庭事务范围内，与第三方所实施的民事法律行为，视

为依夫妻双方的意思表示所为的民事法律行为，另一方也应承担因此而产生的法律后果。[①] 法律设立日常家事代理权之目的在于扩张夫妻双方意思自治，使得夫妻双方在日常家庭事务处理中无须事必躬亲，其实际包含了举债人自己的举债行为以及代理配偶举债的行为，形成共同债务基础的代理意思。基于代理，一方在家庭日常生活范围内所为的法律行为对另一方有效，在债务关系中突破了债的相对性。此时，“在当事人并未为意思表示，或意思表示不明确的案型，基于规范上的要求，拟制有某种意思表示之存在；或将不明确之意思表示，拟制为有特定之内容”[②]，即行使日常家事代理权将举债一方个人行为拟制为夫妻双方共同意思表示，因其形成的债务当然属于夫妻共债。

（二）以家庭共同利益为导向的举债行为成立共同债务

法律不仅保护行为人的意思自治还保护相对人对行为人意思的信赖。以家庭共同利益为导向而认定夫妻共债的意义之一在于明确夫妻双方作为共同债务人承担债务的责任，以此避免恶意逃债损害债权人的情形发生。

婚姻法第四十一条以“夫妻共同生活”作为夫妻共债的依据。学说通常认为，夫妻共同生活包括婚姻关系存续期间夫妻的生活、生产和经营等。[③]《民法典》第一千零六十四条第二款因此明确超出家庭日常生活需要但用于夫妻共同生活、共同生产经营的债务属于夫妻共债。团体性是家庭结构的本质，共同财产制是我国夫妻财产关系的常态，很多情形下夫或妻在名义上虽为个人行为，但利益实际由夫妻团体甚至家庭成员共享，鉴于夫妻共同生活所具有的伦理特性与封闭特征，从维护交易信赖与“利益共享风险共担”的责任承担角度考量，当夫妻一方以个人名义从事超出日常家庭生活需要的行为，应以“家庭利益”作为夫妻共债的抽象标准。[④] 此时，共同生活与共同生产经营只是一种外在的形式，其内核是家庭共同利益。此时之所以成立夫妻共债不在于共同意思

---

① 黄薇主编：《中华人民共和国民法典婚姻家庭编解读》，中国法制出版社 2020 年版，第 86 ~ 87 页。

② 黄茂荣：《法学方法与现代民法》，中国政法大学出版社 2001 年版，第 160 页。

③ 陈苇：《婚姻家庭继承法学》，群众出版社 2012 年版，第 273 页。

④ 冉克平：《夫妻团体债务的认定及清偿》，载《中国法学》2017 年第 5 期。

表示，亦不在于财产共同共有理论，而在于双方共享举债行为带来的利益，这正是法典强调“共同”生活及“共同”生产经营之缘由。

超出家事代理范围但用于家庭共同生活、共同生产经营的债务性质认定具有“目的导向性”，是从债务承担而非债务成立的角度考量未举债配偶一方的责任，理解这一点，至关重要。

三、夫妻一方对外所负侵权之债的类推适用规则分析

如上所述，《民法典》第一千零六十四条仅关注意定之债，基于法律评价体系连贯性和同类事物同类判断的原则，应当承认法典关于夫妻共债的规定存在法律漏洞，需基于漏洞填补技术予以法律续造。

（一）夫妻一方产生的侵权之债可类推适用《民法典》第一千零六十四条的规定

值得注意的是，在认可存在法律漏洞的场合，基于何种法学方法进行填补亦存在认识不统一现象，如有学者主张以目的性扩张解决漏洞填补问题，认为应对《民法典》第一千零六十四条“债务用于夫妻共同生活、共同生产经营”作目的性扩张解释，即夫妻一方侵权之债应推定为侵权方个人债务，但若债权人（受害人）能够证明侵权行为令夫妻共同受益，或侵权行为所寄生的基础性活动与夫妻共同生活相关，则相关债务应被认定为夫妻共债。[①] 所谓目的性扩张一般是指“法律文义所涵盖之案型，有时衡诸该规定之立法意旨，显然过狭，以致不能贯彻该规范意旨”[②]，因而将其适用扩张至文义不包含之类型。笔者认为，因《民法典》第一千零六十四条的立法旨意并非系对夫妻共债类型的全部规定，仅针对意定之债，所以并无立法意旨过窄的问题，此时宜通过类推适用《民法典》第一千零六十四条予以解决，即“将法律明文之规定，适用到非该法律规定所直接加以规定，但其法律之重要特征与该规定所明文规定者相同之案型”[③]。

---

① 叶名怡：《民法典视野下夫妻一方侵权之债的清偿》，载《法商研究》2021年第1期。

② 黄茂荣：《法学方法与现代民法》，中国政法大学出版社2001年版，第400页。

③ 黄茂荣：《法学方法与现代民法》，中国政法大学出版社2001年版，第393页。

（二）司法实践中侵权之债认定为夫妻共同债务的情形分析

夫妻一方对外所负侵权之债何种情形下应属夫妻共债，需基于家庭共同利益的构成性原则加以细致厘定。具体而言，应在两个层次中展开，一是产生侵权之债的基础性活动属于利益家庭活动；二是产生侵权之债的基础性活动不属于利益家庭活动，但收益归家庭享有，家庭在受益的范围内承担责任。具体包括：

第一，夫妻一方在家庭日常生活中直接产生的侵权之债或者因家庭日常生活所负侵权之债属于夫妻共债；

第二，夫妻一方在家庭共同生产经营过程中直接产生的侵权之债或为家庭共同生产经营所负侵权之债属于夫妻共债；

第三，夫妻一方并非在为家庭共同利益活动中产生侵权之债，但收益归家庭享有的，在家庭受益范围内构成夫妻共债；

第四，夫妻一方虽不构成侵权之债，但基于共同分担损失的公平原则所确定的财产补偿符合家庭共同利益的，应属于夫妻共债；

第五，夫妻侵权一方的主观过错程度、一般侵权与特殊侵权的类型等均不影响个人债务构成夫妻共债。

本案涉及交通事故引发的损害赔偿之债是否属于夫妻共债的认定问题。对此，应该基于家庭共同利益的构成性原则予以认定。二审法院认为侵权行为系发生在蔡某上班途中，侵权行为产生的基础性活动是为夫妻共同生活谋取利益，应属于夫妻共债范畴，该观点符合上述原则，在事实认定和法律适用上均属正确。

编写人：北京市第一中级人民法院　王国庆　方硕

（四）离婚后损害责任纠纷

12

欺诈性抚养的受害方可追索已支付的抚养费并请求对方支付精神损害抚慰金

——钟某某诉蔡某某离婚后损害责任案

【案件基本信息】

1. 裁判书字号

广东省梅州市梅县区人民法院（2020）粤1403民初272号民事判决书

2. 案由：离婚后损害责任纠纷

3. 当事人

原告：钟某某

被告：蔡某某

【基本案情】

原告钟某某与被告蔡某某于2002年10月10日登记结婚。被告于2004年9月10日生育女儿钟甲，2017年8月31日生育女儿钟乙。2019年10月29日原、被告双方在××市××区民政局协议离婚，《离婚协议书》中双方约定大女儿钟甲由男方抚养直到完成学业，小女儿钟乙由女方抚养直到完成学业，男女双方享有探视权；对共同财产，双方约定婚内房产一套归女方所有，小车一辆归男方所有，女方一次性补偿15万元给男方。

离婚后原告听说小女儿钟乙是被告与其他男性所生，于2019年12月13日委托了广东××司法鉴定所对其与钟乙做DNA亲子鉴定。经鉴定，原告钟某某不是钟乙的生物学父亲。

原告认为，被告明知钟乙并非原告的亲生女儿，仍对原告隐瞒，使原告承担了不属于原告的抚养义务，给原告造成了财产损失和不可弥补的精神损害，被告的行为已构成侵权，提出诉讼请求：1. 请求被告返还原告为抚养钟乙支出的抚养费39000元给原告（按每月1500元计算）；2. 请求被告赔偿原告精神损害抚慰金50000元；3. 请求判令被告承担本案的全部诉讼费用。

【案件焦点】

1. 被告应否向原告返还钟乙的抚养费；2. 被告应否赔偿原告精神损害抚慰金。

【法院裁判要旨】

广东省梅州市梅县区人民法院经审理认为：被告蔡某某在婚姻关系存续期间与其他男性发生性关系，并因此生育一女钟乙，原告提交的粤南［2019］物鉴字第4590号《广东××司法鉴定所法医物证司法鉴定意见书》证明经鉴定原告钟某某不是钟乙的亲生父亲，被告蔡某某对此证据无异议，也未就该鉴定意见提出重新鉴定的申请，本院依法认定钟乙不是原告与被告共同生育的小孩。

目前我国法律对夫妻关系存续期间受欺骗方支出的抚育费用应否返还尚未明确规定。本院认为，抚养子女是亲生父母的法定义务，原告钟某某不是钟乙的亲生父亲，无义务负担钟乙的抚养费，故被告应返还原告在夫妻关系存续期间对钟乙负担的抚养费。经查，原、被告双方离婚前共同抚养两个小孩，自钟乙2017年8月31日出生至2019年10月29日家庭生活开支是由原、被告双方共同承担，在现实生活中难以计算原告个人负担钟乙抚养费的具体数额和支付情况，原告未能对此提供相关证据予以证明。被告蔡某某亦未能举证证明钟乙的抚养费是由其个人负担。结合本案实际，对钟乙自2017年8月31日出生至2019年10月29日原告个人负担的抚养费根据本案实际酌定为20000元。

被告在婚姻关系存续期间，违反夫妻双方互相忠实的义务与他人生女，违反社会公德，给原告造成了情感上的伤害，侵害了原告的人格权，被告提出原告违反夫妻间互相忠诚义务的依据不足，原告要求被告赔偿其精神抚慰金的请求可以支持，综合本案的实际情况，酌定为10000元。

广东省梅州市梅县区人民法院判决如下：

一、被告蔡某某应于判决生效之日起五日内支付原告钟某某抚养费20000元；

二、被告蔡某某应于判决生效之日起五日内赔偿原告钟某某精神损害抚慰金10000元；

三、驳回原告钟某某的其他诉讼请求。

宣判后，双方当事人均未提起上诉，判决已生效。

【法官后语】

家庭是社会的细胞，夫妻感情是维系婚姻家庭的基础，在婚姻家庭生活中，夫妻应当互相忠实，互相尊重，父母对于子女有抚养教育的法定义务。但随着社会生活的多元化，出现了一些在婚姻关系存续期间有婚外性行为并因此生育子女的情形，因此出现了欺诈性抚养现象。

一、欺诈性抚养的含义

欺诈性抚养是指夫妻关系存续期间，一方明知所生子女为非婚生子女而采取欺诈方式使得另一方误以为是婚生子女并履行抚养义务的。由于中国社会对家庭子嗣的看重，欺诈性抚养问题始终是社会高度关注的话题。无抚养义务的一方当事人遭受了经济及精神上的损害，可以要求对方返还已经支付的抚养费及支付精神损害抚慰金。

二、欺诈性抚养费数额的认定

对于如何确定欺诈性抚养案件中抚养费数额，司法实践中的裁判结果不一。该抚养费数额原则上是以实际损失为标准，但由于被欺诈人往往不会保留其在抚养过程中所产生的单据，故其一般无法提供证据证明其所支付抚养费的数额。在司法实践中往往依靠法官根据日常生活经验、结合当事人的收入水平及本地生活消费水平确定。对于精神损害抚慰金，不同地区的赔付标准不一，法院可以结合受欺诈人的年龄、生育水平、抚养时间、当地生活水平和相对方的经济能力等因素酌定。

本案中，蔡某某在婚姻关系存续期间与他人生育一女，系对婚姻关系的不忠；蔡某某在婚姻关系存续期间隐瞒其与他人生育一女的情况，使钟某某误认为钟乙系其亲生，并在受到欺诈的情况下抚养钟乙，在离婚时与蔡某某达成了关于子女抚养及财产分割的离婚协议，受到了财产损失及人格权侵害，符合欺诈性抚养关系的要件。钟某某因受欺诈抚养非亲生子女遭受了财产损害及精神损害，故其主张蔡某某返还抚养费及支付精神抚慰金的诉讼请求应予支持，但抚养费及精神抚慰金数额的确认应结合本案实际情况酌定。

欺诈性抚养是对夫妻忠实义务的冲击，在传统观念里，家庭子嗣是最重要的人伦关系，欺诈性抚养不仅损害了受欺诈方的感情，造成婚姻家庭关系的破裂，破坏了社会的和谐和稳定，更重要的是让受欺诈方承受熟人社会带来的巨大舆论压力，法院应通过审判活动引导广大群众杜绝欺诈性抚养现象。

编写人：广东省梅州市梅县区人民法院　黄淑玲

13

在明知情况下抚养非亲生子女，离婚后无权要求返还抚养费及请求损害赔偿

——陆某诉张某离婚案

【案件基本信息】

1. 裁判书字号

广西壮族自治区崇左市江州区人民法院（2020）桂 1402 民初 2154 号民事判决书

2. 案由：离婚纠纷

3. 当事人

原告：陆某

被告：张某

【基本案情】

陆某与张某经自由恋爱，双方于2002年10月进行婚前医学检查，陆某的检查结果为绿色色盲，睾丸小，精液镜检未发现有精子，医学建议为采取医学措施，尊重受检者意愿；张某的检查结果为未发现医学上不宜结婚情况与疾病。后双方于2002年11月1日登记结婚。张某于2005年5月11日生育一子，取名为陆甲，后改名为陆1，现就读于某中学；于2014年2月7日生育一女，取名为陆2，现就读于某小学。婚后双方感情一般，经常为家庭琐事争吵，2020年7月双方再次争吵之后张某离家在外居住，双方分居至今。

2020年6月1日陆某委托南宁市金盾司法鉴定所鉴定，鉴定事项为陆2与陆某之间、陆1与陆某之间有无亲生血缘关系。2020年6月22日南宁市金盾司法鉴定所出具鉴定意见为：依据现有资料和DNA分析结果，排除陆某为陆2的生物学父亲，排除陆某为陆1的生物学父亲。

【案件焦点】

1. 离婚后，张某是否应返还陆某从出生至今抚养两个非婚生子女的抚养费；2. 张某是否应向陆某支付精神抚慰金。

【法院裁判要旨】

关于陆某要求返还抚养费等问题，因在婚前医学检查中，陆某与张某已明知陆某没有生育能力，陆某自述在婚后也未进行过相关治疗，故其将婚后张某生育的两个子女抚养至今，表明了陆某自愿承担两个子女的抚养义务，并不存在违背自身意愿进行抚养的情形。故对于陆某要求返还已支付的陆1与陆2的生活费、教育费、医疗费，并要求张某支付精神抚慰金，本院不予支持。

综上所述，广西壮族自治区崇左市江州区人民法院依照《中华人民共和国民法典》第一千零七十九条规定，判决如下：

一、准予陆某与张某离婚；

二、未成年子女陆 1、陆 2 由张某直接抚养至其年满 18 周岁且能独立生活止；

三、夫妻共同财产：海尔洗衣机和电冰箱各一台、床铺两张、衣柜一个、彩电一台、热水器一台、三轮车一辆归陆某所有，陆某支付张某财产补偿款 2025 元；

四、驳回陆某其他诉讼请求。

【法官后语】

婚姻关系存续期间，夫妻一方抚养了另一方与他人生育的子女，离婚后能否要求另一方返还抚养费，对于该问题首先要考虑其是否知晓抚养的是与自己无血缘关系的子女。如抚养之前已知晓，说明其对于抚养之后所产生的权利义务有清楚的了解，并且一直抚养至夫妻双方感情破裂离婚之时，其抚养的持续状态及行为表明了其并不存在违背自身意愿抚养的情况，故对于离婚后要求返还之前已支出的抚养费违反诚实守信的原则，行为人应对自己当时做出的真实意思行为负责，因之后情势变化为自身利益做出违背当时真实意思表示的主张不应给予支持。

而如何确定当事人知晓或应当知晓其抚养的是非亲生子女，其中应当知晓则需要通过梳理案情来进行判断。比如在双方认识之前女方已有明显的怀孕特征，或根据子女生育时间大致能推测出女方怀孕时双方并未认识，或通过生育时间大致推测女方怀孕时双方并未共同生活等常识性推理，通过后续的亲属关系鉴定的确无血缘关系。本案中，男方婚检时已明知自己无生育能力，在婚后并未做过相应的治疗，并且对于女方之后生育的两个孩子一直抚养至今，该种情况应该推定为男方明知两个孩子与自己无血缘关系而进行抚养。

如夫妻一方的确在被欺瞒的情况下将非亲生子女当作亲生子女抚养，投入了时间、心力与金钱，当知道实情之后所带来的精神损害能否作为赔偿的依据，能否要求对方将抚养费全数退回？对此，笔者认为应返还受欺瞒期间支出的抚养费。夫妻关系的存续，需要双方负有忠诚义务，其欺瞒行为使得一方在违背自己真实意愿的情况下抚养非亲生子女，其非真实意愿的行为应属无效或可撤销，而由此带来的后果应由实施欺瞒行为的一方承担，返还抚养费数额的确定也存在实践上的困难，对于抚养费构成包括生活费、教育费、医疗费三大部分，教育费、医疗费有相应的发票凭证，每年支出家庭中有相应的记账等证据能进行计算则能确定抚养费的数额。但往往当事人并不会保存相应的证据，而对于此可参考各抚养年份当地平均生活消费水平、当地对于离婚案件抚养费的判决水平、受欺瞒方工资水平的20%左右进行衡量，同时也要结合离婚时财产分割的情况。另外，受欺瞒方因此受到了精神损害是否能要求赔偿？根据《中华人民共和国民法典》第一千零一条的规定，对自然人因婚姻家庭关系等产生的身份权利的保护，适用本法第一编、第五编和其他法律的相关规定；没有规定的，可以根据其性质参照适用本编人格权保护的有关规定。这说明夫妻关系之间有身份权利的保护，而欺瞒行为使当事人抚养他人的小孩侵犯了当事人作为妻子或丈夫在婚姻中抚养孩子的身份权利，对其的侵害责任承担适用人格权编的侵权赔偿。即第九百九十六条的规定，因当事人一方的违约行为，损害对方人格权并造成严重精神损害，受损害方选择请求其承担违约责任的，不影响受损害方请求精神损害赔偿。

编写人：广西壮族自治区崇左市江州区人民法院　冯诗兰

14

试管婴儿非丈夫亲生情形下，妻子违背夫妻忠实义务的认定标准

——高某诉李某离婚后损害责任案

【案件基本信息】

1. 裁判书字号

天津市高级人民法院（2021）津民申164号民事裁定书

2. 案由：离婚后损害责任纠纷

3. 当事人

原告（被上诉人、再审申请人）：高某

被告（上诉人、再审被申请人）：李某

【基本案情】

高某（男）、李某（女）于1995年1月14日登记结婚，2013年10月14日因感情不和协议离婚。婚姻关系存续期间，1995年10月18日生一女，2004年李某在天津市中心妇产科医院行试管婴儿手术，分娩一子高某某。离婚协议约定，两子女均随李某生活，高某每年给付其女抚育费20000元、其子高某某抚育费10000元。高某离婚后仅支付女儿部分抚育费，从未支付过高某某抚育费。2019年，高某以高某某非其亲生子，李某在夫妻关系存续期间违背夫妻忠实义务，同他人生育，造成高某极大的精神损害为由起诉要求李某返还抚养费并赔偿精神损失。案中关键证据DNA检测报告显示，案外人吴某与高某某存在亲子关系。高某和李某均认可报告的真实性。

李某辩称，高某某非高某亲生子系高某在提交孕育试管婴儿的精液时自行

调包所致。李某提交由相关医院开具的试管婴儿手术及分娩的病历、证明及病案记录等材料，反映了与高某共同在医院进行试管婴儿手术、产检及分娩的全过程。高某未能提交已支付高某某抚育费的证据，对李某如何违背夫妻忠实义务同他人生育的过程，未能举证予以证明。

【案件焦点】

在高某某非高某亲生子情况下，李某是否违背夫妻忠实义务。

【法院裁判要旨】

当事人对自己提出的诉讼请求所依据的事实或者反驳对方诉讼请求所依据的事实有责任提供证据加以证明。没有证据或者证据不足以证明当事人的事实主张的，由负有举证责任的当事人承担不利后果。本案中，李某向法院提交了相关医院开具的试管婴儿手术及分娩的病历、证明及病案记录等材料。天津市滨海新区人民法院认为李某提供的书证为间接证据，不能证明其主张，而其提供的证人证言，因出庭作证的证人与本案有利害关系，其证言不能作为本案认定事实的依据，所以李某提供的证据不能证实其抗辩主张，因此判决李某赔偿高某精神损失并返还高某某抚养费。

综上所述，天津市滨海新区人民法院依照《中华人民共和国侵权责任法》第六条，《最高人民法院关于确定民事侵权精神损害赔偿责任若干问题的解释》第八条第二款、第九条第三项，《中华人民共和国民事诉讼法》第六十四条第一款规定，判决如下：

一、被告李某于本判决发生法律效力后五日内返还原告高某对高某某的抚养费80000元，赔偿原告精神损害赔偿金20000元；

二、驳回原告高某的其他诉讼请求。

李某不服一审法院判决，向天津市第三中级人民法院提起上诉。

天津市第三中级人民法院认为，李某提供的试管婴儿手术相关材料，客观地反映了上诉人李某与被上诉人高某共同在医院进行试管婴儿手术、产检及分娩的全过程，能够证实上诉人李某关于高某某系试管婴儿出生的主张，二审法院依法予以采信。被上诉人高某一审中主张李某在同其夫妻关系存续期间，违背夫妻忠实义务，同他人生育的行为对高某造成了极大的精神损害，李某应当承担赔偿责任，就此提交了另案中DNA检测报告予以证实。经审查，该检测报告确能证实案外人吴某与高某某存在亲子关系，但就上诉人李某如何违背夫妻忠实义务同他人生育的过程，被上诉人高某未能举证予以证明，应自行承担举证不能的不利后果。一审法院就双方举证责任分配及适用法律均有错误，二审法院依法予以纠正。上诉人李某上诉所提相关理由，有事实依据，法院予以采信。被上诉人高某关于上诉人在夫妻关系存续期间，违背夫妻忠实义务，同他人生育对其造成了精神损害主张，明显证据不足，本院依法不予采信。依照《中华人民共和国民事诉讼法》第一百六十九条第一款、第一百七十条第一款第二项规定，判决如下：

一、撤销天津市滨海新区人民法院民事判决；

二、驳回高某诉讼请求。

天津市高级人民法院认为，李某提交的证据属于明显的优势证据，二审法院对李某的主张予以采信，对高某的主张未予采信，并判决驳回高某的全部诉讼请求，并无不当。高某的再审申请不符合《中华人民共和国民事诉讼法》第二百条第二项、第六项规定的再审条件。依照《中华人民共和国民事诉讼法》第二百零四条第一款，《最高人民法院关于适用〈中华人民共和国民事诉讼法〉的解释》第三百九十五条第二款的规定，裁定如下：

驳回高某的再审申请。

【法官后语】

夫妻忠实义务规定于《中华人民共和国民法典》（以下简称《民法典》）第一千零四十三条，属于倡导性条款。夫妻忠实义务通常包括三个层面：身体忠实义务、财产忠实义务、精神忠实义务。[①] 人工授精技术尚未运用到人类生

① 参见胡洁人、王婷：《夫妻忠实义务之“精神考量”》，载《法律适用》2020年第11期。

殖领域时，婚生子女经DNA亲子鉴定被证实非丈夫亲生，这一证据结合日常生活经验的运用，即可证明女方违背忠实义务行为的客观存在。本案的特殊性在于，妻子一方提供了双方共同在医院进行人工授精技术和试管婴儿生子手术的证据事实，给予“非亲生子女”这一事实一个新的成因，截断了从“婚姻期间生育的子女非配偶亲生子女”到“妻子违背夫妻忠实义务”的因果“锁链”，经验法则推定已不再适用。

一、人工授精子女非亲生与妻子违背夫妻忠实义务不存在必然联系

人工授精子女，是指所有不通过自然性行为而受孕的婚生子女。[①] 因此人工授精子女非丈夫亲生的事实，不能直接证明妻子违背身体忠实义务。试管婴儿手术是人工授精技术的运用，所生子女为人工授精子女。夫妻双方达成一致，通过试管婴儿手术受孕分娩子女，子女非丈夫亲生，可能有如下几种情形：(1) 夫妻双方一致同意使用其他人的精子进行人工授精；(2) 医院错误使用他人精子；(3) 丈夫单方面使用他人精子；(4) 试管婴儿手术过程中，妻子与他人发生性行为受孕。前三种情形中，由于试管婴儿手术的介入，子女非丈夫亲生不是妻子发生婚外性行为所致，妻子并未违背夫妻忠实义务；第四种情形中，妻子在试管婴儿手术过程中与他人发生性行为受孕，若妻子是自愿同他人发生性行为且丈夫对此不知情的，则妻子违背了身体忠实义务。

二、举证责任分配问题

民事诉讼法规定的一般举证责任分配原则为“谁主张，谁举证”，该一般性原则适用于丈夫举证证明妻子违背夫妻忠实义务的情形。丈夫提供婚生子女非亲生的亲子鉴定报告作为本证，而妻子提供试管婴儿手术相关材料证明该子女通过人工授精方式受孕分娩属于反证，推翻了自身违反夫妻忠实义务的推定。此时，丈夫需另行举证证明妻子有违背忠实义务的行为或证明该子女不是通过人工授精方式受孕分娩，否则将承担举证不能的后果。若双方当事人对婚生子女是否通过人工授精方式受孕分娩提出相互矛盾的证据时，法院可根据“优势

---

① 参见最高人民法院民法典贯彻实施工作领导小组主编：《中华人民共和国民法典婚姻家庭编继承编理解与适用》，人民法院出版社2020年版，第286页。

证据规则”来判断妻子是否违背夫妻忠实义务。本案中，李某提供的证据足以证明其接受试管婴儿手术的整个流程，高某虽主张试管婴儿手术期间仍有通过两性关系受孕的可能性，但并未提交任何证据证明李某曾有违背夫妻忠实义务的行为，亲子鉴定报告仅能证明高某某与吴某生物上亲子关系的结果，而不能证明李某受孕的过程，故需由高某承担举证不能的后果。

三、丈夫可通过妻子所生子女与试管婴儿手术无关来证明妻子违背夫妻忠实义务

由于试管婴儿手术本身不涉及自然性行为，妻子通过试管婴儿手术所生子女与丈夫无亲子关系的事实，不能作为妻子违背夫妻忠实义务的证据。丈夫可以通过妻子在试管婴儿手术期间同他人发生性行为受孕的证据，证明非亲生子女与试管婴儿手术无关，进而证明妻子存在过错。同时，在目前的医疗条件下，试管婴儿手术过程中医生向妻子体内植入胚胎后，还会存在剩余胚胎，夫妻双方可以通过有偿方式在医院冷冻保存剩余胚胎。若医院冷冻保存有剩余胚胎，丈夫可以对剩余胚胎进行DNA亲子鉴定。在丈夫与剩余胚胎存在血缘关系但妻子所生子女非丈夫亲生情形下，该孩子很可能与此次试管婴儿手术无关，在其他证据的相互印证下，丈夫能够证明非亲生子女的出生为妻子违反夫妻忠实义务所生，除非妻子能够给出合理理由，如医院存在过错等。

妻子违反夫妻忠实义务，明知其在婚姻存续期间所生子女为非婚生子女，而采取欺诈手段，使丈夫认为是婚生子女并承担对该子女的抚养义务，丈夫可基于欺诈性抚养关系要求妻子返还抚养费。① 如果丈夫和妻子尚未离婚，由于夫妻共同财产制度，丈夫无法向妻子主张返还子女抚养费。丈夫可在离婚时或离婚后向妻子主张返还子女抚养费，若此事造成了精神痛苦和损害，还可向法院提起精神损害赔偿。

编写人：天津市第三中级人民法院　郝真　魏婷

① 参见王利明、杨立新、王轶、程啸：《民法学》，法律出版社2017年版，第773页。

15

婚内受欺诈抚养非亲生子女的离婚损害赔偿认定

——金某甲诉胡某离婚案

【案件基本信息】

1. 裁判书字号

山东省淄博高新技术产业开发区人民法院（2021）鲁0391民初115号民事判决书

2. 案由：离婚纠纷

3. 当事人

原告：金某甲

被告：胡某

【基本案情】

金某甲与胡某于2016年5月9日登记结婚。胡某于同年9月24日生育一子取名金某乙。经亲子鉴定，金某甲并非金某乙的生物学父亲。2019年1月7日，胡某因犯诈骗罪被取保候审，12月2日经法院决定予以逮捕。12月13日，法院判决胡某犯诈骗罪，判处有期徒刑一年六个月，并处罚金1万元。胡某现被羁押于某监狱第一监区。

胡某被逮捕后，金某乙一直跟随金某甲及金某甲父母共同生活。金某甲称因其并非金某乙的生物学父亲，身心受到严重打击，遂提起本案诉讼，要求判决双方离婚；确认金某甲与金某乙无亲子关系；金某乙由胡某抚养，胡某支付金某甲精神损害抚慰金5万元；胡某返还自2016年9月24日至判决生效之日以73.18元/天（即参照2019年山东省城镇居民人均消费性支出）为基数支出的抚养费。

【案件焦点】

是否应当支持金某甲在婚内受欺诈抚养非亲生子女的离婚损害赔偿请求。

【法院裁判要旨】

山东省淄博高新技术产业开发区人民法院经审理认为：夫妻应当相互忠实、相互尊重。胡某与他人发生性关系，并在与金某甲婚姻关系存续期间生育一子，金某甲在不明真相的情况下对孩子金某乙进行了抚养，金某甲主张在得知自己并非金某乙的生物学父亲后身心受到严重打击，且胡某当庭表示同意离婚，故应当据此认定双方夫妻感情已经彻底破裂，金某甲请求判决离婚的诉讼请求有事实及法律依据，依法予以支持。双方对金某甲并非金某乙生物学父亲均无异议，依法确认金某乙与金某甲亲子关系不存在。夫妻一方因重大过错导致离婚的，无过错方有权请求损害赔偿。金某甲既非孩子金某乙的生父，亦无其他法律上的拟制父子关系，故其对金某乙无法定抚养义务，其在不知情的情况下误以为金某乙为其亲生子并对其进行抚养，造成自己现有财产减少，利益受损。胡某作为金某乙的亲生母亲，应承担抚养义务，其因金某甲的抚养行为免予支出其应负担的抚养费用，可视为其财产的消极增加，胡某由此获益，对此金某甲可参照山东省城镇居民人均消费支出请求予以返还。胡某于 2019 年 12 月 2 日被逮捕，故 2016 年 9 月 24 日至 2019 年 12 月 1 日的抚养费应计算为 42554 元（73. 18 元/天 ×1163 天/2 人），胡某还应按此标准支付 2019 年 12 月 2 日至判决生效之日的抚养费（按 1 人计算）。金某乙现已 4 周岁，胡某入狱后金某乙一直跟随金某甲及其父母共同生活，其非金某甲亲生子一事不可避免会给金某甲造成精神损害，金某甲要求赔偿精神抚慰金，于法有据，予以支持，但金某甲要求的数额过高，结合胡某的过错程度、承担责任的经济能力等相关案件事实酌定支持精神损害抚慰金 10000 元，对金某甲多主张部分依法不予支持。据此，依照《中华人民共和国民法典》第一百二十二条、第一千零七十九条，《最高人民法院关于确定民事侵权精神损害赔偿责任若干问题的解释》第一条、第五条，《中华人民共和国民事诉讼法》第六十四条第一款及其他相关法律规定，判决如下：

一、准予金某甲与胡某离婚；

二、确认金某甲与金某乙亲子关系不存在，金某乙由胡某抚养；

三、胡某于本判决生效之日起十日内支付金某甲精神损害抚慰金10000元；

四、胡某于本判决生效之日起十日内支付金某甲2016年9月24日至2019年12月1日的抚养费42554元及其他抚养费（自2019年12月2日起至本判决生效之日止，按73.18元/天计算）；

五、驳回金某甲的其他诉讼请求。

【法官后语】

本案系《中华人民共和国民法典》（以下简称《民法典》）实行后适用离婚损害赔偿制度新规则审结的案件，主要涉及婚内受欺诈抚养非亲生子女的离婚损害赔偿问题。

《民法典》婚姻家庭编第一千零四十三条规定："家庭应当树立优良家风，弘扬家庭美德，重视家庭文明建设。夫妻应当互相忠实，互相尊重，互相关爱；家庭成员应当敬老爱幼，互相帮助，维护平等、和睦、文明的婚姻家庭关系。"此作为我国婚姻家庭立法的价值准则，理应有制度作为支撑。违反忠实义务、实施家庭暴力、虐待、遗弃等行为，是对配偶的情感和精神最为严重的伤害，必须通过法律制度予以公力救济，这也完全符合中国社会的传统习惯和民众认知。《民法典》第一千零九十一条对于离婚损害赔偿的相关规定正是上述公力救济的具体体现。《民法典》第一千零九十一条规定："有下列情形之一，导致离婚的，无过错方有权请求损害赔偿：（一）重婚；（二）与他人同居；（三）实施家庭暴力；（四）虐待、遗弃家庭成员；（五）有其他重大过错。"本案所体现出的欺诈性抚养源于女方婚内与配偶以外的他人生育子女，其虽不属于重婚、与他人同居、实施家庭暴力或虐待遗弃家庭成员这四种具体情形，但同样属于严重违反婚姻忠实义务的情形，故应认定为上述"有其他重大过错"的情形，从而可在离婚时适用离婚损害赔偿。

一、离婚损害赔偿制度的立法演进

离婚损害赔偿是指夫妻一方在婚姻关系存续期间实施了法律规定的对于另

一方的侵权行为，导致另一方受到损害而请求损害赔偿的制度。通常该侵权行为也是构成离婚的原因。原《中华人民共和国婚姻法》（以下简称《婚姻法》）在2001年修改时规定了有关离婚损害赔偿制度的内容，其第四十六条规定："有下列情形之一，导致离婚的，无过错方有权请求损害赔偿：（一）重婚的；（二）有配偶者与他人同居的；（三）实施家庭暴力的；（四）虐待、遗弃家庭成员的。"《婚姻法》第四十六条虽然明确规定了四种可以请求离婚损害赔偿的具体情形，但未规定概括性兜底条款，导致对于其规定以外的其他严重的过错行为，只能依靠道德规范来调整，而不能通过寻求司法救济的途径加以解决。

《民法典》第一千零九十一条在《婚姻法》第四十六条的基础上增加了"有其他重大过错"的这一概括性兜底条款，无疑扩大了离婚损害赔偿制度的适用范围。即《民法典》在其婚姻家庭编中通过对立法技术方式的合理调整，增加一项概括性的兜底条款，赋予了法官根据具体案件情况予以合理自由裁量的空间，从而解决了婚姻当事人一方因另一方的某些重大过错受到严重伤害而得不到救济的问题，使得离婚损害赔偿制度的立法目的得以充分实现。

如何准确把握和理解这一兜底条款，需要注意以下问题。

具体到本案中，胡某与他人发生性关系，并在与金某甲婚姻关系存续期间生育一子，并哄骗金某甲称金某乙系其亲生子，致金某甲在不明真相的情况下对孩子金某乙进行了多年抚养。对于实践中的这种欺诈性抚养情形，若按《婚姻法》第四十六条的规定并不属于可以请求离婚损害赔偿的范畴，但根据《民法典》第一千零九十一条第五项规定，可按"其他重大过错"予以认定。本案正是根据男方婚内受欺诈抚养非亲生子女的基本事实，加之女方予以认可并同意离婚，故认定夫妻双方感情破裂并准予离婚，更因此认定系胡某存在《民法典》第一千零九十一条第五项所规定的"其他重大过错"情形而导致离婚，从而根据无过错方金某甲的请求适用《民法典》的上述规定适用了离婚损害赔偿，从而充分保护了金某甲作为无过错方基于婚姻家庭关系衍生的合法权益。

二、离婚损害赔偿制度的适用条件

关于赔偿的具体内容，从实践中对于离婚损害赔偿制度的法律适用来看，由于离婚损害赔偿制度从性质上来看系民法中的侵权责任在婚姻家庭领域的延伸，所以说离婚损害赔偿在适用时应符合侵权行为的四个构成要件，即一方对离婚存在过错、实施了违法行为、造成了损害结果、行为与结果之间存在因果关系。另外，夫妻一方因重大过错导致离婚的，无过错方有权请求损害赔偿，此损害赔偿既包括物质损害赔偿，也包括精神损害赔偿，即离婚损害赔偿的制度价值体现为填补损害和精神抚慰之双重功能。具体到本案中，金某甲既非孩子金某乙的生父，亦无其他法律上的拟制父子关系，故其对金某乙无法定抚养义务，其在不知情的情况下误以为金某乙为其亲生子并对其进行抚养，造成自身财产减少，利益受损，故从物质损害赔偿的角度来讲，金某甲有权要求胡某返还其本不应支付的抚养费用，具体可参照山东省城镇居民人均消费支出进行计算；而从精神损害赔偿的角度来看，金某乙现已4周岁，胡某入狱后金某乙一直跟随金某甲及其父母共同生活，其非金某甲亲生子一事不可避免会给金某甲造成精神损害，金某甲要求赔偿精神损害抚慰金显然具有事实和法律依据，其具体数额则由人民法院结合侵权行为所造成的后果、女方的过错程度及承担责任的经济能力等相关案件事实酌情予以支持。

三、离婚损害赔偿制度适用中应注意的其他问题

需要注意的一点是，根据既往的相关规定，无过错方作为原告起诉离婚的，离婚损害赔偿的请求应在离婚诉讼中同时提出。无过错方作为被告且不同意离婚的，应在离婚后一年内单独提出，离婚后另行提出损害赔偿的一年期间为法律上的除斥期间，不存在中止、中断的情形。

编写人：山东省淄博市中级人民法院　荣明潇

山东省淄博高新技术产业开发区人民法院　白丽娜　谢玉滨

16

离婚后发现人格权益受侵害应得到保护

——徐某诉王某离婚后财产案

【案件基本信息】

1. 裁判书字号

北京市第三中级人民法院（2020）京03民终1309号民事判决书

2. 案由：离婚后财产纠纷

3. 当事人

原告（上诉人）：徐某

被告（被上诉人）：王某

【基本案情】

徐某、王某二人于2011年3月22日登记结婚，2012年5月11日生育一女，2017年9月27日协议离婚，并办理了离婚登记。《离婚协议书》约定：双方共同拥有的小型轿车，产权登记在女方（王某）名下，离婚后，车辆归女方所有，女方无须补偿男方。由于双方婚后即分居，财产、债务均归各自所有。双方离婚不涉及共同财产分割及财产补偿。双方自愿离婚，互不主张精神损害赔偿和补偿。徐某向审理法院提交转账记录，证明其在4S店刷卡购车，提交出生医学证明，证明王某于2018年5月6日与他人生育一子，孩子出生孕周为38周，可以推定王某在与徐某离婚之前已怀孕。徐某认为，在离婚前的分居阶段，王某与他人怀孕、产子，侵犯了徐某的配偶权和人格权益，违反了夫妻之间的忠实义务，徐某可以撤销赠与，请求法院判令王某赔偿其精神损害赔偿金3万元，王某返还其个人购买的小轿车。

【案件焦点】

在离婚协议中，一方放弃精神损害赔偿请求权后，发现对方存在婚内违背夫妻忠实义务的行为，能否以人格利益受到侵害为由主张精神损害抚慰金。

【法院裁判要旨】

北京市朝阳区人民法院经审理认为：《离婚协议书》中关于车辆的约定应视为双方对财产处理的特别条款，该特别条款的效力优先于其他条款的约定。无论由谁支付购车款，《离婚协议书》约定双方共同拥有小轿车，即表明双方均认可该车辆为夫妻共同财产。据此，应认定车辆为夫妻共同财产，且已在《离婚协议书》中进行了分割，徐某主张撤销赠与，不予支持。根据现有证据，能够证明王某在婚内与他人发生婚外情并怀孕，违背夫妻忠实义务。然而，二人系协议离婚，现徐某以无过错方的身份在离婚后提起损害赔偿请求，不符合法律规定。而且，双方在《离婚协议书》中约定自愿离婚，互不主张精神损害赔偿。应视为徐某在离婚时自愿放弃向王某主张精神损害赔偿的权利。对徐某要求精神损害赔偿的诉讼请求，不予支持。

北京市朝阳区人民法院依照《中华人民共和国婚姻法》第三十九条、第四十六条，《最高人民法院关于适用〈中华人民共和国婚姻法〉若干问题的解释（一）》第三十条规定，作出如下判决：

驳回原告徐某的全部诉讼请求。

徐某不服一审判决，提出上诉。北京市第三中级人民法院经审理认为，《最高人民法院关于确定民事侵权精神损害赔偿责任若干问题的解释》（2001年）第一条第二款规定，违反社会公共利益、社会公德侵害他人隐私或者其他人格利益，受害人以侵权为由向人民法院起诉请求赔偿精神损害的，人民法院应当依法予以受理。徐某主张于 2018 年 9 月 27 日知道王某婚内受孕婚外生子的事实，王某无相反证据予以推翻，故对徐某的主张予以采信。双方协议离婚时，徐某对王某婚内与他人怀孕并于离婚后生育子女的事实并不知情。徐某虽然在《离婚协议书》中表示不主张精神损害赔偿，但是，这并不影响徐某基于人格利益受侵犯而向王某主张精神损害赔偿。双方在《离婚协议书》中确定车辆系双方共同拥有，对于车辆的归属作出了约定，对于该车辆的约定应视为双方对财产处理的特别条款。车辆取得的时间在双方登记结婚之后，故不能仅以转账记录作为认定车辆权属的依据，且关于车辆归王某所有的约定并未造成双方权利明显失衡，徐某主张撤销赠与并返还车辆，于法无据。

北京市第三中级人民法院依照《最高人民法院关于确定民事侵权精神损害赔偿责任若干问题的解释》（2001 年）第一条第二款、《中华人民共和国民事诉讼法》第六十四条第一款、《中华人民共和国民事诉讼法》第一百七十条第一款第二项规定，作出如下判决：

一、撤销北京市朝阳区人民法院民事判决；

二、王某赔偿徐某精神损害抚慰金 3 万元，于本判决生效之日起七日内执行；

三、驳回徐某的其他诉讼请求。

【法官后语】

一、离婚损害赔偿制度

（一）侵权责任在婚姻法领域的体现

离婚损害赔偿是指因夫妻一方的重大过错致使婚姻关系破裂的，过错方应对无过错方的损失予以赔偿的法律制度。一方在婚内存在过错行为导致夫妻离婚的，该过错行为本质上是一种侵权行为。离婚损害赔偿本质上属于侵权损害赔偿，是侵权责任在婚姻法领域的延伸体现。

夫妻间相互负有的人身、财产上的权利义务，夫妻双方应当遵守，相互忠实、相互关爱，在享有权利的同时，也要依法履行义务。《中华人民共和国民法典》（以下简称《民法典》）第一千零九十一条规定了离婚损害赔偿的几种过错行为，即“有下列情形之一，导致离婚的，无过错方有权请求损害赔偿：（一）重婚；（二）与他人同居；（三）实施家庭暴力；（四）虐待、遗弃家庭成员；（五）有其他重大过错”。重婚和与他人同居的行为均违反一夫一妻的婚姻制度，侵犯了夫妻中另一方的配偶权，重婚同时构成刑事犯罪。家庭暴力是指家庭成员之间以殴打、捆绑、残害、限制人身自由以及经常性谩骂、恐吓等方式实施的身体、精神等侵害行为。持续性、经常性的家庭暴力，构成虐待。遗弃是指对于年老、年幼、患病或者其他没有独立生活能力的人，负有扶养义务而拒绝扶养的行为。虐待、遗弃家庭成员情节恶劣的，都将构成刑事犯罪。实施家庭暴力和虐待、遗弃家庭成员侵犯的民事权益包括生命权、健康权等。其他重大过错包括通奸、卖淫、嫖娼、赌博、吸毒等其他过错行为。

（二）对无过错方的法律保护

婚姻家庭受国家保护。婚姻自由是我国婚姻制度的基本原则之一。婚姻自由包括结婚自由和离婚自由。《民法典》婚姻家庭编强调婚姻家庭的责任与义务，法律对于无过错方应当给予保护。法律应当尊重个人感情的自由选择，但法律同样应当对已造成的精神损害予以救济。也就是说，有过错方因违反婚姻义务应当承担相应的责任，这也是在婚姻中遵守道德和公平正义的要求。离婚损害赔偿制度是在保障离婚自由的情况下，通过国家公权力救济手段，保护无过错方的利益，使无过错方得到经济上的救济和恢复，同时也起到惩罚过错方，对违法行为进行预防的作用。这同时也是维护其他家庭成员的合法权益，保护社会公共利益，促进平等、和睦、文明的婚姻家庭关系的需要。

损害赔偿包括物质损害赔偿和精神损害赔偿。物质损害赔偿主要是指过错方给无过错方造成了财产损失的损害后果。精神损害赔偿是指因过错方对无过错方人身进行伤害导致的精神损害及纯粹因过错方的行为导致的精神创伤、精神痛苦等。

二、夫妻双方协议离婚后，有权提起诉讼主张损害赔偿

（一）婚姻登记机关对离婚协议的审查

婚姻登记机关登记离婚包括夫妻双方申请、冷静、审查、登记四个方面的具体程序。《民法典》第一千零七十六条规定：“夫妻双方自愿离婚的，应当签订书面离婚协议，并亲自到婚姻登记机关申请离婚登记。离婚协议应当载明双方自愿离婚的意思表示和对子女抚养、财产以及债务处理等事项协商一致的意见。”第一千零七十八条规定：“婚姻登记机关查明双方确实是自愿离婚，并已经对子女抚养、财产以及债务处理等事项协商一致的，予以登记，发给离婚

证。”登记离婚以双方达成合意的离婚协议为基础，促使夫妻双方和平解除婚姻关系。

我国法律未明确婚姻登记机关的审查标准。实践中，一般情况下婚姻登记机关需对当事人提交的材料是否真实、是否合法尽到审慎审查义务，以避免将来产生纠纷。也就是说，婚姻登记机关对夫妻双方共同签署的离婚协议书的审查属于形式审查。

（二）婚姻解除方式不影响离婚损害赔偿制度的适用

《最高人民法院关于适用〈中华人民共和国民法典〉婚姻家庭编的解释（一）》第八十九条规定：“当事人在婚姻登记机关办理离婚登记手续后，以民法典第一千零九十一条规定为由向人民法院提出损害赔偿请求的，人民法院应当受理。但当事人在协议离婚时已经明确表示放弃该项请求的，人民法院不予支持。”对比《民法典》施行前的《中华人民共和国婚姻法》及相关司法解释，《最高人民法院关于适用〈中华人民共和国民法典〉婚姻家庭编的解释（一）》第八十九条是新增的条款，该条款明确了夫妻协议离婚后，可以再向人民法院提出损害赔偿请求。该条款明确了因过错行为导致离婚而应当承担的民事责任，不应受到婚姻关系解除方式的影响。

三、无过错方在离婚协议中明确放弃损害赔偿的，离婚后提起诉讼能否得到支持

（一）无过错方对侵权行为是否知晓

根据《最高人民法院关于适用〈中华人民共和国民法典〉婚姻家庭编的解释（一）》第八十九条规定，如果无过错方在协议离婚时明确放弃向过错方主张精神损害赔偿，无过错方离婚后单独提起诉讼要求精神损害赔偿，人民法院不予支持。根据文义解释，该法条蕴含着这样一种前提，即无过错方在签订离婚协议时已明知对方有过错，但其基于各种原因，放弃了向对方主张精神损害赔偿的权利，这是无过错方对自身权利的一种处分。在此情况下，如果无过错方离婚后单独提起诉讼主张精神损害赔偿，因其已经通过书面形式放弃了自身的权利，故人民法院不再予以支持。

然而，司法实践中，有的过错方故意隐瞒过错行为，如与他人同居、通奸等违背夫妻忠实义务的行为，无过错方可能不知晓侵权行为的存在。有的无过错方主张其在签订离婚协议时不知晓对方具有《民法典》第一千零九十一条规定的过错情形，在不知情的情况下在离婚协议中作出放弃精神损害赔偿的意思表示。本案中的男方在离婚时不知道女方违背夫妻忠实义务并与他人怀孕的事实，却在离婚协议中约定了互不主张精神损害赔偿的条款。那么，在此种情况下，如果无过错方离婚后单独提起诉讼主张精神损害赔偿能否得到支持，实践中存在不同观点。

第一种观点认为，离婚协议既包括解除婚姻关系的形成行为，又包括夫妻财产分割及子女抚养的附随行为，是一种包含人身关系和财产关系的复合协议。夫妻双方在离婚协议中关于精神损害赔偿的约定，应属财产关系的条款。不论无过错方是否知情，从合同效力角度而言，都应视为无过错方对精神损害赔偿权利的放弃，都不应得到支持。第二种观点认为，由于受害方对于对方存在违背夫妻忠实义务的事实并不知情，故受害方虽在离婚协议中作出放弃精神损害赔偿的意思表示，但并不因此影响其基于人格利益受到侵犯而向对方主张精神损害赔偿。

司法实践中，多数意见认为，根据《最高人民法院关于确定民事侵权精神损害赔偿责任若干问题的解释》（2001年）第一条第二款的精神，违反社会公共利益、社会公德侵害他人隐私或者其他人格利益，受害人以侵权为由向人民法院起诉，请求赔偿精神损害的，人民法院应当依法予以受理。据此，针对夫妻协议离婚的，无过错方在离婚后发现对方存在损害赔偿情形的，应当允许其提起侵权之诉。

（二）无过错方不知晓对方侵权行为情况下在离婚协议中放弃损害赔偿的，可另行提起离婚损害赔偿诉讼

本案中，徐某提起的是离婚后财产诉讼，主要的诉讼请求有两点：一是解决夫妻财产分配问题，二是要求王某支付精神损害赔偿金。二审法院改判的理由认为，王某在婚姻关系存续期间，与他人怀孕违背夫妻忠实义务，构成对徐

某人格权的侵害。二审诉讼期间，因我国《民法典》尚未施行，《最高人民法院关于适用〈中华人民共和国民法典〉婚姻家庭编的解释（一）》第八十九条也尚未出台，针对协议离婚后的离婚损害赔偿问题实践中还存在不同的意见，从本案一审和二审判决中就可以看出，一审法院所持的观点为上述第一种观点，二审法院所持的观点为上述第二种观点。在《民法典》及相应司法解释施行后，第二种观点成为多数观点，更符合法律保护离婚自由以及无过错方权益的理念。

多数意见认为夫妻协议离婚，无过错方未发现对方存在损害赔偿情形而放弃损害赔偿的，如果离婚后发现，可以单独提起侵权之诉。侵权之诉对应的民事案由应为离婚损害赔偿纠纷，而不是离婚后财产纠纷。因为离婚后财产纠纷主要解决的是夫妻关系存续期间的财产分配问题。本案中，二审法院之所以在离婚后财产纠纷中一并处理徐某提出的精神损害赔偿请求，一方面是出于对无过错方权益的保护，另一方面是出于一揽子解决婚姻家庭问题，减少当事人诉累。关于精神损害赔偿的数额，目前法律并未规定具体的参考标准。实践中，法官通常参考的因素包括审理案件的法院所在地近年来相同案件损害赔偿数额判决情况、过错行为的侵权程度、给无过错方造成精神痛苦的程度等，法官在裁判尺度统一的前提下，发挥自由裁量权进行酌定判决。

编写人：北京市朝阳区人民法院　毕晓宇

17

离婚损害赔偿认定标准

——赵某诉王甲离婚案

【案件基本信息】

1. 裁判书字号

北京市第二中级人民法院（2020）京02民终11575号民事判决书

2. 案由：离婚纠纷

3. 当事人

原告（被上诉人）：赵某

被告（上诉人）：王甲

【基本案情】

赵某与王甲于2005年确立恋爱关系，2015年8月8日登记结婚，2016年12月4日生育一女，现已2岁半。双方婚后感情尚可，自孩子出生以后双方经常因家庭琐事产生矛盾，争吵不断。2019年4月赵某发现王甲出轨，与婚外异性维持不正当男女关系。双方在诉讼前就离婚事宜进行协商，王甲表示同意离婚，但是就子女抚育的相关问题双方差异较大。因二人无法达成离婚协议，赵某诉至法院，请求法院判令双方离婚并就子女抚养问题作出处理，另要求王甲支付其精神损害抚慰金10万元等。

【案件焦点】

非过错方在离婚诉讼中是否有权请求过错方支付离婚损害赔偿金。

【法院裁判要旨】

北京市西城区人民法院经审理认为：感情是婚姻关系存续的基础。现原、被告均认为夫妻感情确已破裂并同意离婚，本院予以准许。

关于子女抚养，考虑到双方婚生之女年龄尚小，目前一直随原告生活，形成了相对固定的生活习惯，故由原告抚养更为适宜，但被告应给付相应的抚养费，本院确定双方离婚后被告每月给付抚养费1800元。

关于精神损害赔偿问题，原告主张被告在婚姻关系存续期间出轨，与他人同居。被告对此予以否认并质疑原告提交录像资料证据的合法性。因原告在自家门口安装摄像头，对自家门口人员进出情况予以拍摄，该方式未侵害他人合法权益及公共利益，亦不违反法律禁止性规定，证据形式及来源均合法，故对录像资料合法性本院予以确认。根据已查明事实，结合双方的陈述及其他相关证据，可以认定被告存在婚内出轨，对婚姻不忠的行为，且严重影响了夫妻之间的感情。原告作为婚姻破裂的无过错方，其有权要求被告支付精神损害赔偿款，具体数额本院根据过错程度及实际情况确定为 5 万元。

综上，北京市西城区人民法院依照《中华人民共和国婚姻法》第四条、第三十二条、第三十六条、第三十七条、第三十九条、第四十六条及《中华人民共和国民事诉讼法》第六十四条第一款之规定，判决如下：

一、解除原告赵某与被告王甲的婚姻关系；

二、婚生女王乙由原告赵某抚养，被告王甲于 2020 年 11 月起每月支付抚养费 1800 元，至王乙年满 18 周岁止；

三、被告王甲于本判决生效之日起七日内给付原告赵某精神损害赔偿金 5 万元；

四、驳回原告赵某的其他诉讼请求；

五、驳回被告王甲的其他诉讼请求。

王甲不服原审判决，提起上诉。

北京市第二中级人民法院认为，夫妻感情是维系婚姻关系的基础，应否离婚以夫妻感情是否破裂为判断标准。本案一审、二审过程中王甲与赵某均坚持离婚，说明其夫妻感情确已破裂，一审法院判决赵某与王甲解除婚姻关系，本院不持异议。关于婚生女王乙的抚养问题。本案中，赵某与王甲的婚生女王乙自出生至今，母亲赵某未离开其左右，已经形成较为稳定的生活状态和生活习惯，另因王乙为低龄女童，由母亲赵某直接抚养更为适宜。一审法院认定王乙由赵某抚养并无不当，本院不持异议。关于精神损害赔偿问题，一审法院根据赵某提供的视频录像、双方陈述和其他相关证据，认定王甲婚内出轨有事实和法律依据，本院予以维持。一审法院判决王甲赔偿赵某精神损害赔偿金 5 万元亦无不当，本院予以确认。综上所述，王甲的上诉请求不能成立，应予驳回；一审判决认定事实清楚，适用法律正确，应予维持。依据《中华人民共和国民事诉讼法》第一百七十条第一款第一项之规定，判决：

驳回上诉，维持原判。

【法官后语】

本案系一起在离婚诉讼中无过错方是否可以向过错方提出离婚损害赔偿及获得何种类型赔偿的典型案例。婚姻关系存续期间，夫妻双方应当相互忠实、相互关爱，在享有权利的同时，也要依法履行义务，夫妻任何一方对该种义务的违反，势必构成对另一方配偶权的侵犯，使对方蒙受物质、精神上的双重损害，为使无过错方的权利得到救济，我国法律中规定了离婚损害赔偿制度。

一、离婚损害赔偿制度释义及其适用条件

离婚损害赔偿制度，是指因夫妻一方的重大过错致使婚姻关系破裂的，无过错方可以在离婚诉讼中或在离婚后法定期限内向过错方提出损害赔偿的法律制度。2001 年《中华人民共和国婚姻法》修改时，在第四十六条中加入了对离婚损害赔偿制度的规定，随着社会生活的不断发展，为更有利于保护民事主体的合法权益，《中华人民共和国民法典》第一千零九十一条在原《中华人民共和国婚姻法》第四十六条规定的基础上，增加了"有其他重大过错"作为可以使用离婚损害赔偿的情形，扩大了离婚损害赔偿制度的适用范围。

离婚损害赔偿的适用需满足以下五项条件：(1) 一方对离婚存在过错，离婚损害赔偿需要求行为人主观上存在过错；(2) 过错方实施了妨害婚姻家庭关系的违法行为，包括重婚、与他人同居、实施家庭暴力、虐待、遗弃家庭成员、有其他重大过错（如一方存在通奸、卖淫、嫖娼、赌博、吸毒等其他过错行为）；(3) 另一方没有过错，夫妻双方中只有无过错方，才享有离婚损害赔偿请求权；(4) 过错方的损害行为造成了损害结果，即过错方的损害行为给无过错方实际造成了损害结果（具体包括财产损失、精神创伤、精神痛苦等），无过错方才能要求赔偿；(5) 过错行为与损害结果之间存在因果关系，因过错方的行为导致离婚这一结果的，方产生离婚损害赔偿请求权。

二、离婚损害赔偿制度的权利、义务主体

离婚损害赔偿的权利主体，以夫妻双方中的无过错一方为限。过错方实施的重婚、与他人同居等行为，侵犯的是夫妻中另一方的配偶权，作为权利被侵犯的主体，无过错方自然有权就其受到损害的权利主张损害赔偿。但在过错方实施的是家庭暴力、虐待、遗弃等行为时，损害行为的直接受害者既可能是配偶，也可能是老人、子女等其他家庭成员，所以需要注意的是，离婚损害赔偿请求权只能由夫妻双方中的无过错方享有，因而其他家庭成员不能成为离婚损害赔偿的权利主体，其损害可通过其他途径予以救济。

三、离婚损害赔偿的范围

离婚损害赔偿包括物质损害赔偿与精神损害赔偿，由过错方向无过错方支付离婚损害赔偿金，其中离婚损害赔偿金的具体数额，由法官结合过错方的过错程度、涉案具体情节以及所在地的平均生活水平等因素酌定。此外，过错方应当以其个人财产和分得的财产支付离婚损害赔偿金。

具体到本案，根据原告提供的视频资料并综合双方的陈述及其他相关证据，可以认定被告存在婚内出轨、对婚姻不忠的行为，该行为是对夫妻忠诚义务的严重违反，且给无过错方造成心理和精神上的伤害，并导致离婚，原告作为婚姻破裂的无过错方，其要求被告支付离婚损害赔偿款的诉讼请求应予支持。

编写人：北京市西城区人民法院　王奇

（五）撤销婚姻纠纷

18

婚姻可撤销事由中关于“隐瞒重大疾病”的认定

——王某诉高某撤销婚姻案

【案件基本信息】

1. 裁判书字号

安徽省蚌埠市中级人民法院（2021）皖03民终99民事判决书

2. 案由：撤销婚姻纠纷

3. 当事人

原告（上诉人）：王某

被告（被上诉人）：高某

【基本案情】

原告王某与被告高某于2016年相识恋爱，于2018年10月举行结婚仪式，同年12月7日办理结婚登记。王某与高某均系再婚，婚后未共同生育子女。高某自2015年起就患有轻度抑郁症，并多次就医治疗。2020年12月7日，高某诉至法院要求与王某离婚。同年12月24日，法院依法判决不准离婚。后，王某以高某婚前患有重大疾病为由诉至法院，请求法院撤销双方婚姻关系。

【案件焦点】

1. 高某患有的抑郁症可否认定为民法典第一千零五十三条规定的“重大疾

病”；2. 王某要求撤销与高某的婚姻关系，并由高某赔偿其精神损害抚慰金，有无事实和法律依据。

【法院裁判要旨】

安徽省蚌埠市蚌山区人民法院经审理认为：根据《中华人民共和国民法典》第一千零五十三条规定，一方患有重大疾病的，应当在结婚登记前如实告知另一方；不如实告知的，另一方可以向人民法院请求撤销婚姻。一方主张撤销婚姻，需要同时证明对方在婚姻关系缔结前发病、该病属于重大疾病、婚前未能如实告知等事实。本案中，高某婚前患有抑郁症，王某认为高某对其进行了隐瞒，但诉讼中，王某并无证据证明高某对其隐瞒病情的事实。根据《中华人民共和国母婴保健法》的规定，婚前医学检查包括下列疾病的检查：（1）严重遗传性疾病；（2）指定传染病；（3）有关精神病。《中华人民共和国母婴保健法》规定，有关精神病，是指精神分裂症、躁狂抑郁型精神病以及其他重型精神病。王某仅能证明高某自 2015 年起就患有轻度抑郁症，后因流产转为中度抑郁症，但因高某的疾病并未达到需要限制结婚的重大疾病范畴，故对王某要求撤销婚姻的诉请不予支持。关于王某请求判令高某赔偿其精神损害抚慰金 10 万元的诉请，无事实和法律依据，不予支持。

本院根据《最高人民法院关于适用〈中华人民共和国民法典〉时间效力的若干规定》第三条，《中华人民共和国民法典》第一千零五十三条、第一千零五十四条之规定，判决：

驳回原告王某的全部诉讼请求。

王某不服一审判决，向安徽省蚌埠市中级人民法院提起上诉。二审法院同意一审法院裁判意见，判决如下：

驳回上诉，维持原判。

【法官后语】

《中华人民共和国民法典》（以下简称《民法典》）第一千零五十三条规定：“一方患有重大疾病的，应当在结婚登记前如实告知另一方；不如实告知的，另一方可以向人民法院请求撤销婚姻。请求撤销婚姻的，应当自知道或者应当知道撤销事由之日起一年内提出。”《民法典》将疾病婚的效力从无效变更为可撤销，该条款的变动在于通过保障婚姻双方的知情权以维护婚姻自由自愿原则，该变动尊重了患有重大疾病的婚姻一方当事人结婚自由的权利，又最大限度地保护了婚姻关系中非疾病一方当事人的知情权。

无效婚姻与可撤销婚姻相比，具有绝对性，主要体现在两个方面：一是无效婚姻因欠缺婚姻成立的法定条件而绝对不发生法律效力，不以当事人意志为转移；二是只要符合宣告无效婚姻的情形即婚姻无效，不因时间的经过而消灭。而可撤销婚姻具有相对性，主要体现在两个方面：一是可撤销婚姻因当事人意思表示不真实而成立，只有被撤销的婚姻才不发生法律效力，法律将撤销请求权赋予当事人，由当事人选择行使与否；二是撤销受时间限制，因时间的经过而消灭。

一、“重大疾病”具体范围应从严把握

对于重大疾病的具体范围，《民法典》未以列举的形式作明确规定。结合《民法典》第一千零五十三条立法本意，我们应当注意，人民法院在审查认定婚姻可撤销事由中“重大疾病”这个要件时，一方面应结合相关法律规定，判断患有疾病一方患有的疾病客观上是否达到需要限制结婚的重大疾病范畴；另一方面应按照该“重大疾病”是否能够对缔结婚姻男女双方婚后生活造成重大实质影响的严格标准进行把握。若一方所患疾病不足以对另一方当事人缔结婚姻的真实意思表示产生影响，或不足以对双方婚后生活产生实质性重大影响的，不应认定为重大疾病。

司法实践中，人民法院一般多结合《中华人民共和国母婴保健法》《中华人民共和国传染病防治法》《中华人民共和国精神卫生法》等相关法律规定进行判断。具体来说，被认定属于撤销事由中“重大疾病”的，主要包括指定传染病、严重遗传性疾病等足以影响婚姻关系缔结的疾病。

二、患有重大疾病一方应履行如实告知义务

民事主体从事民事活动，应当遵循自愿原则，按照自己的意思设立、变更、终止民事法律关系。缔结婚姻作为一项民事活动，同样也应遵循自愿原则，而自愿原则的前提是拟缔结婚姻关系的男女双方尽到了如实告知义务。就疾病婚而言，患有重大疾病的一方应当履行如实告知义务。就时间节点而言，在婚姻登记前拟缔结婚姻的当事人互相负有重大疾病如实告知的义务。婚姻登记是依照法定程序，经国家婚姻登记机关核准，取得结婚证的行为。进行登记是结婚唯一的法定程序，自登记起，男女双方受法律保护，享有夫妻双方的权利与义务。将结婚登记前这一时间节点作为保护拟缔结婚姻的任何一方的婚姻自主选择权具有现实意义；就当事人的主观意愿而言，患有重大疾病的一方存在隐瞒相关疾病的故意；就告知的内容而言，患有重大疾病一方应如实告知的内容，包括其自身患有的疾病、该疾病的发展程度以及该疾病能否治愈等。

三、本案适用情况解析

本案中，作为被告的女方患有轻度抑郁症后转为中度抑郁症，因该疾病未达到影响婚后生活的严重程度，且经过治疗可痊愈，故客观上不属于重大疾病范畴。另外，因抑郁症具有一定的外部表现，如持续性情绪低落、苦恼忧伤等，被告与原告相识前就已患病且双方两年后才登记结婚，作为与女方朝夕相处的男方应具有感知性，作为原告的男方未提供证据证明女方对其隐瞒病情的事实，故不能认定被告未履行如实告知义务。综上，原告不能证明被告患有的疾病属重大疾病，亦不能证明被告未对其履行如实告知义务，故法院对原告要求撤销婚姻的诉讼请求，不予支持。

编写人：安徽省蚌埠市蚌山区人民法院　徐梦洁

（六）同居关系纠纷

19

无法证明购房时存在共同出资及购买合意的房屋不能认定系在同居关系中共同购买

——史某诉朱某同居关系析产案

【案件基本信息】

1. 裁判书字号

江苏省无锡市中级人民法院（2020）苏02民终3811号民事判决书

2. 案由：同居关系析产纠纷

3. 当事人

原告（上诉人）：史某

被告（被上诉人）：朱某

【基本案情】

2009年6月，朱某以个人名义购买坐落于宜兴市某小区房屋一套及车库一个。朱某持有落款日期为2009年6月8日的交房结算单、维修基金缴费单、车库收款收据，2009年6月15日的购房发票、契税纳税申报表及契税完税证等材料。该房屋自2009年6月16日起登记在朱某名下，共有情况为单独所有。同年11月16日，朱某提前还贷30万元，该笔款项由史某提供，史某主张该笔款项系其支付给朱某的共同购房款，朱某主张该笔款项发生在其购房后，不属于购房款，而是史某在追求其时自愿给其用于还贷的赠与。

经查询，朱某名下还贷账号在2010年4月至2019年9月期间的业务凭单共计61张，其中客户签名为史某的42次、史甲（系史某父亲）的3次、朱某的16次。

后，双方因房产归属产生纠纷诉至法院。

【案件焦点】

1. 史某主张案涉房屋系双方共同购买，有无证据证明双方存在共同购买的合意；2. 史某有无证据证明其在购买房屋中实际出资。

【法院裁判要旨】

江苏省宜兴市人民法院经审理认为：当事人对自己提出的主张，有责任提供证据。不动产的物权以登记为准，本案中，涉案房屋登记在朱某一人名下，史某主张涉案房产及车库系其与朱某同居期间两人共同购买，但朱某不予认可，史某提供的证据也不能证明其与朱某共同购房的事实，故史某要求分割房产及车库的诉请，缺乏事实依据，本院不予支持。江苏省宜兴市人民法院依照《中华人民共和国民事诉讼法》第六十四条的规定，判决如下：

驳回史某的诉讼请求。

二审法院对一审法院已查明的事实依法予以确认。并归纳主要争议焦点为：涉案房屋是否为史某、朱某共有。

江苏省无锡市中级人民法院围绕上述争议焦点认为：涉案房屋登记在朱某名下，史某主张该房屋系双方同居期间共同购买应为共有。对此，本院认为：首先，关于同居时间，史某提供的证人均与其存在利害关系，不能单独作为认定案件事实的根据，证人证言无其他书面证据印证，无法形成证据锁链，证明力亦没有达到高度盖然性的标准，本院对证人证言不予采信。史某主张双方于2007年即开始共同居住无事实依据。其次，史某并未举证证明双方有共同购买房屋的合意。在涉案房屋登记在朱某名下之后，虽朱某使用史某转账支付给其的30万元归还房屋贷款，史某及其父亲也多次归还房屋贷款，但不能以此推断此前双方有共同购置涉案房屋的合意。史某及其父母、女儿长期居住在 706 室房屋，而双方又未能办理结婚登记，如双方确实共同购房，涉案房屋登记在史某、朱某两人名下，显然更能够保障史某的权益，但在同居期间双方并未就所有权登记进行过变更，而且双方也并未就房屋共同所有、朱某代表双方登记等事项达成一致意见。史某上诉称涉案房屋属双方共同购置的主张事实依据不足，本院不予支持。至于史某支付的 30 万元以及房屋贷款，史某可另案主张。综上，史某的上诉请求不能成立，本院不予支持。一审判决认定事实清楚，适用法律正确，应予维持。江苏省无锡市中级人民法院依照《中华人民共和国民事诉讼法》第一百七十条第一款第一项的规定，判决如下：

驳回上诉，维持原判。

【法官后语】

人民法院在审理因同居关系产生的财产纠纷案件时，需从共有的概念出发，综合涉案情况具体分析。同居期间财产分割应遵循以下原则：双方共同所得的收入和购置的财产，视为共同财产。如果一方证明财产属个人所有的，应认定为个人财产。同居期间一方自愿赠送给对方的财物，可比照赠与关系处理。人民法院处理同居财产分割案件时，最大的难点是如何认定争议财产是否由双方共同购置，此处的共同应着眼于双方是否有共同购买的合意及共同出资的行为。

《中华人民共和国民法典》（以下简称《民法典》）第二百九十七条规定："不动产或者动产可以由两个以上组织、个人共有……"据此，共有是指两个以上的权利主体对同一物共同享有所有权的法律状态。在共有关系中，共同享有所有权的人为共有人，共有的不动产或者动产为共有物或共有财产。共有的发生往往是基于两个原因：一是基于身份关系，即基于法律的直接规定而产生共有关系，如基于夫妻关系而发生的夫妻双方对夫妻共同财产的共有，在遗产分割前基于继承人身份关系而发生的数名继承人对被继承的遗产的共有等。二是基于财产关系，即基于数名当事人具有共同的意思表示、共同目的而发生共有，如数人因共同出资购买某一财产而享有对该财产的共有等。

结合本案案情，史某与朱某之间并不存在产生共有的合意。首先，史某与朱某不存在必然发生共有的身份关系。史某与朱某系同居关系，与夫妻关系存在显著区别，夫妻关系是法律直接规定赋予共有权的特殊身份关系。《民法典》第一千零六十二条规定，夫妻在婚姻关系存续期间所得的下列财产，为夫妻的共同财产，归夫妻共同所有：（1）工资、奖金、劳务报酬；（2）生产、经营、投资的收益；（3）知识产权的收益；（4）继承或受赠的财产（但不包括遗嘱或赠与合同确定只归一方的财产）；（5）其他应当归夫妻共同所有的财产。该规定是以认定为夫妻共同财产为原则，认定为非夫妻共同财产为例外的，也就是说，基于夫妻关系这一身份关系，可以直接发生财产共有关系。而同居关系显然并非必然发生财产共有关系的后果，因此，同居期间购置的财产，仍需根据购买合意和出资情况来认定归属。而在史某与前妻离婚时，案涉房屋已登记在朱某一人名下，史某无法证明两人开始同居的时间，更无法证明案涉房屋系在双方同居期间购买。其次，史某无证据证明其与朱某之间有发生共有财产关系的合意。史某并无证据证明与朱某之间存在共同购买房屋的合意，也无证据证明在购买房屋时其存在共同出资的事实。购买房屋的合意理应在购买房屋时就已发生，而在最能够体现购买合意的签订合同、支付首付款等重要的环节节点时，史某并无任何证据证明自己曾参与其中。据此，无论是从身份关系，还是从财产关系，史某均无法证明案涉房屋系其与朱某共同出资购买。因此，结合房屋实际登记在朱某一人名下，且在同居长达10年期间，双方并未对房屋权属做过明确约定，也未对房屋权属提出过变更登记。故最终法院认定史某诉称房屋属双方共同购置的事实依据不足，驳回了史某的诉讼请求。

编写人：江苏省宜兴市人民法院　任脂

（七）亲子关系纠纷

20

夫妻一方以欠缺血缘或基因联系为由在婚姻关系存续期间对合意委托代孕所生子女单独提起亲子关系否认之诉，不具有诉的利益

——周某某诉史某某其他婚姻家庭案

【案件基本信息】

1. 裁判书字号

上海市第二中级人民法院（2020）沪02民终5384号民事裁定书

2. 案由：其他婚姻家庭纠纷

3. 当事人

原告（上诉人）：周某某

被告（被上诉人）：史某某

【基本案情】

周某某、史某某系夫妻，双方于2013年4月28日登记结婚。2015年12月22日，史某某作为委托方（甲方），与代理方（乙方）、中介方（丙方）签订《代孕中心协议》，与代理方（乙方）签订《代孕协议》。上述两协议对代孕事宜进行了相关约定。

2016年12月9日，周甲、周乙在上海市某妇产科医院出生。2019年9月

17 日，经司法鉴定，支持周某某为周甲、周乙的生物学父亲。

审理中，史某某向法院表示，自己确实存在生育障碍，曾自体取卵并由他人提供孕母母体进行代孕未果。后周某某因考虑经济问题，遂用他人卵子与周某某精子培育胚胎，再通过其他孕母母体进行代孕，最终成功，由孕母生育周甲、周乙。

周某某诉称：周某某与史某某的夫妻关系濒临破裂，周某某是两个孩子生物学父亲，史某某与孩子没有基因联系，也未形成母子关系，有必要明确史某某和两个孩子之间不存在亲子关系，故起诉至法院。

【案件焦点】

夫妻一方以欠缺血缘或基因联系为由，在婚姻关系存续期间对合意委托代孕所生子女单独提起亲子关系否认之诉，是否具有诉的利益。

【法院裁判要旨】

上海市宝山区人民法院经审理认为：代孕在我国目前尚属于法律法规明令禁止行为。确认或否认亲子关系诉讼的前提是夫妻双方就亲子关系发生争议。周某某和史某某系夫妻关系，在婚姻关系存续期间，代孕系双方合意结果，周某某、史某某双方对于整个代孕过程及结果是知晓并认可的。现周某某要求确认史某某与周甲、周乙不存在亲子关系无诉的利益，对周某某、史某某双方目前已存的民事权益亦无实际影响，缺乏向法院主张依法处理的必要性，依照《中华人民共和国民事诉讼法》第一百一十九条、第一百五十四条第三项之规定，裁定：驳回周某某的起诉。

周某某不服，提起上诉。上海市第二中级人民法院认为，法律可以对代孕行为进行制裁，但因代孕而出生的孩子并不因制裁而消失。代孕子女应得到法律同等保护。亲子关系的认定是代孕子女法律地位认定的首要问题。但是亲子关系并不仅仅关涉父母双方之间的权利义务关系，更为重要的在于它直接关涉代孕子女包括身份认同等人格利益在内的众多权利。

就父母角度而言，一般情况下，子女的亲子关系可能因是否亲生而关涉父母的人格尊严等人格利益。但就本案而言，周某某、史某某共同选择代孕，即意味着对于代孕子女是否亲生的事实是完全明知且认同的。从诚实信用的民法基本原则及禁止反言的一般法理角度考虑，双方均不得再基于是否亲生的事实主张该种人格权益，否则即属于权利滥用。另外，亲子关系还是父母主张监护权、抚养子女等的前提。然而，亲子关系确认的该部分意义，就本案而言，并无启动诉讼的现实必要性。即，对周某某而言，其并没有不通过本案诉讼就无法保护的利益。正如周某某所述，其认为史某某的行为可能妨害他对亲生子女的抚养，对子女成长造成不良影响。但该种担忧实属因其与史某某婚姻关系产生矛盾而引发，可以通过双方修复婚姻关系或解除婚姻关系来一并解决。因此，一审法院以周某某要求确认史某某与周甲、周乙不存在亲子关系无诉的利益，裁定驳回周某某的起诉，并无不当。

上海市第二中级人民法院依照《中华人民共和国民事诉讼法》第一百七十条第一款第一项、第一百七十一条作出终审裁定：

驳回上诉，维持原裁定。

【法官后语】

一、代孕语境下传统亲子关系认定规则的局限性

（一）分娩、血缘、养育产生分离

自然生育情形下，一个婴儿的分娩、血缘及养育的主体通常指向一致，故“分娩者为母”、婚生推定及一定条件下的否定规则，加上非婚生子女认领规则，可以解决绝大多数子女的父母确认问题。但代孕语境下，生育与性行为分离，分娩、血缘及抚养通常也相互割裂。如本案，对代孕之双胞胎而言，会产生血缘的、分娩的、出生后养育的三种不同类型“母亲”。

（二）生育意愿不再无意义

自然生育下的亲子关系认定，根本不用考虑男女双方是否有生育意愿。但代孕语境下，男女双方甚至一方的生育意愿，客观上主导了子女从受精卵到分娩出生的全过程。子女出生后，参与代孕的各方主体的意愿，如供卵者的抛弃、孕母的“遗弃”及意愿父母的积极养育都决定了子女抚养的实际状况。

二、现行审查依据的局限性

关于亲子关系的确定，《中华人民共和国民法典》（以下简称《民法典》）主要规定在第一千零七十三条。该条规定主要吸收原《最高人民法院关于适用〈中华人民共和国婚姻法〉若干问题的解释（三）》（以下简称《婚姻法司法解释三》）第二条的规定。然而，无论是《婚姻法司法解释三》还是《民法典》，均没有确定什么情形才算存在法律上的亲子关系，也即“无异议”的亲子关系这个前提并不明确。可以说，《民法典》第一千零七十三条只是对亲子关系有异议情形的救济，难以适用于人工授精、代孕等新型、非传统型的生育模式。

同时，尽管立法已适度限制亲子关系确认及否认的主体范围，即提起诉讼的主体仅限于“父或母”及只能行使确认权的成年子女。但立法对何为“父或母”的留白，可能衍生出的诸多新型诉讼却是难以估量的。如基因父或母拿着血缘证据，要求否定实际抚养子女的意愿父母；孕母在分娩后拒绝放弃孩子，意愿父母起诉要求“确权”等。这些可能的纠纷，是否都有纳入民事诉讼范围的必要，值得探讨。

三、基于儿童利益最大原则对否认亲子关系诉权的限制

代孕作为一种客观存在，绝非仅因它不合法就无需对它引发的亲子关系确定问题予以明确。《民法典》第一千零七十三条没有明确一个用以解决包含代孕亲子关系在内的亲子关系确定的一般规则，那么，在实践中如何去探索以实现正义的最终价值追求呢？

（一）明确价值追求

在选择何种规则作为亲子关系确认依据时，首要须明确的是该制度的价值追求。依据《婚姻法司法解释三》第二条的理解和实践，在具备或欠缺亲子鉴定佐证时，人民法院只是“可以”推定亲子关系成立与否，而非“应当”。这表明，真实的血缘关系也并非亲子关系成立的唯一要素，亲子身份的安定，家庭、婚姻的和谐稳定和儿童利益最大化同样也是处理涉亲子关系案件时所应遵循的原则。特别是后者，无论是我国签署的联合国《儿童权利公约》，还是国际社会普遍认可与接受的通行规则，均表明亲子关系的确认是典型的涉儿童事

务，在制定相关政策时，理应秉承儿童利益最大原则。

（二）具体规则建议

在当前禁止代孕的大背景下，选择“分娩者为母”以及婚生推定作为代孕子女亲子关系确认的一般规则是恰当的。但这一规则主要用以分析子女出生时亲子关系的确认。子女出生后，子女权利应当得到优先的考虑。

1. 设置“分娩者为母”的失权期限。

分娩者将子女交由意愿父母抚养后，出于儿童利益的考量，不宜让亲子关系长期处于不稳定状态。规则上，可以设计一个期限，明确代孕者在事实放弃对代孕子女抚养达到一定时限的，将不再享有对代孕子女的身份权利，从而使代孕子女亲子关系尽快稳定下来。这个时间期限不宜过长。

2. 因生育意愿而抚养的事实应纳入考量。

基于共同生活而不断加深的爱的联系体现了亲子关系的社会性。一个儿童的成长，后天养育的重要性绝不低于生殖的重要性。出于对儿童利益最大原则的坚持，对未成年子女长期抚养的事实理应成为亲子关系确认的考量因素。这并不等于对意愿父母违法代孕行为的肯定，而在于正视实际上“承担作为父母的责任”这一事实对子女利益的有益性。可能面临的难题在于，多长时间的抚养才足够？一方面，这要与孕母的失权期限相结合，保障不能预防责任真空；另一方面，为了防止意愿父母事后因缺乏与子女间的基因联系而作出侵害子女利益的行为，相关部门应当积极实施对此类父母的监督。

本案中，双胞胎均已在史某某抚养下成长至3周岁，即便史某某不能基于代孕协议而获得母亲身份，从保持儿童成长环境稳定的角度也不易再剥夺史某某的母亲身份。

3. 限制意愿父母放弃责任。

传统的亲子关系否认制度是婚生子女推定的救济，这一制度认为以真实血缘关系为基础的婚姻家庭关系最为稳定和谐。但随着保护未成年子女利益理念的发展，各国的亲子关系否认制度都逐渐从侧重追求血缘真实向在一定程度上维护身份的安定发展。如规定父亲身份的撤销只能在一定期限内行使，以尽可能使亲子关系不至于长期不稳定。

代孕语境下，真实血缘联系已经不是意愿父母的首要追求，基于儿童利益的考量，社会关系的稳定更应得到有力维护。虽然法律上并未禁止意愿父母行使亲子关系否定的权利，但从诚实信用的普遍正义观来说，意愿父母一旦不可逆地主导、推动了子女出生，无论其以何种方式获得亲子关系，其都不得再行撤销。

具体到本案中，周某某、史某某婚内共同选择代孕，且在子女出生后实际抚养三年多，对于双胞胎而言，父母抚养的秩序已经稳定。当初，他们夫妻共同选择代孕，就意味着对于双胞胎是否二人亲生是完全明知且认同的，那么，可以推定二人已经放弃了自身以及对方是不是子女亲生父或母这个问题所蕴含的人格利益，从诚实信用的民法基本原则及禁止反言的一般法理出发，双方不得再基于是否亲生的事实来主张这类人格权益，否则即为权利滥用。另外，父母对子女亲子关系的确认间接影响着对子女的抚养、监护等权利。但这些权利系家庭内部纷争，在夫妻未离婚的情形下，缺乏诉讼干预之现实必要。即对本案在婚状态的周某某而言，其并没有不通过本案诉讼就无法保护的利益。周某某认为史某某的行为可能妨害他对亲生子女的抚养，对子女成长造成不良影响。但该种担忧实属因其与史某某婚姻关系产生矛盾而引发，可以通过双方修复婚姻关系或解除婚姻关系来一并解决，因为婚姻关系的解除本身就是复合性的，除了夫妻双方关系的解除，当然包括财产分割和子女抚养。周某某单独提出本案诉讼，无其他任何现实意义，缺乏法院审理并作出判决予以解决的必要性和实效性。

笔者认为，实践中，对于周某某、史某某这类意愿父母的亲子关系否定权要加以限制。本案最终以诉的利益欠缺裁定驳回起诉，无疑是从根本上否定了周某某在婚内提出亲子关系否认之诉的权利，表明了人民法院对儿童利益最大化保护的决心。

编写人：上海市第二中级人民法院　熊燕

（八）抚养纠纷

21

抚养费之外约定大额给付的性质认定

——蒋某某诉蒋某抚养费案

【案件基本信息】

1. 裁判书字号

浙江省台州市中级人民法院（2020）浙10民终2282号民事判决书

2. 案由：抚养费纠纷

3. 当事人

原告（上诉人）：蒋某某

被告（被上诉人）：蒋某

【基本案情】

刘某某与被告蒋某于2015年相识，2017年3月9日生育非婚生女即本案原告蒋某某。刘某某与被告决定分手后，于2018年7月12日，签订了一份《非婚生子女抚养协议书》，双方约定：蒋某某的抚养权和监护权归刘某某；蒋某自愿给付蒋某某抚养费5000元/月，并在每月的1日给付，直至蒋某某18周岁止，其间，刘某某住的房子由蒋某支付房租；蒋某支付刘某某160万元，用于在福建省武夷山市以蒋某某名义购买一处房产，以便蒋某某成长（若房产价值超过160万元，则双方协议如何支付超出部分），在2019年年底之前蒋某需支付首付款的40%及以上，以后每月月供由蒋某承担准时支付。若蒋某某因学习或就医等事项而产生的费用超过蒋某支付的抚养费，蒋某应当同刘某某共同承担原告生活所产生的费用。协议签订后，蒋某某随刘某某一方生活。其间，蒋某已按每月5000元的标准支付抚养费至2020年3月，但不愿意支付上述160万元。另，蒋某与案外人林某某登记结婚，生育一子，并于2018年8月10日经本院调解离婚。蒋某于2018年9月11日再与案外人叶某某登记结婚。另，刘某某曾于2007年与他人生育一子。

【案件焦点】

抚养费之外约定的大额给付的性质认定。

【法院裁判要旨】

浙江省温岭市人民法院经审理认为：被告与刘某某之间形成的关系并非合法婚姻关系，被告并无保障刘某某生活或扶养刘某某的法定义务，但其对于非婚生女蒋某某确实具有法定的抚养义务，但并非必须采取购置高价值的不动产于子女的方式。实践中，父母可能为了给予子女更好的生活条件而向子女赠与巨额资金或者不动产，但即使具有这样的保障动机，也不能否认无偿赠与性质。因此，本案判断约定给付该160万元的性质，关键看给付160万元用于购置房产是否在被告需要履行的法定义务的合理幅度范围内。由于双方已约定被告每月给付5000元这一相对高额的抚养费，已足以支付被告应负担的原告正常生活、学习、居住等费用，故另行约定的给付160万元远远超出了法定义务的合理幅度范围，应当认定为无偿赠与性质。赠与人在赠与财产的权利转移之前，可以撤销赠与，蒋某已明确表示撤销赠与，故对于蒋某某要求支付160万元的诉请不予支持。

浙江省温岭市人民法院依照《中华人民共和国婚姻法》第二十五条，《中华人民共和国合同法》第一百八十五条、第一百八十六条的规定，作出如下判决：

一、被告蒋某在本判决发生法律效力之日起十日内支付原告蒋某某2020年4月至9月的抚养费3万元，并从2020年10月开始在每月1日前支付原告抚养费5000元，直至原告满18周岁止；

二、驳回原告蒋某某的其他诉讼请求。

蒋某某不服一审判决，提出上诉。浙江省台州市中级人民法院经审理认为：《非婚生子女抚养协议书》约定的在抚养费之外另行给付的160万元只能视为被上诉人对上诉人的赠与。无论是补偿还是生活保障，只是赠与目的或动机的区别，都不能改变赠与的性质。浙江省台州市中级人民法院依照《中华人民共和国民事诉讼法》第一百七十条第一款第一项之规定，作出如下判决：

驳回上诉，维持原判。

【法官后语】

抚养义务具有法定性。父母对未成年子女的抚养义务基于法律的直接规定，因子女的出生事实或收养行为而产生，不因父母的婚姻状态而有所区别，而抚养费的具体范围、给付期限、金额，民法典及其配套司法解释作出了具体明确的规定，即包括子女生活费、教育费、医疗费等费用，一般支付至子女18周岁为止，数额根据子女的实际需要、父母双方的负担能力和当地的实际生活水平确定。因此，支付抚养费作为负担抚养义务的方式，既有人身属性，又有经济属性，且不附加任何条件，并具有保障子女的健康成长和生存权利的基本功能，具有当然的法定性。其法定性也决定了抚养义务既不是畸大抑或畸小，而是在一定合理幅度范围内。同时，法律也允许父母对抚养费的支付进行约定。那在抚养费外另行约定大额给付，该如何定性呢？

实践中，出于种种考虑，父母双方可能在约定给付必要抚养费的同时，约定给予子女不动产、动产或金钱等大额财物。而这种约定，往往是在解除婚姻关系或同居关系时作出，且一般由不直接抚养方给付。由于双方的特殊身份关系，实践中对该种给付的性质存在一定争议。有观点认为，正是因为双方特殊的身份关系，此类承诺给付是出于弥补未直接抚养子女的遗憾，因此应属于非典型性的民事协议；也有观点认为，此类承诺给付是出于保障子女有更好的生活环境，因此仍属于约定抚养义务性质，是抚养协议；还有观点认为，其具有典型的无偿性，因此属于赠与协议性质。

笔者认为，双方之间的特殊身份关系并非判断此类给付性质的关键点，原因在于双方之间亲情、友情、爱情等特殊的身份关系恰恰是成立赠与合同关系的关键，甚至是决定性因素。而给付动机也非判断给付性质标准，原因在于给付动机并非合同目的，也非合同的构成要件。因此，不管是认为承诺大额给付是出于弥补未直接抚养子女的遗憾，而判断为属于非典型性的民事协议，还是认为承诺大额给付是出于保障子女有更好的生活环境，而判断为属于约定抚养义务性质，仍是抚养协议，均是不准确的，因为保障与补偿的动机均可以是订立赠与合同的动机。抚养费之外约定的给付大额财物，是否具有抚养的法定性特征，是判断该行为性质的关键点。这种大额给付具有无偿性和非交易性的特征，属于施惠行为，因此，一般而言，父母在法定抚养义务之外承诺另行给付大额财物于子女属于赠与性质，应按照赠与合同的相关规定处理。当然，若未明显超出法定抚养义务所对应的合理幅度范围的，如延长了合理的抚养费支付期限至大学毕业的、增加抚养费金额未达到过高程度的，则不应认定为赠与。

那么，此类约定给付是否属于可单方撤销的赠与呢？基于赠与相对人的纯获益性，民法典规定，赠与人在赠与财产的权利转移之前可以撤销赠与，除非是经过公证的赠与合同或具有公益、道德义务性质的赠与合同，不适用任意撤销权。道德义务与法律义务相对，指违反道德规范而不违反法律义务，若不履行这种义务仅导致舆论谴责和自己内心的不安，而不承担法律责任。具体需要结合整个社会的观念、当事人之间的关系及给付的标的物的价值等情形综合加以考量。在法定抚养义务之外，父母不去履行另行给付大额财物，特别是给付不动产的行为，在社会群众中并不会形成负面评价。故一般而言，法定抚养义务之外给付大额财物于子女不属于道德义务性质的赠与。同时，由于同居关系本身并不受法律保护，而由当事人自行解除。即使当事人自行解除同居关系时约定了一方赠与子女财物，但由于解除同居关系并不受法律调整，因此一般也不存在赠与条款与解除同居关系相互关联而无法单独撤销的问题，赠与财物一方有权依法单方撤销赠与。当然，若该给付约定仅系双方处理同居期间共同财产协议的一部分，与协议其他条款直接交织、关联，撤销这一条款会明显导致协议整体性动摇的，则一般也不得单方随意撤销。

具体到本案，蒋某在婚姻关系存续期间与婚外异性刘某某同居并产下非婚生女蒋某某，双方解除同居关系时约定了每月5000元的抚养费，显然高于本地一般的生活水平。由于蒋某与刘某某之间的同居关系不受法律保护，同居关系由其自行解除，该无偿大额赠与的约定既非道德义务性质，也不存在与同居关系解除、其他财产分割条款相互关联等无法单独撤销的情形，应当允许蒋某撤销赠与。

编写人：浙江省温岭市人民法院　江伟

22

高额抚养费案件特点及裁判思路

——李某甲诉李某乙抚养费案

【案件基本信息】

1. 裁判书字号

上海市第一中级人民法院（2020）沪01民终8640号民事判决书

2. 案由：抚养费纠纷

3. 当事人

原告（上诉人）：李某甲

被告（被上诉人）：李某乙

【基本案情】

被告李某乙与原告李某甲（2010年出生）系父子关系。2018年11月27日，原告母亲肖某与被告李某乙办理离婚登记，并签订《离婚协议书》。

《离婚协议书》中就原告李某甲的抚养权归属及抚养费金额约定如下：原

告李某甲归肖某抚养，被告李某乙按月支付抚养费直至李某甲大学毕业独立工作生活为止。对于李某甲的教育费用，包括学费、学杂费、校服费、校车费及保险费、医疗费等合理费用，李某乙按照50%的比例承担；对于其他经李某乙认可的李某甲参加的兴趣班、夏令营等活动（目前李某甲在学的兴趣班李某乙均认可，新增课程需额外征求李某乙意见），李某乙按照50%的比例承担费用，肖某须提供相关活动费用证明。李某乙同意单独支付李某甲2019年上半学期的学校收取的学费6万元。如有任意一期李某乙未按约足额支付抚养费，则李某乙同意变卖其名下房产用以偿付，并自愿承担按照银行同期贷款利率计算的违约金。肖某有权参照上一年度抚养费金额要求李某乙一次性预付剩余年度抚养费。

2018年12月至2019年7月，被告李某乙已按照50%的比例支付原告李某甲钢琴课、芭蕾课等培训费用，以及学校校车费、班费等各项费用共计71807元。2019年8月起至2019年11月，被告李某乙改为每月支付抚养费8333元（系以10万元/年的标准折合）。

现原告提供离婚协议书、费用清单等证据，证明2018年12月至2019年11月，原告李某甲的实际生活、教育培训等开销远大于被告李某乙现支付的抚养费，故要求被告李某乙补足拖欠的抚养费42168.50元、支付违约金1054元，同时根据离婚协议书约定，参照前述期间费用开销情况，要求被告李某乙按照每年177000元的标准，支付自2019年12月起至2033年7月止的抚养费。

被告提供银行账户交易明细、劳动合同解决协议、退工单等证据，证明其因疫情原因已于2020年4月被公司裁员，且目前无法回国再找工作，无力承担高额抚养费。同时认为，原告现有培训班、兴趣班过多，已影响孩子的正常休息和成长。其作为父亲，不赞同给孩子海量报培训班的做法，且各培训班费用均系原告母亲实际花费之后才告知其，违背离婚协议书的约定。原告实际每年花销在20万元左右，故其愿意每年支付抚养费10万元。

【案件焦点】

1. 李某甲现主张的教育培训、兴趣活动等高频开支是否合理；2. 原告母亲作为实际抚养一方是否应有向被告李某乙履行必要的告知义务；3. 李某乙作为抚养费支付一方，其实际负担能力如何认定。

【法院裁判要旨】

上海市闵行区人民法院经审理认为，父母就子女抚养费的支付标准、方式等存在明确约定，协议真实有效，对双方具有约束力。即便抚养费标准明显高于当地一般生活水平，原则上也不应予以推翻。

对于争议较大的教育培训支出，抚养人之间未约定或约定不明的，对既已参加的培训，应考虑到保障未成年人接受教育之连贯性，原则上予以支持；对超既有范围的培训，实际抚养一方应履行必要的告知义务，未能协商一致的非必要支出，应视为实际抚养一方自愿为子女负担的部分，不宜作为未实际抚养一方的抚养费分担范围。

对于实际负担能力的认定，应从抚养义务人的收入水平和财产状况两个方面作出整体性的判断。义务人处于失业状态的，应结合其失业原因、个人创收能力以及所从事行业的收入水平加以判断，而非机械地以当前的收入情况作为确定抚养费的标准。

综上所述，上海市闵行区人民法院依照《中华人民共和国婚姻法》第三十七条、《最高人民法院关于适用〈中华人民共和国婚姻法〉若干问题的解释(一)》第二十一条规定，判决如下：

一、被告李某乙于本判决生效之日起十日内向原告李某甲支付截至2019年11月底的抚养费24381元；

二、被告李某乙自2019年12月起至2033年6月止，于每月5日前向原告李某甲支付当月抚养费1万元；

三、驳回原告李某甲的其他诉讼请求。

李某甲不服一审判决，向上海市第一中级人民法院提起上诉。二审法院判决：

驳回上诉，维持原判。

【法官后语】

教育，是一个家庭最重要的投资。父母离婚后，未成年子女的教育费成为“抚养费”的重要组成部分，是未实际抚养子女一方应承担的法定义务。随着经济社会的发展变化，围绕着未成年子女的“教育竞备”蔚然成风，高额抚养费纠纷屡见不鲜。

实践中，高额抚养费纠纷呈现出以下特征：(1) 高额抚养费的主张具有未成年人生活消费水平居于高位的事实基础，当地一般生活水平是否能够作为参照标准值得商榷；(2) 高额抚养费的争议焦点集中于未成年人教育培训方面的高额支出，这类支出是否应包含在抚养费之中，裁判标准尚未统一；(3) 高额抚养费的约定夹杂于未成年人父母离婚协议之中，系本已进入诉讼程序的离婚纠纷、离婚后财产纠纷的衍生诉讼。在涉及高额抚养费纠纷的案件中，本案具有一定的代表性。原告作为在读小学生，就读学费高于一般水平的民办小学，所参加的兴趣班、培训班、夏令营等教育项目十余项之多，其所主张的抚养费金额高至本市最低月工资标准的五倍，其诉求是否合理系本案争议焦点。如何界定高额抚养费的合理性，可以从以下三个方面进行考量。

一、约定即合理

“约定即合理”是判断高额抚养费合理性的首要标准，具体规则：父母双方就子女抚养费的支付标准、支付条件以及支付方式存在明确约定，且该约定系双方当事人真实意思表示的，即便该约定明显高于当地一般生活水平，原则上也不应予以推翻。

该裁判思路是民法“自愿原则”与“诚信原则”的正当体现。当事人的意志自由是其权利义务的创设依据，其实质内涵就是意思自治。当事人自愿作出的意思表示，原则上必须受该行为的约束。父母双方针对子女抚养费问题所进行的约定，既是各方的真实意思表示，又是双方的磋商合意结果，本着对契约精神的尊重，对该约定进行司法审查并据此径行判决确定抚养费数额，符合民法的基本原则。

该裁判思路亦能有效减少关联诉讼和衍生诉讼。审判实践中，关于子女抚养费的约定往往夹杂于父母的离婚协议之中，离婚协议具有人身权利与财产权利的复合属性，当事人解除婚姻关系，可能是在综合考虑包括子女抚养、财产分割在内的各种因素，从协议整体性角度出发，不宜就其中抚养费金额约定部分单独割裂予以调整，以致围绕协议内容衍生出一系列关联诉讼的可能。

案件审理中，针对一方以实际负担能力发生变化为由，拒不履行约定义务的，笔者认为，对于实际负担能力的标准判断，应从义务人的收入水平和财产状况两个方面予以考察。其中，义务人的实际收入水平客观上可能存在浮动性和不确定性，但合理范围内的波动不应对抚养费的支付标准产生影响，有无负担能力不能单纯考察某一时间节点的收入水平，而应对整体收入能力进行判断，因短暂性的工作调整而收入减少并非必然导致抚养费标准的调低。支付义务人存在固定资产或存在其他财产性收益的情形下，也应视为具有负担能力。当然，民法典明确规定子女有权在必要时向父母任何一方提出超过协议后判决原定数额的合理要求，是对未成年人权益保护的救济。同时，从公平正义的角度出发，负支付义务的一方若确实发生情势变更的情形，亦应当有权寻求司法救济，但变更抚养费金额的合理性之审查，还应当考量双方约定之内容。

二、需要即合理

对抚养费的金额没有约定或约定不明，导致无法直接通过当事人的意思自治予以认定的，实际需要应成为高额抚养费合理性的判断标尺，该实际需要具有双向保护的内涵。对于实际需要的认定，是该类型案件的审判难点。

1. 未成年子女教育保持的需要。父母对于子女的抚养属于生活保持义务的抚养，符合“共生义务”的属性，即“维持对方生活就是保持自己的生活，纵使牺牲自己的生活也要全面地维持对方的生活”①。这种共生义务体现在父母离婚后，应尽最大可能维护和保持子女教育的连贯性。具体规则：对于父母离婚时，未成年子女既已参加的教育培训项目，原则上该费用支出在父母离婚后仍应予支持。该裁判思路是“儿童最大利益原则”的体现，将父母婚姻关系的解

① 史尚宽：《亲属法论》，中国政法大学出版社2000年版，第753页。

除对于未成年人子女的不利影响降到最低，使未成年子女的生活质量不因父母婚姻关系的解除而产生较大波动。该裁判思路同时也是保障未成年人教育发展的客观需求，符合未成年人成长和接受教育具有连贯性和阶段持续性的客观规律。

2. 实际抚养一方教育参与的需要。“父母有教育、保护未成年子女的权利和义务。”① 对未成年子女的教育，既是父母的义务，也是父母的权利。父母离婚后，父母与子女的亲子关系并未解除，父母对子女的教育权利和义务仍然存在。具体规则：对于超出既有培训项目之外的其他教育支出，应以抚养人之间充分协商为前提，如协商未成，且非必要费用，实际抚养一方仍坚持支出的费用，应视为其自愿为子女负担的部分，不宜作为未实际抚养一方的抚养费分担范围。该裁判思路是“教育参与权与知情权”的具体体现，未实际抚养的一方，虽未同子女共同生活，但作为父或母，就子女的生活、教育问题同实际抚养一方享有平等的权利，故应保障其参与子女教育并发表意见的权利和对费用支出的知情权。

三、尊重即合理

面对着教育制度的多元化、教育资源的广泛性以及个体需求的独特性，司法实践中对于教育费用支出与抚养义务负担的利益衡平，主要考虑内外双重因素。

1. 尊重未成年人的独立个体价值。“子女已满八周岁的，应当尊重其真实意愿。”② 这是法律对未成年人抚养权归属制定的认定规则，同时也体现着我国法律对于未成年人独立个体价值的尊重。保障具有限制民事行为能力的未成年

---

① 《中华人民共和国民法典》第一千零六十八条：“父母有教育、保护未成年子女的权利和义务……”第一千零八十四条第二款：“离婚后，父母对于子女仍有抚养、教育、保护的权利和义务。”

② 《中华人民共和国民法典》第一千零八十四条第三款：“离婚后，不满两周岁的子女，以由母亲直接抚养为原则。已满两周岁的子女，父母双方对抚养问题协议不成的，由人民法院根据双方的具体情况，按照最有利于未成年子女的原则判决。子女已满八周岁的，应当尊重其真实意愿。”

人的自主决定权，已经成为世界各国在立法和司法上的趋势。结合我国公民民事行为能力的法律划定标准，对于8周岁以上，具有相应认知和辨识能力的未成年子女，可将对其的意见征询作为判定教育支出是否必要的参考依据之一。具体规则：子女已满8周岁的，对于是否愿意接受教育培训、愿意接受何种教育培训以及对教育现状的看法等，可征询子女意见。该参考因素主要是从教育对象的接受性角度，促使父母能够尊重个体发展，审慎、理性地为子女选择较为合适的教育内容及教育方式。

2. 尊重国家政策的社会价值导向。教育是民生之基，其不仅是家庭、个体问题，更是关乎国家发展大局的国家问题、社会问题。针对教育功利化、短视化、内卷化的教育行为，国家在公共教育服务、教育市场监管以及家庭教育促进等多个领域实现教育改革的逐步推进，个案审理时应关注到这些导向性价值，做到司法裁判“政治效果、社会效果和法律效果”的有机统一。发展素质教育，保障每个儿童的身心健康发展，成为教育的出发点和试金石。“未成年人的父母或者其他监护人应当合理安排未成年人学习、休息、娱乐和体育锻炼的时间，避免加重未成年人学习负担，预防未成年人沉迷网络。”① 可见，超出基本教育的额外教育费用，如各类兴趣班等，在司法实践中不必然排除在抚养费负担义务范畴外，但在数量安排、科目安排及时间安排方面，应以保障未成年人身心健康成长为基础。

编写人：上海市闵行区人民法院　陈献茗　黄湛

① 《中华人民共和国家庭教育促进法》第二十二条。

23

离婚案件中多名未成年子女抚养权归属的因素考量

——张某诉周某离婚案

【案件基本信息】

1. 裁判书字号

江苏省无锡市中级人民法院（2020）苏02民终2968号民事判决书

2. 案由：离婚纠纷

3. 当事人

原告（上诉人）：张某

被告（被上诉人）：周某

【基本案情】

张某与周某经人介绍认识后于2012年登记结婚，2013年生育儿子周某某，2017年二人做试管婴儿生育女儿张某某。儿子周某某患有脊肌萎缩症。张某分别于2017年12月、2018年9月诉至法院要求离婚，法院均判决不准张某与周某离婚。2019年7月，张某再次诉至法院。

自2017年10月起，周某某、张某某均跟随周某生活。

案件审理过程中，张某与周某均要求抚养两个子女，张某称，相较于周某，其工作时间自由，父母家境殷实，有更多的时间和更好的条件抚养子女；周某称，张某此前一直主张抚养女儿，无视重度残疾的儿子，儿子几次生病，张某均未尽到照顾义务，两个子女从小随其生活，其家庭有能力将他们抚养好，且维持两个子女的生活环境不变更有利于他们的健康成长，特别是对于重度残疾的儿子来讲，妹妹是唯一的玩伴，兄妹分离将会给儿子带来重大打击，不利于病情的恢复。

关于双方工作及收入情况查明：张某社保缴费基数为 5000 元/月，周某社保缴费基数为 3500 元/月。

【案件焦点】

离婚案件中多名未成年子女抚养权归属的认定。

【法院裁判要旨】

江苏省无锡市惠山区人民法院经审理认为：公民享有婚姻自主权。张某与周某均确认夫妻感情已破裂，故法院准予其二人离婚。诉讼中，双方均要求抚养两个子女。而对离婚案件中的子女抚养问题，依法应从有利于子女身心健康、保障未成年人合法权益的角度出发，结合父母双方的抚养能力、抚养条件等具体情况妥善处理，本案中，虽双方在诉讼中就对方及其家人在思想观念、家庭氛围、道德水平、物质条件等方面互有所指，但均未能提交足够证据证明对方于前述方面存在不利于子女身心健康成长的因素，两个子女至今均已年满 2 周岁，且自 2017 年 10 月至今一直随周某及其家人共同生活，相对张某而言，周某及其家人与儿子相处的时间也必然更多，在周某某、张某某该年龄段，生活环境和家人的陪伴对孩子成长所产生的影响也比较突出，此外周某某身患重疾、身心脆弱、护理要求较高，妹妹张某某和家人的陪伴更是其身心健康的重要支撑，现阶段不宜改变两个子女的生活环境，因此，在双方抚养能力、抚养条件无明显差异的情形下，判令周某某、张某某均由周某抚养为宜。综合考虑两个子女的生活及教育需要、本地消费水平、双方收入状况等情况，法院对两个子女的抚养费作出认定，同时依法对两个子女的探望权及夫妻共同财产的分割予以认定。

江苏省无锡市惠山区人民法院依照《中华人民共和国婚姻法》第三十二条第二款、第三十六条、第三十七条第一款、第三十八条第一款、第三十九条第一款，《中华人民共和国民事诉讼法》第六十四条第一款，《最高人民法院关于适用〈中华人民共和国民事诉讼法〉的解释》第九十条之规定，判决如下：

一、准予张某与周某离婚；

二、儿子周某某、女儿张某某均由周某抚养，张某自判决发生法律效力之日起于每月月底前支付周某某生活费、张某某抚养费各1500元，合计3000元，至周某某、张某某独立生活时止，周某某教育费、医疗费的自费部分由张某、周某另行各半负担；

三、张某有权每周末（周六或周日）探视周某某一次，可于当日上午9点后接走、晚上6点前送回，有权每周末探视张某某一次，可于周六上午9点后接走、周日晚上6点前送回，周某负协助义务；

四、张某于判决发生法律效力之日起十日内向周某交付儿童玩具电动奔驰车一辆、儿童床一张；

五、周某于判决发生法律效力之日起十日内向张某交付美时嘉牌机械落地钟一台（价值12800元）；

六、张某于判决发生法律效力之日起十日内向周某支付归并款229599.94元；

七、驳回张某、周某的其他诉讼请求。

一审判决作出后，张某不服，提出上诉。江苏省无锡市中级人民法院同意一审法院的裁判意见，依照《中华人民共和国民事诉讼法》第一百七十条第一款第一项之规定，判决如下：

驳回上诉，维持原判。

【法官后语】

离婚纠纷中，子女的抚养权归属和共同财产分割通常是案件的焦点和难点。婚姻关系的解除，只是父母人身和财产关系的解除，不影响父母作为子女的监护人应行使和履行的抚养、教育和保护的权利和义务。实践中，父母离婚时，经常会出现双方“争抢”或者“推脱”子女抚养权的情形，如本案中的张某与周某均要求抚养两个子女，考虑到父母婚姻关系的解除，在一定程度上对子女的身心健康已产生一定影响，故现行法律从“未成年人利益最大化”原则出发，对如何确定未成年子女的抚养权作出规定。

一是从年龄的角度出发。《中华人民共和国民法典》第一千零八十四条第三款规定，“离婚后，不满两周岁的子女，以由母亲直接抚养为原则。已满两周岁的子女，父母双方对抚养问题协议不成的，由人民法院根据双方的具体情况，按照最有利于未成年子女的原则判决。子女已满八周岁的，应当尊重其真实意愿”。同时《最高人民法院关于适用〈中华人民共和国民法典〉婚姻家庭编的解释（一）》第四十四条、第四十五条例外规定，“……母亲有下列情形之一，父亲请求直接抚养的，人民法院应予支持：（一）患有久治不愈的传染性疾病或者其他严重疾病，子女不宜与其共同生活；（二）有抚养条件不尽抚养义务，而父亲要求子女随其生活；（三）因其他原因，子女确不宜随母亲生活。”“父母双方协议不满两周岁子女由父亲直接抚养，并对子女健康成长无不利影响的，人民法院应予支持”。即考虑到儿童年龄的特点、对母亲的依赖性、认知能力和自主意识，以2周岁和8周岁为分界点，原则上2周岁以下子女由母亲抚养，除非双方协商同意由父亲抚养或者母亲有法定情形不宜抚养，8周岁以上的子女，抚养权的确定应充分尊重儿童的意愿，在充分考量其意愿的基础上结合其他因素进行判定。

二是结合子女的生活现状，父母双方的经济条件、身体状况等抚养能力以及祖辈的情况等因素综合判断，如《最高人民法院关于适用〈中华人民共和国民法典〉婚姻家庭编的解释（一）》第四十六条规定，“对已满两周岁的未成年子女，父母均要求直接抚养，一方有下列情形之一的，可予优先考虑：（一）已做绝育手术或者因其他原因丧失生育能力；（二）子女随其生活时间较长，改变生活环境对子女健康成长明显不利；（三）无其他子女，而另一方有其他子女；（四）子女随其生活，对子女成长有利，而另一方患有久治不愈的传染性疾病或者其他严重疾病，或者有其他不利于子女身心健康的情形，不宜与子女共同生活”。第四十七条规定，“父母抚养子女的条件基本相同，双方均要求直接抚养子女，但子女单独随祖父母或者外祖父母共同生活多年，且祖父母或者外祖父母要求并且有能力帮助子女照顾孙子女或者外孙子女的，可以作为父或者母直接抚养子女的优先条件予以考虑”。

而对于涉及多子女抚养权的归属问题，法律并未作出明确规定，司法实践中，法官在综合考虑以上因素的情况下，若无诸如一方患有重大疾病或者双方抚养能力严重失衡的情况，一般会判处父母双方各抚养一个子女，即会出现多子女抚养权归属简单拆分的情况。这种表面上的“公平”仍体现出“父母本位”的思想对于抚养权归属认定的影响，即法官或考虑到分担父母双方的经济负担，或为平息双方之间争夺子女抚养权的纠纷，平衡双方利益等因素，判决父母双方各抚养一个或者多个子女。此种判定，未将子女作为独立的个体给予法律的特殊保护，未将子女利益最佳原则作为抚养权归属认定的首要因素予以考量。儿童最佳利益原则是《联合国儿童权利公约》明文规定的一项基本原则，也发展成为各国家庭法在处理父母离婚后子女抚养权事宜时的最高准则。综合各国的立法、学说及判例，子女最佳利益原则的审酌因素不仅包括父母双方对于抚养子女的意愿，未成年子女的意愿（考虑年龄及认知能力），儿童的身体、情感、教育之需求，也包括子女与父母、兄弟姐妹之间的互动与彼此关系、子女受养育环境的继续性与适应性、隔代辅助照顾等事由。而感情融洽的兄弟姐妹因为父母离婚而被迫分开，明显不符合儿童利益最大化原则的要求。而且，从心理发展理论的应用角度分析，在未成年人的成长发展中，同伴起到的作用并不弱于父母。同伴间发生意见分歧和矛盾时，可以通过相互协商、妥协达成理解、认可，甚至合作。因此同伴之间的平等交往，有利于提高儿童的社会能力。[①] 兄弟姐妹的相处是儿童成长环境中重要的一环，不应因父母离婚而被拆散，离婚案中涉及多子女抚养权的归属问题时，应将多子女的抚养权作为整体予以考虑，尽可能使多子女在父母离婚后仍能共同生活、共同成长，以维系稳定的兄弟姐妹关系。目前司法实践中，部分法院意识到“多孩分离、分开抚养”的裁判规则给子女成长带来的不利影响，代之以“共同抚养”规则。如泉州鲤城法院创设轮流抚养制度，离婚双方轮流照顾孩子，最大限度地减小

---

① ［美］戴维·谢弗：《发展心理学》，邹泓等译，中国轻工业出版社2013年版，第544页。

父母离异对子女生活的影响。[①] 本案中，两个子女已随父亲长期生活，对父亲的依赖性更强，且哥哥身患疾病，妹妹尚且年幼，考虑到未成年子女对生活、教育等环境的稳定性及适应性，兄妹间的感情纽带以及哥哥患病需要妹妹长期陪伴的特殊情况，认为现阶段两子女的生活环境不宜改变，在双方抚养能力、抚养条件无明显差异的情形下，判令两个子女均由周某抚养，充分体现了子女最佳利益化的原则。

编写人：江苏省无锡市惠山区人民法院　刘效庆　马英峰

24

夫妻分居期间婚内抚养费的给付问题

——吴某凤诉何某寅离婚案

【案件基本信息】

1. 裁判书字号

广西壮族自治区兴业县人民法院（2020）桂0924民初1252号民事判决书

2. 案由：离婚纠纷

3. 当事人

原告：吴某凤

被告：何某寅

【基本案情】

原告吴某凤与被告何某寅于2004年1月经人介绍认识，2004年2月1日登

---

① 廖瑜婧：《离婚案件中抚养权归属的司法认定》，载《闽西职业技术学院学报》2021年第23卷第1期。

记结婚，于2005年4月2日生育女儿何某文，2007年2月17日生育儿子何某欢，两个孩子一直跟随被告生活。原告分别于2014年7月9日和2015年5月22日向法院提起离婚诉讼，要求与被告离婚，后法院经审理认为双方感情尚未破裂，故判决不准许双方离婚。在第二次离婚诉讼后，原告离家外出打工，双方自此分居生活至今。原告离家多年均未支付子女抚养费，现被告要求原告一次性支付自2014年起至两个孩子年满18周岁的子女抚养费共计168000元。

【案件焦点】

1. 原、被告的感情是否破裂，应否准予双方离婚；2. 被告主张的婚内抚养费是否有依据，应否支持；3. 假如双方离婚，原、被告的子女抚养问题如何处理。

【法院裁判要旨】

广西壮族自治区兴业县人民法院经审理认为，原、被告系经人介绍认识并自愿登记结婚，但双方婚后缺乏有效沟通，未对夫妻感情加以珍惜，经常为家庭琐事争吵，双方感情趋于淡漠。原告两次提起离婚诉讼，经本院判决不准许双方离婚后，双方仍未能和好，一直保持分居状态，可见双方的矛盾已无法调和，夫妻感情确已破裂。故原告主张与被告离婚的诉请，符合法律规定，本院予以支持。

1. 关于女儿何某文、儿子何某欢的抚养问题。应从有利于子女身心健康成长出发，并结合父母双方的抚养能力和抚养条件等具体情况妥善解决。本案中，何某文、何某欢一直跟随被告生活，已形成了稳定的生活环境，不宜轻易改变，且两个孩子均表示要跟随被告生活。故女儿何某文、儿子何某欢由被告何某寅抚养为宜。

2. 关于被告主张的婚内抚养费问题。原告在庭审中承认其自提起离婚诉讼后未再支付过孩子的抚养费，被告对此认可，故本院予以确认。现被告要求原告一次性支付自2014年起至两个孩子年满18周岁的子女抚养费共计168000元，该主张费用过高，且原告尚无能力一次性支付全额费用，综合考虑近几年当地生活水平和原告的实际经济承受能力等情况，酌定原告吴某风给付婚内子女抚养费 30000 元给被告何某寅。

离婚后，不直接抚养子女的一方仍应负担必要的抚养费，本院根据孩子的生活需要、原告的负担能力及当地的生活水平等因素酌定原告每月支付孩子的抚养费各 400 元，直至两个子女各自年满 18 周岁止。

依照《中华人民共和国婚姻法》第三十二条、第三十六条、第三十七条，《中华人民共和国民事诉讼法》第六十四条和《最高人民法院关于民事诉讼证据的若干规定》第二条的规定，判决如下：

一、准许原告吴某风与被告何某寅离婚；

二、原告吴某风于本判决生效后十日内给付婚内子女抚养费 30000 元给被告何某寅；

三、原告吴某风与被告何某寅生育的女儿何某文、儿子何某欢由被告何某寅抚养，原告吴某风在本判决生效后的每月 28 日前支付每个孩子的抚养费各 400 元，直至何某文、何某欢各自年满 18 周岁止；

四、原告吴某风享有探望何某文、何某欢的权利，探望的时间、地点、方式等具体事宜由原、被告自由协商。

【法官后语】

抚养子女是父母的法定义务，不论夫妻的婚姻状况如何，双方都应履行对子女的抚养义务，而抚养费是保障未成年子女基本生活和教育所需。抚养费纠纷常见于父母离婚之后单独提起或者在离婚诉讼中同时提出，本案就同时涉及了分居期间婚内抚养费给付的问题和离婚后抚养费给付的问题。因此，笔者选择从本案夫妻分居的角度出发，探讨不同案由中关于夫妻分居期间的婚内抚养费处理问题，从而为最大化保障未成年子女利益提供一些审判实践思路。

我国为法定婚后共同财产制，从共同财产的本质特征看，在夫妻婚姻关系存续期间，若无约定，一方的经济收入在所有权归属上应为夫妻共同财产，而子女抚养费无论是父母哪一方给付，均可视为父母共同履行抚养义务。但在实践中，夫妻双方在分居期间的财产收入实际已经相对独立，双方各自控制和支配使用自己占用的那部分财产，其财产状态类似于夫妻分别财产制或离婚后的财产关系。在此情况下，如果还认定为共同履行了抚养义务，势必使一些父母以分居的名义逃避应尽的抚养义务。根据《中华人民共和国民法典》第一千零六十七条第一款规定："父母不履行抚养义务的，未成年子女或者不能独立生活的成年子女，有要求父母给付抚养费的权利。"《最高人民法院关于适用〈中华人民共和国民法典〉婚姻家庭编的解释（一）》第四十三条规定，婚姻关系存续期间，父母双方或者一方拒不履行抚养子女义务，未成年子女或者不能独立生活的成年子女请求支付抚养费的，人民法院应予支持。所以，从未成年子女利益最大化的原则出发，不论父母是否离婚，父或母一方并未实际承担子女抚养费的，未成年子女当然享有抚养费请求权。

可是，在离婚诉讼中，未成年子女并非离婚案件的诉讼主体，则分居期间为孩子的成长独自付出时间、精力和金钱的父或母一方，能否在离婚诉讼的同时主张分居期间的抚养费？笔者认为，婚内抚养费是一方为承担抚养义务而实际产生的费用，为最大限度保障子女权益，直接抚养子女的一方可以在离婚诉讼中提出主张。理由如下：

1. 抚养义务的共同性。《中华人民共和国民法典》在婚姻法的基础上，加大了对子女权益的保护，《中华人民共和国民法典》第一千零五十八条规定，夫妻双方平等享有对未成年子女抚养、教育和保护的权利，共同承担对未成年子女抚养、教育和保护的义务。可见，父母对子女的抚养、教育和保护的权利和义务，由父母双方平等享有、共同承担，而非一方的单方权利和义务。

2. 未成年子女利益的最大化。支付抚养费的目的就是为子女的健康成长和生存提供必要的物质保障。若夫妻一方不支付子女抚养费，而实际抚养子女一方又无法独立承担子女抚养费用，则会损害子女的合法权益，此时的婚内抚养费请求权尤为迫切。而离婚纠纷是复合之诉，如果此时还只能由未成年子女另案主张，即父母离婚后，直接抚养一方以未成年子女的名义，作为法定代理人再提起婚内抚养费的诉讼，这无疑增加了当事人的诉累和浪费司法资源，又有损亲权关系。因此，在离婚纠纷中一并处理夫妻分居期间的婚内抚养费，有利于最大限度保障子女权益，树立优良家风，弘扬家庭美德。

因婚内抚养费已基于一方履行抚养义务实际产生，其不同于离婚后抚养费的支付，所以，人民法院判定婚内抚养费支付的具体考量因素主要有：(1)夫妻分居期间，未与子女共同生活一方存在怠于履行抚养义务的情形；(2)夫妻分居时间的长短；(3)夫妻分居期间当地的实际生活水平；(4)怠于履行方的实际经济承受能力；(5)实际产生的抚养费数额等情况。值得注意的是，支付抚养费并不是履行抚养义务的唯一方式。为子女购买生活用品、支付医疗费等费用，可视为已经履行相应义务；此外，为家庭生活支出费用（如偿还家庭房屋贷款、车辆贷款等），也属于为子女创造生活条件的一部分，可视为履行抚养义务。因此，审判实践中，人民法院在综合考虑以上因素的前提下，仍应当根据个案的具体情况，结合实际妥善处理，确定婚内抚养费的最终给付数额。

因本案是离婚纠纷，此时婚内抚养费的诉讼主体是父母。夫妻一方主张另一方支付分居期间子女抚养费的，并能提供相应证据证明另一方当事人在分居期间未尽到相应抚养义务的，人民法院应予支持。本案中，原、被告长期分居生活，孩子一直跟随被告生活，原告也承认分居期间没支付孩子的抚养费，被告对此提出原告支付婚内抚养费的主张，有据可依，故依法予以支持。

编写人：广西壮族自治区兴业县人民法院　徐小蕾

25

法院判定抚养权归属时应坚持最有利于未成年子女原则

——房某诉荆某离婚案

【案件基本信息】

1. 裁判书字号

北京市第一中级人民法院（2019）京01民终457号民事判决书

2. 案由：离婚纠纷

3. 当事人

原告（上诉人）：房某

被告（被上诉人）：荆某

【基本案情】

房某与荆某婚后于2014年4月生育一子荆1。后双方因生活琐事产生争执，房某诉至法院请求判决其与荆某离婚，婚生子荆1由其直接抚养，不需要荆某给付抚养费。

房某提出其有稳定的收入，自己有能力抚养荆1，其父母均有稳定经济来源，母亲已经退休，可以帮助其照顾孩子。此外，房某主张荆某及其父母经济状况恶化，荆某没有稳定收入，其父母变卖房产为荆某偿还银行欠款，已无经济能力抚养荆1；荆某未经其同意给孩子换幼儿园，且阻碍其探望荆1，让荆1无法亲近母亲，享受母爱；荆某有婚内出轨行为，荆某一家的品行不可靠，不宜直接抚养孩子。

荆某主张荆1出生四个月后的所有费用基本均由其负担，其父母一直协助其照顾荆1，其之前因为做生意亏本欠了钱，现在已经全部偿还完毕，其正在经营农家乐，有足够的经济能力抚养孩子；荆1的户口与其在一起，孩子的入学与户籍息息相关，因此荆1由荆某抚养更为适宜；荆1长期由荆某的父母照顾，孩子已经习惯了爷爷奶奶在身边，现在孩子还小，不适宜改变他的成长环境，因此荆1由荆某抚养更为有利。

双方当事人在审理中达成一致意见，如法院判决荆1由对方直接抚养，直接抚养子女一方均同意对方每月可探望荆1四次；双方名下的其他财产归各自所有，不再互相主张。

二审中另行查明，因目前荆某工作地点在山东，2018年12月，荆某及其父母将婚生子荆1从北京带至山东生活，并在当地上幼儿园。

【案件焦点】

婚生子荆 1 的抚养权归属。

【法院裁判要旨】

北京市门头沟区人民法院经审理认为：关于父母离婚后子女的抚养问题，应当从有利于子女身心健康、保障子女的合法权益出发，结合父母双方的抚养能力和抚养条件等具体情况妥善解决。根据查明的事实，房某与荆某现均有稳定的住所，房某的父母愿意协助房某照顾荆 1，荆某的父母一直协助荆某照顾荆 1，荆某负担了荆 1 上幼儿园的相关费用。从上述事实来看，房某与荆某抚养子女的条件相当，考虑到房某与荆某分居近四年，在此期间荆 1 长期由荆某的父母负责照顾，从荆 1 的年龄及适应能力角度考虑，不宜改变其业已习惯的生活环境，故判定荆 1 由荆某直接抚养。

房某不服北京市门头沟区人民法院一审判决，向北京市第一中级人民法院提起上诉。

北京市第一中级人民法院经审理认为：综合全案情况，本院认为现阶段由房某抚养婚生子荆 1 更为适宜，一审法院对此判决失当。具体理由如下：首先，荆 1 年龄尚幼，截至目前尚不足 5 周岁，在心理上对母亲有天然的较强依赖性，其健康成长需要母亲的关爱和教育。其次，相比较而言，房某目前在北京的工作、生活更加稳定，有更多的时间和精力可以照顾荆 1，对于荆 1 的学习教育及成长更为有利。荆 1 自出生后与父母在北京共同生活，并在北京上幼儿园，但目前因荆某工作地点原因，孩子又被带至山东生活学习，致使孩子的成长环境发生了较大变化，处于一种不稳定状态。本案审理过程中，本院先后两次通知双方当事人来院询问谈话、开庭，荆某本人均因工作原因没有到庭，本院相信荆某不是故意为之，但可以看出其目前事业处于发展阶段，精力不可避免受到更多牵扯，在教育陪伴孩子方面可能会心有余而力不足。虽然之前荆某父母长时间帮助照顾荆 1，但荆某、房某本人作为孩子父母的作用不可替代，其能够对孩子付出的时间精力仍应当作为优先考虑因素。最后，荆某在婚姻关系存续期间确有不当行为，对于夫妻感情造成了一定的负面影响，从保护妇女、未成年人权益的角度出发，现阶段由房某抚养荆1也更符合法律的精神和原则。双方之后应当本着对孩子、家庭负责的态度行使权利、履行义务。

综上所述，北京市第一中级人民法院依照《中华人民共和国婚姻法》第三十六条、第三十八条，《中华人民共和国未成年人保护法》第五十二条第二款，《中华人民共和国民事诉讼法》第一百七十条第一款第二项之规定，判决如下：

一、维持北京市门头沟区人民法院民事判决第一项、第四项；

二、撤销北京市门头沟区人民法院民事判决第二项、第三项、第五项；

三、婚生子荆1由房某自行抚养；

四、自本判决生效之日起，荆某每月可探望荆1四次，房某负有协助义务；

五、驳回房某的其他上诉请求；

六、驳回荆某的其他诉讼请求。

【法官后语】

当前，离婚纠纷案件中当事人呈现年轻化态势，随之而来的就是多数离婚案件中都涉及未成年子女抚养问题。事实上，在面对父母感情破裂进行离婚诉讼时，大多数未成年子女只能接受这一现实，被动地成为情感或者物质利益上的受害者。因此，如何在离婚诉讼中保护未成年子女的利益是需要严肃对待的问题。笔者认为，在处理离婚诉讼中涉未成年子女问题时，应当始终坚持最有利于未成年子女的原则，最大限度地保护未成年子女的合法权益。这也是《中华人民共和国民法典》第一千零八十四条予以明确规定的原则。在这一原则指引下，法官在具体判定时应当重点把握以下四点：

一是要全面审查父母双方的优势和劣势。夫妻双方离婚之后往往在很多方面会显示出较大差异，衡量判断一方是否更加适宜抚养未成年子女，需要综合审查父母各方面抚养条件。具体审查过程中，法官不仅需要关注父母双方的经济状况，还需要对案件中所涉情感、精神等层面的因素加以审查分析，不可偏废，从而避免只强调容易量化的收入、房产等物质因素，而忽略了未成年子女的情感需求。一般来说，审查的内容主要包括：父母双方的健康状况、工作收入、住房、文化教育程度、个人品行、能够投入的时间精力、抚养现状等。在比较衡量上述因素时并不存在所谓唯一正确的标准，法官需要紧紧围绕最有利于未成年子女的原则，结合具体案情、生活常识、审判经验综合予以认定。

二是要准确厘清父母自身条件与外在助力之间的优先次序。审判实务中，除比较离婚父母双方自身所存在的优势条件之外，离婚双方往往还会将能够得到的外在抚养助力作为优势予以阐释。这些抚养助力往往来自未成年子女的祖父母或者外祖父母。祖父母或者外祖父母的助力作为一方优势予以考量符合我国的现实国情。但是需要注意的是，适用这一规定的前提是离婚的父或母的抚养条件相当。也就是说，未成年子女的父或母自身所具备的条件是首先需要予以比较和考量的，而不能简单地将祖父母、外祖父母的条件与父母的条件进行比较得出结论。例如，如果未成年子女在父母婚姻关系存续期间由祖父母帮助抚养，而在父母离婚后，比较而言母亲自身更具抚养优势，则一般应当判决由母亲抚养。因为父母才是抚养未成年子女的第一主体，在子女成长过程中的角色和作用无法替代。

三是要正确把握子女个人意愿在案件中的具体适用。对于适龄未成年子女而言，在面对父母离婚而不得不选择只与一方生活时，其根据过往与父母共同生活的经历，往往能有一个更愿意与哪一方生活的倾向性意见。因此，审判实务中，法院应通过合适方式询问有表达意愿能力子女的意见，并将该意见作为判决抚养权归属时的重要优先因素予以考虑。但是需要注意的是，子女个人意愿只是众多考量因素中的一部分，并不是全部，并不能以未成年子女的意愿表达代替法官的综合判断。未成年子女受制于其认知的局限性，其对于很多事物的判断存在过于感性甚至片面的缺陷。例如，父母教育子女是严厉还是宽松，在合理程度内只是教育方式的不同，子女只要认为其自身能够适应，两种环境任一选择均可。但如果一方教育宽松的程度到了子女可以沉迷游戏、经常逃课甚至休学在家，则严重影响了未成年子女受教育的权利，而这种情况下的子女往往不会主动要求改变生活环境，会愿意选择继续与采取这种教育方式的父或母共同生活。处理此类案件时，子女的选择往往具有一定的“欺骗性”，但法官不能就此放任这种损害未成年子女利益的状态持续，要对子女表达的抚养意愿予以否定评价，通过综合判断作出符合未成年子女长远利益的抚养权归属判决。

四是要注重发挥法院判决的社会价值导向作用。当前审判实务中，部分当事人为了获得未成年子女的抚养权，采取了过激甚至非法手段，诸如抢夺隐匿子女、不让对方接触子女，甚至利用暴力手段威胁恐吓对方等方式。对于上述事实如果查实，法院应当旗帜鲜明地予以反对，并让相关当事人承担不利后果。在此情况下，不能以一方控制子女而就简单地将子女判决由其抚养，而应当将此类行为作为一方抚养子女的负面不利因素予以考虑。因为采取上述行为的当事人虽然名义上为了显示其具有获得子女抚养权的强烈意愿和对子女有深厚感情，但其行为实质上可能造成子女与另外一方情感割裂，甚至给子女造成永久性心理阴影，最终损害的还是未成年子女的利益。法院通过对这种自私自利甚至是违法行为的否定评价，彰显法律的公平与正义，为社会公众提供了正确的价值导向和行为指引。此外，对于夫妻一方在婚内对另外一方有家庭暴力或者存在出轨行为等情形，也应当作为判决抚养权时的减分因素予以考虑，从而更加符合法律的精神和原则。

编写人：北京市第一中级人民法院　杨磊　谷文博

26

调解确认共同抚养下，一方起诉要求子女由其单方抚养的认定标准

——曾某诉蒋某抚养案

【案件基本信息】

1. 裁判书字号

北京市第二中级人民法院（2020）京02民终7719号民事判决书

2. 案由：抚养纠纷

3. 当事人

原告（被上诉人）：曾某

被告（上诉人）：蒋某

【基本案情】

曾某与蒋某原系夫妻，于 2002 年 3 月 22 日登记结婚，2010 年 5 月 5 日生有一子蒋小某。2017 年 8 月 16 日，北京市第一中级人民法院出具民事调解书，确认蒋某、曾某离婚，蒋小某由蒋某与曾某共同抚养，蒋小某现就读的学校不变。后双方就共同抚养问题未协商一致，未能达成具体的共同抚养方案，双方离婚后蒋小某随曾某生活至今。2018 年 3 月，蒋某诉至北京市朝阳区人民法院，要求婚生子蒋小某由其抚养，曾某每月支付抚养费 6000 元至蒋小某 18 周岁止。同年 7 月 30 日，北京市朝阳区人民法院出具（2018）京 0105 民初 26234 号民事判决书，判决驳回蒋某的全部诉讼请求，后该案上诉至北京市第三中级人民法院，该院于 2018 年 11 月 7 日出具（2018）京 03 民终 13716 号民事判决书，判决：驳回上诉，维持原判。

现，曾某诉至北京市房山区人民法院，要求婚生子蒋小某由其抚养，蒋某每月支付抚养费直至蒋小某年满 18 周岁止。庭审中双方均表示未再婚。另法院依曾某申请至蒋某所在单位××研究所调取了蒋某的收入情况，该单位出具了蒋某 2019 年 1 月至 11 月的收入情况，其月均收入为 9589.55 元，住房公积金月均为 1223.73 元。经法庭询问，蒋小某表示其愿意随母亲共同生活。

【案件焦点】

业经法院生效法律文书确定共同抚养子女的情况下，一方能否起诉要求变更子女由其单方抚养。

【法院裁判要旨】

北京市房山区人民法院经审理认为：夫妻双方离婚后，父母对子女仍有抚养教育的权利和义务，父母子女的关系不因父母离婚而消除。本案中，蒋某、曾某在人民法院诉讼离婚，一审判决婚生子蒋小某由曾某抚养后，二审期间，经人民法院主持调解，确定婚生子由双方共同抚养。但经法院调解后，双方就共同抚养蒋小某的问题一直未能友好协商，也未能达成共同抚养孩子的具体方案，蒋小某一直随曾某生活已近三年，诉讼中法院两次征询蒋小某的意见，其均表示愿意随曾某生活。遂判决，蒋小某由曾某抚养，蒋某自本判决生效当月起每月给付蒋小某抚养费 3000 元，至蒋小某年满 18 周岁时止；驳回曾某的其他诉讼请求。

蒋某不服一审判决，提出上诉。北京市第二中级人民法院经审理认为：子女抚养问题应当从有利于子女身心健康，保障子女的合法权益出发，结合父母双方的抚养能力和抚养条件等具体情况确定。人民法院确定子女抚养权，应当尊重限制民事行为能力未成年人的真实意愿，按照最有利于未成年人的原则处理。本案中，蒋小某自曾某与蒋某于 2015 年分居后，主要随母亲曾某共同生活。2017 年，法院生效调解书确认蒋小某由二人共同抚养。后双方就共同抚养问题一直未能协商一致，亦未达成共同抚养的具体方案，蒋小某一直随曾某生活至今，已形成稳定的学习生活状态。一审审理中，法院依法两次征询蒋小某的意见，蒋小某均表示愿意随曾某共同生活。一审法院综合考虑蒋小某的实际需要、具体生活、教育情况及成长环境，结合蒋小某的意愿，认定蒋小某目前由曾某抚养为宜，应属适当。蒋某上诉主张曾某对蒋小某蒙骗、驯化，使其表达与身心不相符的意见，缺乏事实依据，法院不予采信。关于蒋某主张其再生育的能力存在严重缺陷，其在一审中提交其 2016 年精子质量检查报告复印件一份及医院于 2015 年 9 月 28 日对其初诊诊断为弱精症、畸精症的病历资料复印件一页，上述证据均非原件，且作出时间距本次诉讼时间较长，不足以证明蒋某目前存在生育缺陷。蒋某上诉主张其与曾某因离婚产生的其他矛盾纠纷并非本案确定蒋小某抚养权的法定事由。蒋某坚持上诉请求及理由，主张曾某存在对蒋小某健康成长不利的情况，事实及法律依据不足，不予支持。故判决：

驳回上诉，维持原判。

【法官后语】

在审判实务中，处理子女抚养问题时，按照抚养权主体不同分为单方抚养和共同抚养，但两种抚养方式仅有抚养人主体差异，考量适用的原则均为最有利于未成年子女原则。单方抚养是处理子女抚养权问题的常规做法，具有可操作性强、执行度高的优点。父母离婚后，因父母亲密关系的解除，不再具有共同生活、共同抚育子女的现实基础，而使未成年子女必然发生随父或随母生活而与另一方分离的事实，所以单方抚养方式符合父母离婚后的子女生活客观事实，为社会大众理解并接受。共同抚养方式的出现是处理子女抚养权问题常规做法的突破。这种做法是坚持人和的家事纠纷审判理念，保障子女利益最大化、调和父母抚养权争夺矛盾最小化的创新和发展，在个案的处理中具有平衡双方心理关系、妥善化解矛盾的功用和价值。但共同抚养方式的弊端在后续执行中渐现。共同抚养在审判实务中的做法通常为轮流抚养，双方互不给付抚养费。但这种抚养方式必然冲击子女生活环境的稳定性、感情依赖的连续性和医疗、受教育的持续性等，对子女的健康成长实则不利。因此，共同抚养方式虽具有临时性定分止争效果，但随着双方关系的持续恶化，必然触发变更共同抚养为单方抚养的法律诉讼。

审判实务中，人民法院对变更抚养关系持审慎态度。离婚后，抚养权问题一旦确定，非因法定事由原则上不支持变更，目的是维持未成年子女成长、生活环境的稳定连续，保障未成年子女的健康成长。但共同抚养有其特殊性，这种抚养方式实际上并未确定子女抚养权的单方归属，不存在变更后对子女既有成长环境重大改变影响其健康成长的不利因素；又如前所述，共同抚养现实操作中形同虚设、难以为继。此时，共同抚养皮囊下实际单方履行抚养义务的一方起诉要求变更子女由其单方抚养并由另一方支付抚养费的诉请，既符合子女的生活现状，又有利于子女的健康成长。

在处理变更共同抚养为单方抚养的案件时，除常规考虑抚养权变更的一般因素外，还要注意分析父母双方现阶段的抚养条件与共同抚养时的差异，妥善考虑社会效果与法律效果的统一。

就本案而言，曾某、蒋某的抚养条件较调解离婚时已发生较大变化。一方面，二人离婚至今已有三年，虽有共同抚养的外衣，但蒋小某实际一直跟随曾某共同生活，由曾某及曾某父母共同照顾，在曾某生活区附近接受医疗、教育服务等。生活成长环境、医疗服务环境、受教育环境均已稳定且持续。曾某有继续抚养蒋小某的意愿，曾某的父母均到庭表示愿意继续辅助曾某更好地抚育蒋小某。另一方面，蒋小某的年龄已由父母离婚时的六七岁成长为10岁的大龄儿，已经由无民事行为能力人成长为具备辨识情感依赖能力的限制民事行为能力人，已经具备表达真实意愿的能力。在案件审理过程中，审理法院两次征询蒋小某的意见，其均表示愿意跟随曾某继续生活。另，曾某提交的学历、经济收入、房产证明等亦证明了其抚养能力。故，在综合全案证据的基础上，按照最有利于未成年子女健康成长的原则，法院最终判令变更共同抚养为蒋小某由曾某单方抚养，由蒋某给付抚养费的方式更为适宜。

编写人：北京市房山区人民法院　王爱东　刘丽霞

（九）赡养纠纷

27

老人由丧偶儿媳赡养后向其他子女主张赡养费的，应予支持

——张桂某诉周丙、周乙赡养费案

【案件基本信息】

1. 裁判书字号

北京市第二中级人民法院（2020）京02民终9274号民事判决书

2. 案由：赡养费纠纷

3. 当事人

原告（上诉人）：张桂某

被告（被上诉人）：周丙、周乙

【基本案情】

张桂某、周某某夫妇育有四子一女，即周兰某（已故）、周甲（已故）、周乙、周丙、周丁（已故）。周某某已于2008年11月30日去世，张桂某年迈，生活需要他人照料，每月领取国家养老补贴，无其他收入。现张桂某与周甲之妻张世某共同生活。周乙、周丙均系某村农民，周丙为低保户，每月领取低保金。现张桂某因赡养事宜诉至法院，要求周乙、周丙支付2008年12月至2020年2月赡养费202400元。

【案件焦点】

老人由丧偶儿媳赡养后能否向其他子女主张赡养费。

【法院裁判要旨】

北京市房山区人民法院经审理认为：子女对父母有赡养扶助的义务，子女不履行赡养义务时，无劳动能力或生活困难的父母，有要求子女给付赡养费的权利。赡养费系基于血缘或抚养关系产生的子女对父母的法定义务，赡养费的数额应结合子女数和收入水平、父母的经济来源以及父母维持日常生活所需的实际开销等情况综合确定，而非单纯考虑子女的收入水平。根据我国法律规定，赡养父母是每个子女应尽的义务。某个子女在自愿的情况下支付比其他子女更多的医疗费用或者给予更多的生活照顾等是其履行赡养义务的方式，并不存在履行义务超出其应当承担份额的问题。依据本案事实，张桂某已年老丧失劳动能力，鉴于其现居住在张世某家，由张世某照顾其生活起居，其要求周乙、周丙支付赡养费用并无不当，周乙、周丙应向张桂某履行赡养义务。但张桂某现起诉要求周乙、周丙支付其2008年12月至2020年2月的赡养费的诉讼请求，没有法律依据，本院不予支持。据此，依据《中华人民共和国婚姻法》第二十一条之规定，判决如下：

驳回张桂某的全部诉讼请求。

张桂某不服一审法院判决，向北京市第二中级人民法院提起上诉。

北京市第二中级人民法院经审理认为：上诉人张桂某起诉时年满 88 周岁，早已丧失劳动能力，且行动不便，每月仅靠领取国家养老补贴 700 余元生活，无其他收入。无论是经济上还是生活上，均需要子女赡养及扶助。根据已查明的事实，张桂某在丈夫周某某去世后，一直与长子周甲一家共同生活，2009 年起曾在周丙家短暂居住 17 个月。周甲于 2015 年 12 月 1 日去世后至 2020 年 2 月，张桂某与周甲之妻张世某共同居住，由张世某照顾张桂某的衣食起居。我国法律规定，子女对父母有赡养扶助的义务，周甲在世时，其实际对张桂某履行了赡养义务，周丙也曾履行过部分赡养义务，故对于张桂某主张的 2015 年 12 月之前的赡养费，本院不予支持。

根据《中华人民共和国老年人权益保障法》第十四条规定，“赡养人应当履行对老年人经济上供养、生活上照料和精神上慰藉的义务，照顾老年人的特殊需要。赡养人是指老年人的子女以及其他依法负有赡养义务的人。赡养人的配偶应当协助赡养人履行赡养义务”。具体到本案来看，周甲去世前，张世某作为其配偶，亦是家庭成员，其应协助周甲履行赡养义务，但协助义务并非赡养义务，且上述规定只适用于夫妻关系存续期间。在周甲于 2015 年 12 月去世后，随着婚姻关系的终止，张世某协助的赡养义务也自然终止。故自 2015 年 12 月起，对张桂某负有赡养义务的子女只有周乙和周丙，张桂某在该阶段虽已由张世某代为照料及赡养，但不能因此免除周乙、周丙的赡养义务。一审法院查明事实清楚，但对于张桂某主张 2015 年 12 月至 2020 年 2 月的赡养费用未予支持，系适用法律错误，本院应予纠正。

赡养费的数额应当结合当地的经济水平、被赡养人的实际需要、赡养人的经济能力，综合予以确定，为此，本院酌定周丙、周乙每人向张桂某支付 2015 年 12 月至 2020 年 2 月的赡养费 2 万元。

综上所述，张桂某的部分上诉请求成立，本院予以支持。关于不合理的上诉请求，本院依法予以驳回。依照《中华人民共和国民事诉讼法》第一百七十条第一款第二项之规定，判决如下：

一、撤销北京市房山区人民法院民事判决；

二、周丙、周乙于本判决生效之日起七日内每人支付张桂某2015年12月至2020年2月期间的赡养费2万元；

三、驳回张桂某的其他诉讼请求。

【法官后语】

本案涉及丧偶儿媳对公婆有无赡养义务以及公婆由丧偶儿媳抚养的，是否免除其法定赡养义务人赡养义务的问题，具体分述如下：

一、丧偶儿媳对公婆无法定赡养义务

法定赡养义务是指基于法律所赋承的监护关系、继承关系、抚养关系，本着权利与义务对等原则而形成的家庭关系中子女及孙子女、外孙子女等其他依法负有赡养义务的人对老年人所承担的赡养扶助义务。

《中华人民共和国民法典》第二十六条第二款规定，成年子女对父母负有赡养、扶助和保护的义务；第一千零七十四条第二款规定，有负担能力的孙子女、外孙子女，对于子女已经死亡或者子女无力赡养的祖父母、外祖父母，有赡养的义务。据此，对老年人负有法定赡养义务的人主要系子女以及孙子女、外孙子女等与老年人具有血亲关系且依法负有赡养义务的人。儿媳没有赡养公婆的法定义务。

儿媳对公婆的赡养义务系基于婚姻关系产生。《中华人民共和国老年人权益保障法》第十四条第三款规定，“赡养人的配偶应当协助赡养人履行赡养义务”。据此，儿媳对公婆的赡养义务系基于婚姻关系产生的对配偶的协助赡养义务，随着一方去世，配偶的协助赡养义务也自然终止。因此，丧偶儿媳对公婆没有法定赡养义务。

二、老人由丧偶儿媳赡养的，不免除亲生子女的赡养义务

《中华人民共和国老年人权益保障法》第十四条第一款规定，赡养人应当

履行对老年人经济上供养、生活上照料和精神上慰藉的义务，照顾老年人的特殊需要。《中华人民共和国民法典》第一千零六十七条第二款规定，成年子女不履行赡养义务的，缺乏劳动能力或者生活困难的父母，有要求成年子女给付赡养费的权利。

根据上述法律规定，赡养是强制性义务，法定赡养义务人的赡养义务并不因为他人的赡养行为而消失，不能因为他人的赡养行为而拒绝履行己方法定赡养义务。因此，老人由丧偶儿媳赡养的，不免除亲生子女的赡养义务。一旦该种纠纷进入司法渠道，该义务就可能得以某种方式实现。

三、本案适用情况分析

结合本案来看，张桂某步入老年，缺少劳动能力和相应生活来源，要求其子周乙、周丙给付赡养费用的主张于情合理、于法有据。张世某自其夫周甲于2015年12月去世后，其代为照料和赡养张桂某，并不能因此免除周乙、周丙的赡养义务。因此，周乙、周丙应当支付张桂某的赡养费用。孝敬老人自古以来就是中华民族的传统美德，在当今社会更应得到传承和发扬。《中华人民共和国民法典》第一千零四十三条规定，家庭应当树立优良家风、弘扬家庭美德，重视家庭文明建设。老有所养、老有所依是每一位老人的心愿，丧偶儿媳和丧偶女婿善待并赡养老人，给予老人关心和呵护，不仅给子女作出了好榜样，更是弘扬社会正能量、促进家风建设的具体体现。老人子女更应给予老人经济支持和精神慰藉，使老人能安享幸福晚年。因此，丧偶儿媳和丧偶女婿尽了主要赡养义务后，老人向其他子女主张在此期间的赡养费的，法院应予支持。

虽然目前我国法律没有规定丧偶儿媳对公婆、丧偶女婿对岳父母负有赡养义务，但并不意味着这种赡养行为就是不被认可、是没有法律效力的。《中华人民共和国民法典》第一千一百二十九条规定，“丧偶儿媳对公婆，丧偶女婿对岳父母，尽了主要赡养义务的，作为第一顺序继承人”，这说明我国法律总体上对丧偶儿媳与丧偶女婿对老人尽孝是持肯定与鼓励态度的。在丧偶儿媳对公婆、丧偶女婿对岳父母尽到主要赡养义务的情况下，将其列入第一顺序继承人，体现权利与义务相一致的原则。还需注意的是，丧偶儿媳继承公婆遗产、丧偶女婿继承岳父母遗产，不与其再婚与否存在联系。实践中，以丧偶儿媳与丧偶女婿再婚为由，否认其继承公婆或岳父母遗产的行为是违法的。

编写人：北京市房山区人民法院　原丹丹

28

赡养人经济条件难以维持自身基本生存需要时可免除部分或全部赡养义务

——谭某某诉李某赡养案

【案件基本信息】

1. 裁判书字号

山东省济南市章丘区人民法院（2020）鲁 0181 民初 8500 号民事判决书

2. 案由：赡养纠纷

3. 当事人

原告：谭某某

被告：李某

【基本案情】

谭某某夫妇共育有两子一女，为李某、李某 1、李某 2。2013 年 4 月 21 日，谭某某和李某、李某 1 签订赡养协议书，同日，李某向谭某某出具欠条，内容为“欠到 2009－2011 年生活费叁仟元整”。谭某某除春节前冬季外，基本跟随李某生活。2016 年年底，李某被诊断为胃癌晚期，2017 年年初，李某做胃癌切除手术，李某夫妇因此负有较大数额的债务。因李某患病，谭某某自 2019 年冬季起，未再跟随李某生活。

2020 年 5 月 22 日，李某和妻子曹某玲协议离婚，约定共有的房屋归曹某玲所有。同年9月，谭某某欲到李某家居住，李某的前妻以房屋归其所有为由拒绝谭某某居住。现李某被诊断为胃恶性肿瘤术后复发Ⅳ期、胰腺继发恶性肿瘤。谭某某诉至法院，提出诉讼请求：1. 判令被告支付原告2009年至2020年10月的赡养费12000元，自2020年10月起，支付原告赡养费每年1200元，生活用煤每年1吨；2. 判令被告为原告提供居住房屋一处；3. 原告的医药费由被告承担一半；4. 案件受理费由被告承担。

【案件焦点】

赡养人因重大变故致使自身生命健康受到严重损害，在经济条件难以维持自身基本生存需要的情形下，是否还应支付赡养费用。

【法院裁判要旨】

山东省济南市章丘区人民法院经审理认为：谭某某年事已高，李某作为谭某某的子女依法应当履行赡养义务，在2019年冬季前，每年除春节前的冬季外，谭某某基本跟随李某生活，李某此前一直在正常履行必要的赡养义务。李某在2016年年底被诊断为胃癌晚期，在2017年年初做胃癌切除手术，之后又复发转移，在这种情形下，谭某某自2019年冬季起才未再跟随李某生活。李某身患重症治疗多年，其经济负担可想而知，李某考虑到其妻子背负的债务，在离婚时将房产协议给妻子个人所有，并非为逃避赡养义务。再者，李某并非谭某某唯一的赡养义务人，谭某某尚有其他子女可以履行赡养义务，即使没有其他赡养义务人，还可以申请政府救济。济南市章丘区人民法院依照《中华人民共和国婚姻法》第四条、第二十一条，《中华人民共和国老年人权益保障法》第十四条，作出如下判决：

驳回谭某某的诉讼请求。

【法官后语】

《中华人民共和国老年人权益保障法》第十四条规定，赡养人应当履行对老年人经济上供养、生活上照料和精神上慰藉的义务，照顾老年人的特殊需要。

由此可以看出，赡养包括两大方面的内容：一是经济上提供供养，二是生活上进行照料和精神上予以慰藉。

就经济上的抚养义务而言，子女对父母有赡养扶助的义务，子女不履行赡养义务时，无劳动能力或生活困难的父母，只要其经济收入不足以满足正常的生活需要，有要求子女给付赡养费的权利。子女不能因为父母有退休收入或者有一定的经济来源就完全将父母置之不顾，这不仅违反法律规定，也不符合中华民族“百善孝为先”的传统美德。现实中，比较常见的是赡养人以经济困难为由不支付赡养费，在此情形下，应当视不同情况予以处理。赡养义务人没有履行赡养义务系因其自身患有严重的疾病或遭遇重大变故等特殊原因，生存权也因此受到了严重威胁，如赡养人有足够的经济能力的，那么其仍然应当承担经济上供养的赡养义务，但如果赡养人为维系生存在经济上已经难以为继，即使赡养人仍有一定的经济来源，也应当视为在经济上没有赡养能力，可以免除其经济上供养的赡养义务。

就精神上的抚养义务而言，近年来，随着生活水平的不断提高，老人对子女经济供养方面的要求越来越少，越来越多的老人更加注重精神层面的需求，涉及“精神赡养”的案件数量也有所上升。在道德角度，子女应当尽量顺从父母的心意，不仅要有孝心，更要有孝行，要无微不至地关怀，更要让老人感到心情愉悦。在不损害老人自身利益的情况下，要重视和肯定老人的想法和愿望，尊重老人的决定和选择，维护老人的尊严，减少老人的孤独感。在法律角度，精神赡养更是一种不容回避的法定义务，即使子女没有经济能力，也不能就此免除精神赡养的义务，而且精神赡养不以物质赡养能力为前提。在经济上没有赡养能力的赡养人，应当通过生活上照料和精神上慰藉老年人的方式来履行自己的赡养义务。

老年人的合法权益依法应当予以保护，赡养义务非法定情形不能免除，这些情形一般是指被赡养的老年人对赡养人有严重犯罪行为。还有一种极端的情况是，赡养人既不具有经济上供养的赡养能力，也因身体健康原因不能在生活上照料和精神上慰藉需要赡养的老年人，在这种情况下，应当从生存权高于其他一切权利的原则出发，确保生存权居于优先地位，免除其全部或部分赡养义务。老年人没有其他赡养义务人的，可以申请社会救济以保障自身合法权益。

本案中，被赡养人谭某某在赡养义务人李某患病前长期跟随李某生活，李某已经履行了一定的赡养义务，现李某因维系生命需要大额的医疗费用支出且负有较大数额的债务，这些债务将来可能会由其借债时的妻子来清偿，其住房在李某离婚时协议给前妻个人所有，不具有逃避赡养义务的恶意。因此，应当予以认定赡养人李某现在经济上没有赡养能力，可以免除对被赡养人谭某某在经济上供养的赡养义务，法院遂判决驳回原告的诉讼请求。

编写人：山东省济南市章丘区人民法院　李舰

（十）收养关系纠纷

29

基于“公序良俗”原则认定长期稳定的事实收养关系效力

——花某某、柯某诉柯某某确认收养关系无效案

【案件基本信息】

1. 裁判书字号

江苏省南通市中级人民法院（2020）苏06民终3133号民事判决书

2. 案由：确认收养关系无效纠纷

3. 当事人

原告（上诉人）：花某某、柯某

被告（被上诉人）：柯某某

【基本案情】

原告花某某、柯某系夫妻关系，于 1975 年 4 月 26 日登记结婚，1976 年育有一子花甲。花甲自幼患有精神疾病，1985 年被送至精神病院。花甲于 1998 年 9 月去世。被告柯某某出生后未满周岁即被柯某领养，抚育至成年，一直未在主管部门办理收养登记。1985 年，花某某与柯某发生家庭矛盾，二人分居，花某某长期在南通工作生活，柯某携柯某某生活在平潮，双方 10 余年无来往。柯某某上小学四年级时，原告柯某带被告柯某某至原告花某某处。此后，原告花某某知道柯某收养柯某某的事实。为帮助柯某，花某某每年给付柯某数千元生活费。柯某某结婚时，两原告以柯某某父母身份参加婚礼。日常生活中，柯某某称呼两原告为“爸爸”“妈妈”。

2018 年 10 月，江苏省南通市通州区人民法院判决柯某为无民事行为能力人，花某某为被申请人柯某的监护人。

上述判决作出后，原告花某某经诊断患有重疾（癌症晚期）。原告柯某因精神疾病发作送医院住院治疗。柯某出院后，原告花某某因病无力照顾柯某，柯某一直由柯某某照料。

后原告花某某和柯某向江苏省南通市通州区人民法院起诉，要求确认与被告柯某某的收养关系无效。

【案件焦点】

柯某系精神病人，且与花某某婚后生育一子，其领养柯某某的行为是否有效。

【法院裁判要旨】

江苏省南通市通州区人民法院经审理认为：就原告花某某提出的本案收养关系无效的理由，法院认为：首先，虽然原告柯某患有精神疾病时间较长，但精神疾病系医学概念，民事行为能力系法律概念，两者不能混同。原告柯某在 2019 年才经司法鉴定确认为无民事行为能力，但并不能就此推定其在 1988 年收养被告时无民事行为能力。其次，计划生育作为国家的基本国策，国家推行和鼓励一对夫妻只生育一个孩子，也规定了可按计划再生一个孩子的情形。本案中，原、被告婚生子花甲自幼患有精神疾病，并不当然排除收养的合法性。

我国收养制度保护的是被收养人和收养人双方的合法权益。原告花某某援引的收养无效的法律规定，皆是着重保护被收养的未成年人的合法权益，以防出现不利于被收养人健康成长的情形。原告主张的无效情形并未阻碍被告健康成长。现两原告年老体弱，急需作为已经成年的义务人柯某某履行子女赡养义务，且原告花某某本人患有重病，无力履行对原告柯某的监护职责，事实上亦将照顾柯某的责任转交给了被告柯某某。而被告柯某某也认可其为原告女儿，并履行相应职责。若认定收养关系无效，并不利于保护收养人的合法权益。法院难以判定，通过诉讼的方式来否认柯某与柯某某的母女关系符合柯某收养柯某某的初衷。法院更难以判定，花某某作为柯某的法定监护人，通过诉讼的方式否定案涉收养关系的有效性，系符合监护人应当保护被监护人合法权益的法律规定。

原告花某某以柯某无民事行为能力及违反计划生育政策为由而主张该事实收养关系无效无事实和法律依据，对原告花某某该主张不予支持。

依照《中华人民共和国民法总则》第八条、第三十四条，《中华人民共和国收养法》第一条、第二条，《最高人民法院关于贯彻执行民事政策法律若干问题的意见》第二十八条之规定，判决如下：

驳回原告花某某、柯某要求确认收养关系无效的诉讼请求。

花某某、柯某不服一审判决，提出上诉。江苏省南通市中级人民法院经审理认为，花某某虽系柯某的法定监护人，但柯某一直跟随柯某某共同生活，由柯某某赡养，现花某某代为起诉确认案涉收养关系无效，侵害被监护人柯某的合法权益。况且，花某某自称身患癌症，与柯某长期分居，结合柯某的生活状况以及柯某某的赡养意愿，一审未认定案涉收养关系无效，并无不妥。花某某、柯某的上诉请求不能成立，应予驳回；一审判决认定事实清楚，适用法律正确，应予维持。依照《中华人民共和国民事诉讼法》第一百七十条第一款第一项规定，判决如下：

驳回上诉，维持原判。

【法官后语】

家庭是社会的基本单元，家庭关系反映了基本的人伦关系，家庭关系的稳定，与社会的和谐稳定息息相关。除了婚姻之外，收养也是构成家庭的方式之一。审判实践中，对于家庭关系效力案件的审理，如婚姻效力、收养效力，一旦认定无效，即发生自始无效的法律效力。审理结果不仅涉及案件双方当事人的重大利益，也关系到其近亲属以及整个社会的公共利益，故应当十分慎重，不宜轻易认定无效，特别是对于长期存在的家庭关系，应当尽量保持其稳定性。

一、关于收养案件的权利保护问题

《中华人民共和国民法典》（以下简称《民法典》）第一千零四十四条新增收养应当遵循最有利于被收养人的原则，应当视为我国收养制度也进入了以子女为本位的发展阶段。当然，在优先保护被收养子女利益的前提下，考虑到传统和民意，也应当兼顾保护收养人、被收养人、送养人各方的合法权益，不能忽视收养也存在安慰晚年的父母、养儿防老或承继事业的传统目的。涉及收养关系的案件中，在被收养人尚未成年时，应优先保护被收养人的权益，在收养人将被收养人抚养成人后，特别是收养人年老体弱后，急需被收养人承担子女赡养义务时，应当更注重于保护收养人的权益。

二、关于精神病人收养子女行为的效力

本案中，原告花某某认为柯某是精神病人，经法院确认为无民事行为能力人，在一审中主张柯某无民事行为能力，在二审中主张柯某患有不适宜、不应当收养子女的疾病，故应认定收养行为无效。

《民法典》第一百四十四条规定，“无民事行为能力人实施的民事法律行为无效”。第一千一百一十三条第一款规定，“有本法第一编关于民事法律行为无效规定情形或者违反本编规定的收养行为无效”。第一千零九十八条规定，“收养人应当同时具备下列条件……（二）有抚养、教育和保护被收养人的能力；（三）未患有在医学上认为不应当收养子女的疾病……”精神疾病是一个医学概念，在没有经过法定程序予以衔接的情况下，不能一概认定精神病人为无民事行为能力人。判断成年人是否具备民事行为能力的标准为其能否辨认或完全辨认自己的行为，与其是否为医学意义上的精神病人并无直接关联。精神疾病的内容十分丰富，不能认为“医学上认为不应当收养子女的疾病”应包含所有的精神疾病，也不能据此认为患有精神疾病的人无收养子女的能力和权利。本案中，虽然原告柯某有较长的精神病史，但直到2018年时才被鉴定为精神病人，进而法院判决其无民事行为能力。法院不能依据该判决推定其一直无民事行为能力。客观上，柯某已经将被收养人柯某某抚养成年，从结果上看柯某完成了抚养义务，即事实上也难以得出柯某无收养柯某某能力的结论。同时，该事实进一步佐证了精神病人的民事行为能力并不必然受限。此外，结合法律并没有明确“医学上认为不应当收养子女的疾病”的具体内容，故对凡是精神病人所实施的包含收养行为在内的民事法律行为的效力皆一概予以否定的话，既无现行法律上的依据，更不符合客观事实。

三、公序良俗原则在收养关系认定中的运用

“公序良俗”原则是民法的基本原则，是指民事主体的行为应当遵守公共秩序和社会的一般道德。《民法典》第八条规定，“民事主体从事民事活动，不得违反法律，不得违背公序良俗”。法院在审理具体案件时，既要判断涉诉法律事实是否合乎公序良俗，也要考虑审判结果是否有悖于公序良俗。公序良俗是法院裁判结果是否合理的重要标准。本案中，原告花某某诉称，二人在已有一子的情况下所为的收养行为不符合法律规定，应属无效。原收养法有关收养无效的法律规定，皆在保护被收养的未成年人的合法权益，以防出现不利于被收养人健康成长的情形。花某某主张的无效情形在客观上并未阻碍被告柯某某的健康成长，未与未成年子女利益最大化原则相冲突。审理中，经走访，周围群众均认可原告柯某与被告柯某某的母女关系，两人关系融洽，事实上柯某某正赡养柯某，表示如果法院认定收养无效，从情理上难以接受。法官认为，如果花某某主张的无效情形属实，进而支持了原告花某某的诉讼请求，此结果不仅未尊重客观事实，可能还会出现养女愿意赡养养父母而法院援引保护子女的相关法律规定而否认双方存在几十年的家庭关系的悖论。收养制度与公共秩序和良好风俗息息相关。花某某的诉讼行为，其目的是否认业已存在的几十年稳定合理的事实收养关系，如其目的实现，则会产生破坏人伦关系和家庭关系的后果，亦违反了“公序良俗”原则。

编写人：江苏省南通市通州区人民法院　刘杨

（十一）探望权纠纷

30

探望权的变更应以“最大化保护子女利益”原则为重要依据

——王甲诉王乙探望权案

【案件基本信息】

1. 裁判书字号

北京市丰台区人民法院（2020）京0106民初23330号民事判决书

2. 案由：探望权纠纷

3. 当事人

原告：王甲

被告：王乙

【基本案情】

王甲与王乙于2012年2月22日登记结婚，2015年4月14日生育一子王丙。从2016年1月2日开始，王甲与王乙分居至今，王丙随王乙及祖父母共同生活。王甲与王乙均为听力及语言多重残疾人，王乙残疾等级为二级，王甲残疾等级为一级。2018 年，王乙诉至法院要求与王甲离婚，并处理王丙的抚养问题及分割夫妻共同财产。2019 年 6 月 25 日，法院判决，婚生子王丙由王乙抚养，王甲自 2019 年 7 月起每月给付抚养费 400 元，自王丙年满 18 周岁止。自本判决书生效之日起，王甲每月前往王丙居所对其进行探望 2 次，王乙应予协助。该判决现已生效。现王甲以王乙在离婚后无故阻挠其行使探望权为由，向法院提出诉讼请求，要求变更探望方式为每月探望王丙两次，时间为每月第二个周六、周日，第四个周六、周日，周六上午 10 时接走，周日下午 3 时送回。另查，王丙患有先天性的大前庭导水管综合征，如照料不周，可能导致听力损伤。在王丙多次就医的病历中，相关医嘱均要求："保护听力，避免头部磕碰及头部剧烈晃动，避免哭闹。"

【案件焦点】

1. 在没有新证据、新事实的情况下，是否可以变更探望权行使方式；2. "最大化保护子女利益"原则适用于探望权变更的关键要素有哪些。

【法院裁判要旨】

北京市丰台区人民法院经审理认为：离婚后，不直接抚养子女的父或者母，有探望子女的权利，另一方有协助的义务。行使探望权利的方式、时间由当事人协议，协议不成时，由人民法院判决。已生效的判决书已对王丙的探望方式进行确定，王甲在本案提交的证据材料均已在上述案件中提交过，承办法官在作出上述判决时已综合进行考量，现王甲未提供证据证明在上述判决作出后，出现新情况影响其实现生效判决确定的探望权利进而需要更改探望方式，并且鉴于王丙的门诊病历中的医嘱对王丙的日常照料提出了高于一般儿童的要求。综上，现暂不宜按照王甲的要求变更探望方式。依照《中华人民共和国婚姻法》第三十八条之规定，判决如下：

驳回王甲的诉讼请求。

【法官后语】

探望权，是指父母离婚后，不直接抚养子女的一方依法享有对未与之共同生活的子女进行探视、看望、交往的权利。[①]《中华人民共和国民法典》（以下简称《民法典》）第一千零八十四条明确规定了父母离婚后其与子女之间的权利义务关系，其立法目的在于明确父母抚养、教育和保护子女的义务不会因父母婚姻关系的消灭而受到影响，未直接抚养子女的一方享有对子女的探望权利并承担一定的抚养费用。

一、探望权立法的价值属性

探望权作为落实未成年子女监护制度的重要内容，是父母在离婚后履行对于子女抚养、教育、保护义务的重要基础条件。《民法典》第一千零八十四条第三款对于抚养权的规定，意味着不与子女一起生活的一方享有探望子女的权利。与此对应的是，《民法典》第一千零八十六条对探望权进行了规定，其内容基本沿袭了原婚姻法第三十八条中关于探望权的规定，即“离婚后，不直接抚养子女的父或者母，有探望子女的权利，另一方有协助的义务”。事实上，直接抚养子女一方的抚养权和未直接抚养子女一方的探望权，共同构成了离婚后父母对子女亲权的主要内容。[②]《民法典》将探望权确定为亲权范畴，并不意味着探望权仅是父母的权利，其更为重要的目的是最大化保护子女利益。

最大化保护子女利益，是指最大化地考量和保护未成年子女的精神和物质利益。在日常生活中，父母作为子女的启蒙老师，其价值判断和言行举止直接对子女成长产生影响，尤其是离异家庭的未成年子女，在心智未成熟的前提下，心理承受能力更加敏感脆弱，父母的离异情况极易对其产生负面影响。因此，探望权作为父母履行抚养义务的重要媒介，在确定、变更探望权的方式和内容过程中，应体现最大化保护子女利益的价值取向，由“夫妻双方本位”向“子女个人本位”转变，减少父母离异对子女成长的消极影响，尽可能为子女的健康成长提供良好的条件。

---

① 马俊驹、余延满：《民法原论》，法律出版社2010年版，第849页。

② 最高人民法院民法典贯彻实施工作领导小组主编：《中华人民共和国民法典婚姻家庭编继承编理解与适用》，人民法院出版社2020年版，第298页。

二、探望权的基本内容

依据《民法典》及相关司法解释，探望权围绕最大化保护子女利益原则，基本内容可分为成立条件、具体内容和中止探望权等方面。其中，探望权的成立条件可以由当事人进行协议约定，当协议不成时，由人民法院进行判决确定。探望权的内容具体包括主体、时间、地点、方式等具体内容要素。主体要素包括未成年子女、直接抚养子女的父或母及其他对未成年子女负担抚养、教育义务的法定监护人。时间、地点要素为具体行使探视权所涉及的时间、地点的内容。方式要素为行使探视权的具体方式，在实践中可分为以下三种类型：第一种是直接探视型，即探望权人直接前往子女居住场所进行探视。本案中，王甲直接到王乙居住处对婚生子王丙进行探视，即为该种情形。第二种是共同生活型，即探望权人将子女直接带到自身居住场所一起共同生活一段时间，并由探望权人对子女进行照料。第三种是陪伴交流型，即探望权人在第三方地点与子女进行见面、交流。此外，《民法典》第一千零八十条第三款基于最大化保护子女利益原则，明确了探望权中止的情形，即当未抚养子女的一方存在不利于子女身心健康的情形,[①] 应依法中止其探望权。

三、司法实践中处理探望权变更的关键要素

我国立法并未明确探望权变更的具体情形，但在司法实践中，探望权的内容也随着双方抚养条件、子女身体条件、子女成长需要等因素的变化，由双方当事人进行约定变更或向人民法院提起诉讼进行变更。这对于前者而言，应当首先允许当事人就探望权内容变更进行约定，而对于进入司法程序的后者，人民法院基于最大化保护子女利益原则，应重点结合以下情况进行判断：(1) 是否有利于最大化保护子女成长。积极为子女营造良好的成长条件，是当事人行使探望权的重要条件。因此，应重点审查双方当事人的实际情况，本着有利于子女成长原则确定是否变更探望权的方式、时间。(2) 尊重当事人的意思自治原则和协商原则。探望权属于私权属性，在双方当事人针对探望权产生纠纷时，

① 《中华人民共和国民法典》第一千零八十六条第三款："父或者母探望子女，不利于子女身心健康的，由人民法院依法中止探望；中止的事由消失后，应当恢复探望。"

法院应当秉持协商解决优先，鼓励双方通过自主协商实现纠纷实质性化解。(3) 考虑未成年子女生活条件变化对其构成的影响。如果当事人在离婚前处于长期分居，未成年子女长期随一方生活，且该生活状态对未成年子女未产生不利影响，应维持其现有生活的稳定性和连贯性。同时，还可以考虑祖父母、外祖父母对孙子女、外孙子女表现疼爱的“隔代亲”影响，尤其是未成年子女长期随祖父母或者外祖父母共同生活，且祖父母或者外祖父母愿意和有能力帮助子女履行抚养义务的，可以作为优先条件予以考虑。(4) 兼顾有利于探望权的实现。变更探望权内容的基础在于发生新事实、新情况，且新事实、新情况导致原有探望权的行使已不利于子女的健康成长。在原有判决已经基于从子女利益最大化的角度对探望权进行明确的前提下，作为案件原告方应该就判决作出之后需变更探望权内容的新事实、新情况承担举证责任。

结合以上几个方面的分析，具体到本案中，王甲和王乙就探望权变更未能达成协议，故诉至法院。对于涉及的探望权变更问题，可从以下方面进行分析：首先，从保护子女成长角度来看，婚生子女王丙因患有先天性的大前庭导水管综合征，可能对其听力造成损伤，对其日常照料和外界保护提出高于照顾一般儿童的要求。而王甲与王乙均是耳聋残疾，且均同父母居住，无自身独立的居所，两者条件相似，且在王丙患有先天性疾病的前提下，从医学角度上应尽量避免外界刺激，在无特殊情形之下，应以维持原先生活状况为宜。其次，从子女现有生活条件来看，王丙从王甲和王乙在2016年开始分居至今一直随着祖父母、王乙一起生活，在此期间也没有严重不利于王丙健康成长的情形。最后，从有利于探望权实现角度来看，王甲仅对原先案件的证据材料进行提交，未提供出现新情况需要更改探望方式的证明，故缺少变更探望权的事实基础。因此，综上几个方面的考量，法院作出暂不按照王甲要求变更探望权的判决。

编写人：北京市丰台区人民法院 陈志博 郑娟

31

祖父母、外祖父母的隔代探望权依法应予保护

——张某、梁某诉吕某探望权案

【案件基本信息】

1. 裁判书字号

北京市朝阳区人民法院（2020）京0105民初11661号民事判决书

2. 案由：探望权纠纷

3. 当事人

原告：张某、梁某

被告：吕某

【基本案情】

张甲系张某、梁某的独生女。吕某与张甲于2013年4月20日登记结婚，于2015年1月5日生育一女吕乙。

张甲、吕某婚后在北京居住，吕乙亦在北京出生。张某、梁某经常居住地位于天津。

吕乙出生后，张某、梁某及吕某的父母即开始轮流来北京协助吕某、张甲抚养吕乙。吕乙两个月大时，张某、梁某还将吕乙带至天津抚养半年。将吕乙送回北京后，二人还是经常来北京参与对吕乙的照顾和养育。

2019年2月7日，张甲因一氧化碳中毒去世。后吕乙由吕某抚养。同年端午节期间，吕乙在天津和张某、梁某同住一周。10月，张某、梁某到北京吕某的住处，与吕某发生口头冲突，张某、梁某此后未再探望吕乙。目前，吕乙就读于吕某住所附近的幼儿园。

张某、梁某诉至法院，认为二人将吕乙从小带大，张甲的去世对二人打击很大，吕某还不允许二人探望吕乙，给二人造成更大的伤害，故要求：每年寒暑假及“五一”“十一”长假安排吕乙在天津逗留，以便张某和梁某探望吕乙。吕某表示经查询相关法条，张某、梁某作为外祖父母在法律上没有探望权，二人可以短期来京探望，不同意假期探望。

【案件焦点】

1. 张某、梁某是否享有对吕乙的探望权；2. 张某、梁某如果享有探望权，则行使探望权的方式应如何确定。

【法院裁判要旨】

北京市朝阳区人民法院经审理认为：首先，《中华人民共和国婚姻法》规定，夫妻离婚的不直接抚养子女的一方享有探望权。该规定虽未赋予父母之外的其他亲属以探望权，但也未作否定性禁止。本案中，张某、梁某具有经常照料、养育吕乙的事实。祖辈与孙辈在长期的共同生活中，形成了生活上和感情上的相互依赖。尤其是张某、梁某之独女张甲的早逝，更使吕乙成为张某、梁某重要的精神寄托和牵挂。吕乙在失去母亲后若仍能得到外祖父母的关爱，也有利于其健康成长。故张某、梁某提出的隔代探望诉求，不违反法律规定，符合我国尊老爱幼的家庭伦理道德，有利于未成年人的身心健康，应当予以支持。

其次，对未成年人行使探望权，既应有利于维系亲子关系，也应不影响未成年人的正常生活。吕乙居住在北京，年纪尚幼，对熟悉环境的依赖度较高，张某、梁某应以到北京探望更为妥当。本院将权衡当事人的各自主张，考虑实际情况，对探望频次和时间予以确定。

北京市朝阳区人民法院依照《中华人民共和国民法总则》第三条、第八条，《中华人民共和国婚姻法》第三十八条规定，作出如下判决：

一、原告张某、梁某于本判决生效之月的第一个星期六开始（若已错过，则自判决生效之月的下一个月的第一个星期六开始），每两个月至被告吕某处探望吕乙两天（星期六和星期日），探望期间原告张某、梁某可自行安排与吕乙相处，但不得将吕乙带离北京，被告吕某需予以配合；

二、原告张某、梁某于本判决生效后每年的“五一”假期可至被告吕某处探望吕乙两天，每年的“十一”假期可至被告吕某处探望吕乙三天，探望期间原告张某、梁某可自行安排与吕乙相处，但不得将吕乙带离北京，被告吕某需予以配合；

三、驳回原告张某、梁某的其他诉讼请求。

宣判后，双方均未上诉，判决已发生法律效力。

【法官后语】

隔代探望问题一直是婚姻家庭纠纷中一个富有争议的问题。2016 年最高人民法院《第八次全国法院民事商事审判工作会议（民事部分）纪要》第三条规定，祖父母、外祖父母对父母已经死亡或者父母无力抚养的未成年孙子女、外孙子女尽了抚养义务，其定期探望孙子女、外孙子女的权利应当得到尊重，并有权通过诉讼方式获得司法保护。《中华人民共和国民法典》（以下简称《民法典》）中虽未直接确立隔代探望权制度，但不排除法院根据具体情况支持当事人隔代探望的请求。下面结合本案具体情况就隔代探望问题予以简要分析。

一、隔代探望权的法律属性

未成年人父母的探望权是亲权的一项内容，直接源于父母和子女之间的身份关系。父母离婚后，亲权被一分为二，与子女共同居住生活并直接抚养的一方享有直接的抚养权和监护权，不与子女共同生活的一方享有探望权。[①]（外）祖父母的隔代探望权属于亲属权范畴，其派生于、依托于亲权，是亲权的一种延伸和有益补充。[②] 隔代探望权具有以下法律属性：第一，身份权属性。隔代探望权基于明确的身份关系，权利主体通常为未成年人三代以内直系长辈血亲。第二，亲属权属性。亲权、配偶权、亲属权，这三种身份权组成了完整的身份权

① 最高人民法院民事审判第一庭编著：《最高人民法院民法典婚姻家庭编司法解释（一）理解与适用》，人民法院出版社 2021 年版，第 573 页。

② 此为通说，另有一种理论认为隔代探望权属于（外）祖父母的独立权利，并非亲权的延伸。

体系，（外）祖父母对未成年人享有的亲属权是构建未成年人所涉身份关系的重要一环，是对未成年人身份权益保护而言不可或缺的一部分。第三，人格和精神权益属性。（外）祖父母探望权的实现是与未成年人面对面情感交流的过程，满足探望人抚养、教育、保护、照顾未成年人的感情需要，未成年人从中继续享受到（外）祖父母给予的关爱和温暖，达成双方情感上的满足和精神上的愉悦。

二、确认隔代探望权的理论基础

（一）遵循未成年人利益最大化原则

探望权制度是涉及未成年人利益的重要制度，应当将未成年人利益作为最重要的考量因素。（外）祖父母是未成年人的重要亲属，在中国又往往有隔代养育、“含饴弄孙”以达“天伦之乐”的家庭抚养模式和传统。祖辈与孙辈的“隔代亲”更是被公众所认知。如果将未成年人与祖辈情感交流的权利予以褫夺，尤其是在未成年人父母一方已去世的情况下（如本案的情形），对未成年人认知已去世的父母一方的其他亲属、享有完整和正常的亲属权利，或者享受父系或母系祖辈亲属的关爱和保护，都是十分不利的。

（二）权利与义务相适应原则

《民法典》第一千零七十四条规定：“有负担能力的祖父母、外祖父母，对于父母已经死亡或者父母无力抚养的未成年孙子女、外孙子女，有抚养的义务。有负担能力的孙子女、外孙子女，对于子女已经死亡或者子女无力赡养的祖父母、外祖父母，有赡养的义务。”法律规定，（外）祖父母对（外）孙子女在一定情况下有法定扶养义务，（外）祖父母尽了法定扶养义务后，根据权利与义务相一致原则，当然应当享有相应的探望权。另外，《民法典》第一千一百二十八条第一款也规定了代为继承的制度，即“被继承人的子女先于被继承人死亡的，由被继承人的子女的直系晚辈血亲代位继承”。那么，在赋予未成年人要求（外）祖父母进行扶养的权利和继承（外）祖父母遗产的权利的情况下，也应当赋予（外）祖父母与（外）孙子女进行交往的权利。

（三）尊重亲情和家庭伦理的原则

《民法典》规定，从事民事活动以不违背公序良俗为基本原则。保护隔代探望权，对于支撑家庭关系、满足祖孙两代人情感需求，保护老年人和未成年人权益，弘扬中华民族爱子孝亲的传统美德，都具有重要的作用。

（四）“法无禁止即可为”的私法自治精神

“法无禁止即可为”作为私法自治的基本价值理念，也是民法领域的基本原则之一。对私权利来说，只有法律法规有明确禁止性规定的情况下，相关行为才被禁止，否则个人行为皆属可为。虽然《民法典》中仅对父母离婚后未直接抚养子女的父或母的探望权有所规定，但未禁止（外）祖父母进行探望，故对隔代探望权的认定及保护仍有空间。另外，从目的解释出发，设立探望权的目的是保护未成年人的利益，维护其身心健康，保证其快乐成长。而（外）祖父母对未成年人的探望，恰恰可以使未成年人感受到不一样的关爱，符合立法目的。

三、赋予隔代探望权应考量的因素

（一）（外）祖父母对（外）孙子女履行了抚养义务

隔代探望权毕竟与基于亲权的探望权不同，其并不是直接依托于法律条文的权利，故（外）祖父母与（外）孙子女之间的亲情关系、情感需求、生活模式应当成为法院进行衡量的重要因素。如果祖孙之间已经形成了长期共同生活、互相依赖的紧密关系，则（外）祖父母的探望权更应得到保护。反之，如果祖辈与孙辈本来并无密切的生活交集和情感关联，祖辈出于与直接抚养人有矛盾等种种其他原因径行主张探望，则不应予以支持。

（二）不直接抚养未成年人的父或母的状况

父母离婚后，不直接抚养未成年人一方享有法定的探望权，通常如果该方能够正常行使探望权，则该方父母即未成年人的（外）祖父母往往没有直接探望未成年人的迫切需求，他们的探望需求可以通过未成年人父母的探望行为予以直接（陪同探望）或间接（委托探望）解决。但如果不直接抚养未成年人的父或母出现某些特定情况，（外）祖父母的探望需求则会凸显。一般有以下几种情况：第一，不直接抚养未成年人的父或母死亡；第二，不直接抚养未成年人的父或母丧失民事行为能力；第三，不直接抚养未成年人的父或母被限制人身自由（如被羁押等）。上述情况中，由于父母探望权的缺失或受阻，使（外）祖父母探望权的补充功能更应得到重视。尤其是本案这种外祖父母同时又是失独老人的情况，张某、梁某的丧女之痛，对吕乙的怜惜之情，自然投射到对吕乙进行探望的诉求上；吕乙幼年丧母，也需要来自亲人们更多的温情和关爱，外祖父母定期的探望，可以继续维系其与母系家庭成员的交往和亲情。

（三）行使探望权不能影响未成年人的正常生活

未成年人权益最大化原则应当贯穿于适用探望权制度的全程。（外）祖父母的探望权虽然在某些特定情况下应当予以保护，但老年人毕竟是成年人，如果其探望确实会影响未成年人的生活，如在探望中有对未成年人不利的举动，探望的频次和方式与未成年人生活状况不合拍等，均可以协商或通过诉讼进行调整。在（外）祖父母探望行为严重危害未成年人权益的时候，也应终止其探望。（外）祖父母行使探望权也往往会与直接抚养未成年人的抚养人生活安宁权发生冲突，实践中就有祖父母探望孙子女的行为严重影响了该孙子女母亲重建家庭正常生活的案例。在这种情况下，显然应限制隔代探望权的行使。

（四）参考年满8周岁以上未成年人的意愿

《民法典》第十九条规定：八周岁以上的未成年人为限制民事行为能力人，可以独立实施纯获利益的民事法律行为或者与其年龄、智力相适应的民事法律行为。年满8周岁的未成年人已经具有一定的识别能力，可以感受到（外）祖父母的态度是否友善、可亲，是否没有虐待、伤害行为，可以对是否愿意（外）祖父母进行探望作出明确的判断。这时法官应当考虑未成年人的意愿，对于未成年人表示不愿意接受探望的，也应当耐心询问、详查原委，如果能够确定（外）祖父母确有不良行为，则不应支持其探望权的主张。

四、确定隔代探望权行使方式时应注意的问题

（一）探望地点的确定

在确定探望地点时，应具体分析（外）祖父母的居住地点、（外）孙子女的年龄、学习状况、抚养人的工作及休息时间等，选择对各方都最具有便捷性的地点进行探望。在未成年人居住地与（外）祖父母居住地不在一地（如本

案）的情况下，应权衡利弊，选择不影响未成年人惯常生活模式的地点作为探望地。

（二）探望频率的确定

法官应在实现未成年人最大利益的基础上，结合（外）祖父母的工作情况、未成年人抚养人的工作情况、未成年人的年龄和假期情况等，确定探望频率。实践中，（外）祖父母一般都是老年人，过多的探望也不利于其身体健康，同时也会打扰未成年人的生活。在本案中，法官确定两个月一次的探望频次，并以“五一”“十一”假期探望作为补充，既满足了祖辈想定期了解孙辈生活情况的愿望，也使尚在学龄的孩子不至于太过分心。

（三）对探望方式的探索

在传统探望权案件中，法院的判决一般是由探望人到被探望人住处或指定、约定的地点进行探望，这样就可以通过直接接触的方式了解被探望人的生活状况，增进双方的感情。但隔代探望中，老年探望人的行动能力、身体条件有差异，有的老年人行动不便，实地探望勉为其难。这时，可以积极探索利用现代科技手段，进行线上探望。当然，线上探望的情感感受毕竟没有面对面交流来得真切，可以将多种探望途径混合适用，增加线上探望的频次，也辅以实地探望的环节，使祖孙两代人能够全方位地生活在彼此的亲情之中。

综上，隔代探望权的制度性规定虽未纳入《民法典》的法律规范范畴，但并不意味着法院在审理此类纠纷时处于完全无法可依的境地。“法无禁止即可为”的私法自治法理、监护制度的延伸价值、直系血亲亲属身份权益的保护、未成年人利益最大化的司法理念、公序良俗在司法实践中的运用，均可以成为法院进行裁判的依托。在确定具体探望方式的时候，需要法官切实查明双方实际生活情况，结合情感、隐私、风俗习惯等伦理因素，找到实现探望权的最佳路径，彰显中华民族尊老爱幼的传统美德，维护家庭关系的和谐与稳定。

编写人：北京市朝阳区人民法院　李戈

（十二）分家析产纠纷

32

以配偶不得再婚为条件的附义务遗嘱不发生法律效力

——李甲诉李乙、张某分家析产案

【案件基本信息】

1. 裁判书字号

北京市朝阳区人民法院（2020）京0105民初52628号民事判决书

2. 案由：分家析产纠纷

3. 当事人

原告：李甲

被告：李乙、张某

【基本案情】

案外人王某与李乙原系夫妻，双方育有一女李甲。王某于2013年12月去世。李乙与张某于2015年6月登记结婚。李乙与北京市朝阳区管庄农工商联合公司签订了《管庄乡咸宁侯村腾退安置协议书》，约定：乙方在腾退范围内居住正式房屋10间，建筑面积126.54平方米。乙方被安置人口3人，分别是产权人李乙，之妻张某，之女李甲。甲方应支付乙方各项补偿款合计2014683.42元。乙方应支付给甲方安置用房款合计463942.8元。根据补偿安置，甲方应在本协议签订后，交房验收之日起十五日内，向乙方支付腾退安置差价款1550740.62元。乙方在2018年11月14日前腾空房屋。

李甲提交王某《遗嘱》，载明：本人王某去世后涉案房产的一半两层楼房由我的女儿李甲继承，另一半财产一层半楼房给我的丈夫李乙。但前提是李乙不许再婚，如再婚，李乙将视为自动放弃其所有的房产及财产，而由李甲继承。如李乙不再结婚，李甲在李乙有生之年不尽到赡养义务，李甲将无权继承。后，李甲、李乙、张某因分家析产纠纷诉至法院。

【案件焦点】

1. 被继承人在遗嘱中列明继承人所附义务，当该义务是以配偶一方不得再婚为条件时，该义务的效力如何认定；2. 李甲作为涉诉协议书被列明的实际安置人口，关于其应享有的拆迁利益范围如何认定。

【法院裁判要旨】

北京市朝阳区人民法院经审理认为，区位补偿价是对宅基地使用权人的补偿，李甲与李乙均为户籍登记在涉诉宅院的集体组织成员，应各自享有二分之一份额的区位补偿价。房屋及地上物补偿款，该房屋系李乙与王某婚姻关系存续期间所建，应属夫妻共同财产。对于王某生前所立遗嘱，部分内容将李乙是否结婚、李甲是否履行赡养义务等作为附加义务，涉及人身关系及法定义务，本院对遗嘱内容中与法律规定、社会公序良俗相悖部分，不作为分割相应补偿款的依据。另因李乙自身残疾，与张某结婚有助于维护其正常生活，故李乙结婚事由也不属于法律规定的附义务遗嘱“没有正当理由”不履行义务的情形，此外，法律还规定，遗嘱应对缺乏劳动能力又没有生活来源的继承人保留必要的遗产份额。据此，根据李乙、王某夫妻财产共同共有，结合王某《遗嘱》内容合法有效部分，考虑李乙自身残疾情况，认定房屋及地上物补偿款由李乙占有四分之三份额，由李甲占有四分之一份额；关于搬家补助费，因李甲在腾退之前搬离涉诉宅院，故不应享有该项拆迁利益；关于空调拆装费、有线电视补偿，结合腾退时各方实际居住生活情况，认定前述拆迁利益属于李乙和张某二人；关于物业补贴和供暖补贴，在李乙、张某、李甲未就安置房屋分配取得一致意见之前，酌情认定由三人均分为宜；关于提前腾退奖，涉诉宅院顺利腾退取决于每一名被腾退人的配合，本院酌情认定由三人均分为宜；关于租金补贴，本院根据李乙和李甲各自对涉诉宅院房屋享有份额，结合拆迁政策规定，酌情确定由李甲获得四分之一份额；关于提前签约奖，与腾退时对涉诉宅院享有相关权益人员相关，本院酌情认定由三人均分为宜；关于营业执照补贴，本院结合拆迁政策认定由李乙、李甲各享有二分之一份额；关于特困户补贴，发放条件是以该户整体情况作为考量因素，结合发放时户内人员认定李甲享有三分之一份额；关于咸宁侯村综合整治配合奖，根据拆迁政策，该奖励应在三人之间均分。

综上所述，北京市朝阳区人民法院依照《中华人民共和国民法总则》第三条、第一百一十三条，《中华人民共和国民事诉讼法》第六十四条之规定，判决如下：

一、被告李乙、被告张某于本判决生效之日起七日内向原告李甲给付487359元；

二、驳回原告李甲的其他诉讼请求。

【法官后语】

司法实践中，有时存在被继承人在去世之前留有附义务条件的遗嘱，以其配偶是否再婚作为该配偶是否享有继承遗产权利的限定条件。设置该附加条件的目的，往往是担心子女的年龄尚幼，配偶一方再婚之后忽视对子女的抚养，影响子女今后的生活保障。本案中，被继承人去世之前，既担心配偶一方再婚，新组建家庭可能侵害子女合法权益的实现；同时，也担心子女一方成年之后对配偶不尽赡养义务，影响配偶一方晚年生活保障。透过遗嘱，可以看到被继承人去世之前内心之焦虑，希望以附加条件确保其配偶和子女各方利益均能得到保障，达到平衡，也体现出被继承人弥留之际对其配偶和子女满含眷恋与不舍之情。

婚姻自由、结婚自愿是法律赋予符合结婚条件公民的基本权利，任何组织和个人均不得强迫与干涉。夫妻一方去世之后，婚姻关系自行终止，另外一方有选择再婚的权利；同时，公民去世时可以依法处理自己的个人财产，这也是法律赋予公民基于物权所享有的处分权利。此时，公民的两种权利在一定情形下发生碰撞。就冲突的解决办法，有观点认为，继承人当然可以通过选择再婚、放弃遗产以获得婚姻自由权利的实现，选择权仍在继承人一方，被继承人所附条件并未对继承人的婚姻自由形成不可克服之法律障碍。故被继承人在遗嘱中以其配偶是否再婚作为该配偶是否享有继承权的限定条件，既未限制继承人婚姻自由，也体现被继承人遗产处分权利，该条件应该具有法律效力。但是，这一判断未免过于简单，未充分考量相关法律的立法本意以及民法典整体立法体系中各个法律规定之间的内在联系。《中华人民共和国民法典》物权编中虽然取消了原《中华人民共和国物权法》第七条关于“物权的取得和行使，应当遵守法律，尊重社会公德，不得损害公共利益和他人合法权益”的规定，但是，第七条规定的立法精神被统一吸收到《中华人民共和国民法典》的总则编第一百三十二条中，即民事主体不得滥用民事权利损害国家利益、社会公共利益或者他人合法权益。被继承人将其配偶是否再婚设定为该配偶是否享有继承权的限定条件，该义务本身就含有干预他人婚姻选择权利的内容，其实质是让他人在缔结婚姻与获得继承遗产之间做出选择和取舍，在婚姻与物质之间设置了硬性连接，为他人的婚姻选择设定了相应的物质后果，义务内容本身影响公民各项权利充分行使和实现，设定义务的行为存在权利滥用之虞，如无其他特殊情形存在时，法院应该对所附条件认定为无效。同时需要说明，对于前述附条件遗嘱的法律效力不可一概而论，作出抽象判断。鉴于个案的多样性和具体事实情形的复杂性，法院在审查被继承人遗嘱中设定继承人不得再婚条件是否构成无效时，还应并行将诚实信用原则、公平原则等一并纳入考量范围，综合审查案件相关事实背景、继承人再婚婚姻情况、其他继承人有无特殊需要被救济情况等，以判断法院作出附条件无效认定之后，是否存在造成各方当事人之间利益严重失衡的后果。此外，所附条件无效，并不意味着遗嘱整体内容均无效，其他有效部分，法院仍应尊重被继承人的遗产处理决定。

具体到本案，审理法院在确认遗嘱分配时，坚持“遗嘱内容中与法律规定、社会公序良俗相悖部分，不作为分割相应补偿款的依据”这一原则，对有关人身权利限制的条款与遗产分配的条款的效力认定进行区分，在维护公平正义、平衡各方当事人权益的基础上，部分尊重了被继承人遗产处理的决定。

编写人：北京市朝阳区人民法院　云凝

33

离婚时夫妻共同财产在拆迁利益中的判断及分配

——王某宏诉王某荣等分家析产案

【案件基本信息】

1. 裁判书字号

北京市第一中级人民法院（2020）京 01 民终 5487 号民事判决书

2. 案由：分家析产纠纷

3. 当事人

原告（上诉人）：王某宏

被告（被上诉人）：王某荣、王某征、王某娥、张某臣、张某然、王某

【基本案情】

王某与王某荣系夫妻关系，二人婚后生育三个子女，即王某征、王某娥、王某苗。王某娥与张某臣系夫妻关系，二人婚后生育一子张某然。王某宏与王某征原系夫妻关系，2010 年 10 月 13 日结婚，婚后未生育子女。2018 年 12 月 10 日，王某宏与王某征协议离婚，并签署《离婚协议书》，内容为："双方婚后因感情不和，导致夫妻感情破裂，现协议离婚并达成如下协议：一、王某征与王某宏自愿离婚。二、双方婚后子女抚养问题：婚后无共同子女，无抚养问题。三、双方婚姻存续期间共同财产：坐落于北京市昌平区 3 号院三区某房屋的一居室归女方王某宏所有。离婚后男方王某征一次性付给女方王某宏伍万元

整（人民币）作为补偿，再无任何纠纷。四、双方婚姻存续期间无共同债权及债务，若有债务在谁名下的债务由谁负责偿还。”2018 年 1 月 12 日，王某（乙方、被腾退人）与东沙屯村委会签订《补偿协议》《房屋安置协议》，约定：被腾退房屋坐落于北京市昌平区百善镇东沙屯村×号，宅基地面积为 551.45 平方米，其中：宅基地面积控制标准 267 平方米，超出宅基地控制标准的面积为 284.45 平方米，被腾退房屋的首层建筑面积为 476.62 平方米，总建筑面积为 705.42 平方米。乙方家庭成员在腾退范围内有户口并认定为安置人口共 7 人，分别是王某、王某荣、王某娥、张某臣、张某然、王某征、王某宏。甲方应支付乙方腾退补偿补助款总额为 3252330 元。原告认为上述拆迁利益中应当有其相应份额，故诉至法院，要求被告支付涉案房屋拆迁款。

【案件焦点】

1. 王某宏和王某征的夫妻共同财产如何界定；2. ×号院中是否有王某宏的拆迁利益；3. 离婚协议中关于夫妻共同财产的分割是否视为对拆迁利益已经进行分配。

【法院裁判要旨】

北京市昌平区人民法院经审理认为：本案系分家析产纠纷，本案主要存在以下三个争议焦点：

第一，×号院东房 5 间是否属于王某宏和王某征的夫妻共同财产。被告辩称签署《分家协议》是为了分户，如果王某征名下没有固定房产就无法分户，且该协议中已经约定东房 5 间归王某征个人所有，不是给王某宏和王某征夫妻共有。本院认为，根据王某宏的户口簿显示，王某宏的户口已经在 2013 年 12 月迁入×号院，系在签署《分家协议》之前，且被告没有提供其他证据证明东房 5 间系给予王某征的个人财产，鉴于当时王某宏和王某征处于夫妻关系存续期间，本院认为该东房 5 间应认定为王某宏和王某征的夫妻共同财产，对于被告的辩解本院不予采信。

第二，×号院中是否有王某宏的拆迁利益。本案中，×号院已被拆迁腾退，六被告不要求法院对其每人享有的拆迁利益单独进行分割，本院对此不持异议。因东房5间属于王某宏和王某征的夫妻共同财产，故本院认为×号院中有属于王某宏的拆迁利益，双方当事人可以参照其所占房屋份额对与房屋有关的腾退补偿、补助及奖励款进行分割，但对于王某宏和王某征因此而获得的拆迁利益应当认定为夫妻共同财产。

第三，离婚协议中关于夫妻共同财产的分割是否视为对拆迁利益已经进行分配。本案中，在王某宏和王某征夫妻关系存续期间，根据现有证据表明仅有东房5间属于夫妻共同财产，双方离婚时涉案房屋已经拆迁腾退，王某宏知晓涉案院落已经转化为拆迁利益，王某宏亦认可属于王某征和王某宏的拆迁利益属于夫妻共同财产，且六被告均认可《离婚协议书》中关于财产的处分，故本院认为对于3号院三区某房屋和5万元钱款的分割，应当认定为王某宏和王某征已经对夫妻共同财产进行了分割，即已经以离婚协议财产分割的方式对拆迁利益进行了分配，双方再无任何纠纷。王某宏主张对2018年2月发放的3万元和2019年发放的整村腾退完成奖271350元进行分割，于法无据，本院不予支持。因此，对于王某宏要求六被告支付其×号院拆迁款507475.71元的诉讼请求，于法无据，本院不予支持。遂判决：驳回王某宏的诉讼请求。

王某宏不服一审判决，提出上诉，请求撤销一审判决，发回重审。

北京市第一中级人民法院认为：一审法院认定的事实正确，予以确认。本案争议焦点是王某宏与王某征签订的《离婚协议书》是否已将二人的财产问题处理完毕。

根据已经查明的事实，王某宏与王某征于2018年12月10日签订了《离婚协议书》。《离婚协议书》中对拆迁安置利益以及一次性补偿问题作出了约定，且表明双方再无任何纠纷。由于双方居住的3号院在2018年1月就已启动拆迁安置的协议签订工作，对于补偿政策、补偿数额、安置利益等已经明确，作为家庭成员的王某宏不可能不知晓相关的事实。在此情形下，其与王某征就离婚财产分配达成协议，协议内容本身也包含有拆迁安置利益，故应该认为双方就财产问题已经一次性解决。王某宏称《离婚协议书》中处理的只是夫妻共同财产，而非家庭共同财产，但因双方依据《分家协议》已经获得院内部分房屋权利，故而应认为王某宏知道其与王某征婚内财产的范围，因此，王某宏的上诉主张，本院不予支持。对于27万余元的整村腾退完成奖励，依据一审法院调取的材料，该奖励政策在签订拆迁协议时业已明确，王某宏称其不知晓显属不实，在已明确该项奖励的前提下，应认为王某宏依据《离婚协议书》对财产利益已经处分完毕。另经本院审查，王某宏上诉认为的一审法院程序违法，剥夺其质证权利的事实不存在。

综上所述，王某宏的上诉请求不能成立，应予驳回；一审判决认定事实清楚，适用法律正确，程序合法，应予维持。依照《中华人民共和国民事诉讼法》第一百七十条第一款第一项，《最高人民法院关于适用〈中华人民共和国民事诉讼法〉的解释》第九十条之规定，判决如下：

驳回上诉，维持原判。

【法官后语】

夫妻双方感情确已破裂的情况下，在终结婚姻关系的同时需要对夫妻财产关系进行清理，随着现代社会夫妻财产形式越来越复杂，与其他利益关系的交织也不断涌现，例如与拆迁利益、家庭共有财产相互混同，如何正确处理好夫妻财产关系与其他财产利益关系成为家事审判中非常重要的方面。

一、我国法律法规中对夫妻共同财产的界定

按照《中华人民共和国民法典》（以下简称《民法典》）第一千零六十二条的规定，夫妻在婚姻关系存续期间所得的下列财产，为夫妻的共同财产，归夫妻共同所有：（一）工资、奖金、劳务报酬；（二）生产、经营、投资的收益；（三）知识产权的收益；（四）继承或者受赠的财产，但是本法第一千零六十三条第三项规定的除外；（五）其他应当归共同所有的财产。按照上述界定，夫妻共同财产仅限于夫妻婚姻关系存续期间所取得财产，除此之外的均不属于夫妻共同财产。

可见，夫妻共同财产应当是夫妻婚姻关系存续期间而产生的财产，在存在继承或赠与的情况下，遗嘱或赠与合同中确定只归一方的财产属于个人财产，不应当纳入夫妻共同财产的范围。另外，夫妻共同财产在财产形式上发生转化的情况下，不影响夫妻共同财产的共有属性。例如因拆迁导致原夫妻共同所有的房屋灭失，签署房屋拆迁补偿安置协议后取得的拆迁利益依然属于夫妻共同财产，在离婚诉讼中应当进行分割。

二、夫妻共同财产与其他利益混同时的分割

在离婚案件中，夫妻共同财产多与拆迁利益、家庭共有财产等发生混同，此类案件中的审理焦点之一便是从相关利益中判断是否存在夫妻共同财产。

1. 拆迁利益中的夫妻共同财产的判断

在原房屋中存在夫妻共同财产的情况下，签订房屋拆迁安置补偿协议后原房屋被拆除灭失，因此需要对拆迁利益中属于夫妻共同共有的部分进行判断。

首先要明确法律关系，以固定主体范围、财产范围，如基于继承法律关系确定全部继承人和遗产范围，抑或是基于家庭共有关系确定家庭财产及分配人范围；其次审查请求权基础进行财产分配，即审查当事人主张的分割方式及依据，对诸如遗产、家庭财产及夫妻共同财产进行依法分配，若判断属于夫妻共同财产的范围方可在离婚诉讼中进行财产分割。

在具体分割方式上，当事人可以参照其所占原房屋份额对房屋有关的腾退补偿、补助及奖励款进行分割，进而明确夫妻共同财产在拆迁利益中的范围。

2. 家庭共有财产中夫妻共同财产的判断

《民法典》第三百零八条规定：共有人对共有的不动产或者动产没有约定为按份共有或者共同共有，或者约定不明确的，除共有人具有家庭关系等外，视为按份共有。对于家庭共有财产，现行法虽未作明确规定，但通说认为应属共同共有的一种形式。因此在处理宅基地上房屋的拆迁转化利益时，应首先审查对象家庭对于建造、翻修房屋是否存在内部协议，若存在内部协议且该协议对房屋份额、分割方式进行了明确约定的，应参照协议约定份额对相应拆迁利益进行分割；若家庭内部不存在协议或协议仅列明出资、出力情况而未明确约定各家庭成员份额、分割方式的，应当以等分为原则，对于能够证明自己对房屋建造、翻修贡献明显高于其他家庭成员的人，可以结合其贡献情况，予以多分。

根据《民法典》第二百九十九条规定："共同共有人对共有的不动产或者动产共同享有所有权。"家庭共有是共同共有的一种形式，一般认为构成家庭共有财产应当具备以下几个方面：一是共有人只限于对家庭财产的形成做出过贡献的家庭成员；二是在共同生活期间取得；三是以维持家庭成员共同生活为目的；四是以家庭共同生活关系的存在为前提。因此，如非宅基地使用权人在建房时为宅基地使用权人且在该房屋内共同生活，则构成对房屋的共有。否则，其出资出力行为应根据具体情况确认为债权、赠与或帮扶。

因此，在厘清家庭共有财产的归属范围和财产范围后，再对属于夫妻共同财产的范围进行分割，确保公平合理，不损害他人合法权益。

三、离婚协议签订后一方取得的财产不属于夫妻共同财产

双方当事人在离婚协议签订时对夫妻共同财产的情况明知且无异议的，应当认定双方就财产分割问题已经达成一致，离婚协议合法有效。对于在离婚协议签订时的其他财产，在无任何证据能够证明存在一方合法利益的情况下，应当认定离婚协议就财产分割事项达成一致，一方当事人再行起诉时，应当不予支持。

编写人：北京市昌平区人民法院　张焱　梁伟伟

34

债权人代位析产在婚姻家事案件中的法律适用与构成要件

——李某诉王某、刘某债权人代位析产案

【案件基本信息】

1. 裁判书字号

北京市第一中级人民法院（2020）京01民终3138号民事判决书

2. 案由：债权人代位析产纠纷

3. 当事人

原告（被上诉人）：李某

被告（上诉人）：王某、刘某

【基本案情】

1991年8月26日，王某与刘某登记结婚。婚后双方购买坐落于北京市昌平区某别墅38号楼17号、别墅35号楼08号两套房屋，登记在刘某名下。

2017年，债权人李某作为原告以民间借贷纠纷为由将王某、刘某起诉至北京市朝阳区人民法院，要求判令王某、刘某偿还借款及利息。法院对此作出生效裁判文书，判定王某向李某偿还本金及相应利息。上述两案诉讼过程中，李某申请财产保全，北京市朝阳区人民法院裁定对涉案两套房产采取了查封措施。

2018年3月16日，王某与刘某签署《离婚协议书》，协议书中关于财产处理事项约定："各自名下的车辆归各自所有，各自银行账户的现金以及有价证券归各自所有。"关于房屋产权处理事项约定："无争议。"同日，刘某、王某办理了离婚登记。

北京市朝阳区人民法院对被执行人王某的财产查询反馈作出了终本裁定，王某现已无足额可供执行的其他财产。为了确保债权实现，李某向法院提起债权人代位析产之诉，认为双方所签离婚协议存在恶意逃债之嫌，应析出王某在诉争房屋中的份额后予以执行，故请求法院确认诉争房屋系王某、刘某夫妻共有，由二人各自享有50%的份额。

【案件焦点】

1. 债权人代位析产在婚姻家事案件中的法律适用与构成要件；2. 离婚协议中财产约定为"无争议"的解释与适用；3. 被执行人无足额可供执行的其他财产之债权人轮候查封债务人的其他财产是否阻碍代位析产纠纷的提出；4. 代位析产纠纷中夫妻共同财产的析产份额问题。

【法院裁判要旨】

北京市昌平区人民法院经审理认为：根据2004年最高人民法院发布的《关于人民法院民事执行中查封、扣押、冻结财产的规定》（以下简称《查扣冻规定》）第十四条之规定，共有人提起析产诉讼或者申请执行人代位提起析产诉讼的，人民法院应当准许。李某作为权利人，依据上述规定提起代位析产于法有据。王某与刘某在离婚时关于房屋产权处理事项约定为“无争议”，法院认为，离婚时双方未将婚姻关系存续期间共有的财产予以明确，此行为并不符合常理，且容易引起歧义，双方在离婚协议中关于房屋产权处理事项的约定应视为双方未对共有财产进行分割。王某与刘某在签订离婚协议时明确知道李某系王某的债权人，王某欠李某的债务尚未清偿完毕，且涉案房屋也因该项债务被人民法院依法查封，在此情形下双方依然将涉案房屋的所有权约定归刘某所有，导致李某的债权无法顺利实现，王某与刘某存在恶意串通损害李某合法利益的嫌疑，因此法院对王某、刘某的主张无法采信。现王某与刘某已经离婚，按照夫妻共同财产分配的一般原则，对夫妻共同财产二人应各占50%产权份额。因此，李某要求确认涉案房产由王某、刘某各占50%的诉讼请求于法有据，法院予以支持。

北京市昌平区人民法院依照《中华人民共和国物权法》第九十五条、第九十九条，《中华人民共和国婚姻法》第十七条、第十九条，《查扣冻规定》（2004年）第十四条之规定，判决：

一、确认北京市昌平区某别墅35号楼08号房屋王某与刘某各享有50%的份额；

二、确认北京市昌平区某别墅38号楼17号房屋王某与刘某各享有50%的份额。

刘某不服一审判决，提出上诉。北京市第一中级人民法院依照《中华人民共和国婚姻法》第十七条、第三十九条，《中华人民共和国物权法》第九十五条，《查扣冻规定》（2004年）第十四条、第二十六条，《中华人民共和国民事诉讼法》第一百七十条第一款第一项之规定，作出如下判决：

驳回上诉，维持原判。

【法官后语】

债权人代位析产纠纷是婚姻家庭案件中近年来出现的新类型案件，系由债权人提起诉讼对债务人的夫妻共同财产予以分割的一种特殊夫妻财产分割方式，其法律依据仅为《查扣冻规定》（2020年修正）第十二条。由于该类案件法律适用条款单一，且涉及婚姻家事、合同、执行程序等多重法律关系，在类案审理时如何把握裁判要件是审理此类案件的重点。本文从保护债权人利益的角度出发，兼顾维护债务人配偶一方合法权益，以解构债权人代位析产纠纷法律要件为切入点，对此类案件裁判思路进行梳理探析，为债权人后续衔接执行分配和实现债权提供行权保障。

一、债权人代位析产纠纷的请求权基础和案由沿革

债权人代位析产纠纷的法律依据为《查扣冻规定》（2020年修正）第十二条。根据该条的相关规定“共有人协议分割共有财产，并经债权人认可的，人民法院可以认定有效……申请执行人代位提起析产诉讼的，人民法院应当准许”。关于此类案件的案由选择，在2021年之前未有单独对应的案由。司法实践中，此类案件散落分布在债权人代位权纠纷、共有物分割纠纷以及婚姻家庭案件纠纷等诸多案由中。2021年1月1日生效的《最高人民法院关于印发修改后的〈民事案件案由规定〉的通知》中，在共有纠纷项下增加了债权人代位析产纠纷。至此，此类案件正式有了其对应的案由。

二、债权人代位析产纠纷的构成要件

本文认为应符合如下构成要件：(1) 诉争财产为债务人（被执行人）与他人的共有财产；(2) 共有财产已被法院采取查扣冻等措施；(3) 共有人未协议分割共有财产，或在执行过程中协议分割未经债权人认可；(4) 被执行人无足额可供执行的其他财产。

就上述四个要件，在司法实践中易引发争议的是债权人是否只能在执行程序中提起代位析产诉讼以及在执行程序中是否需要进入终结（本次）执行。对上述问题有以下两种不同观点：

观点一：债权人代位析产纠纷的基础是债权人代位权。根据民法典合同编

第五百三十五条规定的合同保全的立法精神，当债务人怠于行使权利，不予分割共有财产，影响债权人实现债权的，债权人即可提起代位析产纠纷。

观点二：债权人代位析产纠纷不同于债权人代位权纠纷之处在于“析产”。对应的法律依据为《查扣冻规定》（2020 年修正）第十二条，其目的是解决执行程序中被执行人与其他人的共有财产被人民法院采取查扣冻措施时，如何在保障债权人顺利实现债权的同时，保护共有人的合法利益。因此债权人只能在执行程序中提出，且需要满足债务人已无其他财产可供执行的条件。

笔者同意第二种观点。理由是：（1）债权进入执行程序意味着债权的真实性及债权数额均已经生效法律文书所确认。债权人代位析产诉讼解决的是析分共有财产，并不包含审查债权真实性及数额之法律关系。（2）合同保全上的债权人代位权针对的是债务人的债权，即债务人怠于行使其债权或者与该债权有关的从权利，影响债权人的到期债权实现的，债权人可以向人民法院请求以自己的名义代位行使债务人对相对人的权利。而债权人代位析产诉讼针对的是债务人与他人的共有财产，审判实践中主要为共同共有之物上权利。故提起该类诉讼不能参照适用民法典合同编之规定。（3）该类案件的法律依据源自《查扣冻规定》，其适用前提必然是在民事执行程序中。（4）保障债权人顺利实现债权，不能以损害共有人合法利益为代价。因此需要满足被执行人已无足额可供执行的其他财产为前提要件。

值得说明的是，此类案件常见为债权人对债务人夫妻提起诉讼。此时债务人夫妻可能尚在婚姻关系存续期间或已离婚但未实际分割夫妻共同财产。在夫妻法定财产制下婚后所得财产一般为夫妻共同财产，故债权人起诉夫妻双方要求析分共有财产具有适法合理性。但在男女同居、父母子女等家庭关系中，由于财产并非绝对共有状态，即便债务人恶意将财产移转至其他同居人或其他家庭成员名下，债权人亦不能选择代位析产纠纷起诉，而可以通过债权人撤销之诉来予以解决。

三、离婚协议中财产约定为“无争议”的解释与适用

《中华人民共和国民法典》第一千零七十八条规定，“婚姻登记机关查明双

方确实是自愿离婚，并已经对子女抚养、财产以及债务处理等事项协商一致的，予以登记，发给离婚证”。根据上述规定，在离婚协议中男女双方应当就夫妻共同财产如何分割作出明确具体的约定。审判实践中发现，双方在签订《离婚协议》时选择对于部分财产进行明确约定，但对某些大额财产却约定为“无争议”。此时对于“无争议”应作何种解释，是本案的审理焦点。若认为“无争议”代表已分割，则涉案财产不再具备提起代位析产的前提要件。对此本文认为，双方对于财产约定为“无争议”，实际上未就该财产权属如何分割作出明确意思表示，属于约定不明，在法律上应视为双方在《离婚协议》中对“无争议”财产未作分割处置。具体到本案，双方在《离婚协议书》中对其他财产与房屋的约定方式明显不同，双方在明知一方对外负债且房屋已被人民法院查封的情形下对房屋约定为“无争议”，并不能以此得出房屋归女方所有之意思表示，应视为双方在离婚协议中对诉争房屋未作分割处置。

四、被执行人无足额可供执行的其他财产之债权人轮候查封债务人的其他财产是否阻碍本案代位析产纠纷的提出

由上面论述可知，被执行人是否存在其他可供执行的财产是债权人提起代位析产诉讼的要件之一。本案中，债权人在执行案件中已进入终结（本次）执行程序，债权人认为债务人已无可供执行的其他财产。债务人对此抗辩称债权人轮候查封了债务人在海南的某处房产，因此不能就涉案北京房产提起代位析产诉讼。本文认为，对某一标的物的轮候查封属效力待定，只有在先查封解除或自动失效后，轮候查封才自动生效。债权人李某虽然轮候查封了债务人王某在海南的某处房产，但其只是普通债权人，其查封并未生效，不能以此认定债权人能够确定执行债务人在海南的房产。轮候查封其他财产并非实质意义上的查封，其不能阻碍债权人在本案中提起代位析产诉讼。

编写人：北京市第一中级人民法院　吴扬新

二、继承纠纷

（一）法定继承纠纷

35

当事人虚构事实骗取公证，法院可依法推翻公证书并减少其继承份额

——王某某诉符某某继承案

【案件基本信息】

1. 裁判书字号

湖北省武汉市中级人民法院（2020）鄂01民终10482号民事判决书

2. 案由：继承纠纷

3. 当事人

原告（上诉人、被上诉人）：王某某

被告（被上诉人、上诉人）：符某某

【基本案情】

原告王某某系被继承人符某甲的母亲。被告符某某（女）与被继承人符某甲（男）系养父女关系，双方于1995年在青山区民政局办理了收养登记手续。

符某甲的父母符某丙、王某某于20世纪60年代离婚，符某甲与其胞弟符某乙随父亲符某丙生活，符某丙于2015年2月11日去世。其母亲王某某离婚后又另组家庭生育一子一女。2019年11月24日，符某甲因病去世，生前未订立遗嘱。符某甲的第一顺位继承人有本案被告符某某、原告王某某。被继承人符某甲的遗产有位于武汉市武昌区的房屋一套（双方均认可该套房屋价值980000元）及位于武汉市青山区的拆迁还建房一套（双方均认可该套房屋价值900000元），另有中国建设银行存款19024.07元、中国银行存款80229.03元、被继承人符某甲的医疗费用报销款49758.33元，合计149011.43元。此款中含被继承人符某甲的丧葬费、抚恤金73658元，剩余75353.43元系被继承人符某甲的遗产。

2019年11月4日，符某甲因病住院，王某某委托符某甲的同母异父弟弟戈某承担主要照顾符某甲的责任并办理住院事宜，2019年11月24日符某甲去世后，丧葬事宜亦由王某某委托戈某操办。在此期间，王某某垫付住院相关费用63276.39元，丧葬费用8521元，合计71797.39元。12月13日，符某某向公证处虚构王某某已经死亡的事实，骗取公证处出具相应的公证书。依据公证书公证的相关内容，符某某已将被继承人符某甲名下银行存款取走并将被继承人符某甲名下位于武汉市武昌区的房屋一套过户到其名下。现王某某认为符某某对符某甲未尽到赡养、照顾义务，并虚构事实，骗取公证，将被继承的遗产转移至其名下，严重违反了法律规定，故诉至法院请求判令被继承人符某甲的所有遗产由王某某继承。

【案件焦点】

当事人虚构事实骗取公证继承文书的，能否推翻遗嘱已被公证事实并减少其继承份额。

【法院裁判要旨】

湖北省武汉市青山区人民法院经审理认为：本案被继承人符某甲去世前未订立遗嘱，故应按照法定继承办理。符某甲与被告符某某在民政局办理了收养登记手续，双方形成了养父女关系。被继承人符某甲的第一顺位继承人为原告王某某与被告符某某。

关于本案所涉公证书的效力认定问题。根据《最高人民法院关于适用〈中华人民共和国民事诉讼法〉的解释》第九十三条规定，已为有效公证文书所证明的事实，当事人无须举证证明，当事人有相反证据足以推翻的除外。被告符某某在办理继承权公证时，明知原告王某某在世，却隐瞒该事实骗取公证，导致公证机构遗漏了继承人王某某。王某某在开庭时提交了在籍工人登记表、证人证言等证据证明其系被继承人符某甲的亲生母亲，符某某在案件审理过程中也自认其在作公证前知晓原告王某某的存在，上述证据足以推翻公证书认定的符某某系符某甲唯一继承人的事实。因人民法院无法撤销公证机构出具的公证书，故仅对该公证书的效力不予认可。

关于被继承人符某甲的遗产如何分割的问题。因被继承人符某甲生病住院期间以及去世后的丧葬事宜均由原告王某某委托戈某操办，且被告符某某在被继承人符某甲去世后存在虚构“被继承人符某甲母亲姓周、于70年代的时候去世了”的事实、获得公证书且将被继承人符某甲的财产转移至其名下的行为，存在侵吞遗产的故意。根据《中华人民共和国继承法》（以下简称《继承法》）第二十四条、《最高人民法院关于贯彻执行〈中华人民共和国继承法〉若干问题的意见》第五十九条规定，人民法院对故意侵吞遗产的继承人，可以酌情减少其应继承的份额。《继承法》第二十九条规定，遗产分割不应损害遗产的效用，不宜分割的遗产可以采取折价、适当补偿或者共有等方法处理。本案中房产即属于不宜分割的遗产，考虑到双方矛盾已深，不宜采用共有方法。综合本案案情、现有房屋的权属现状，以及对被告符某某存在虚构事实获取公证、侵吞遗产行为应予以少分遗产的考虑，故酌情判令位于武汉市武昌区的房屋一套归被告符某某所有，位于武汉市青山区的拆迁还建房一套归原告王某某所有，由被告符某某支付原告王某某房屋补偿款200000元。被继承人符某甲去世后的银行存款75353.43元，扣除原告王某某为被继承人垫付的医疗费63276.39元，剩余12077.04元由原告王某某继承。

关于被继承人符某甲的丧葬费、抚恤金如何分割的问题。根据《继承法》的规定，遗产是公民死亡时遗留的个人合法财产，而丧葬费、抚恤金系被继承人去世后其生前工作单位及有关部门给予被继承人办理丧事的费用及对被继承人家属的抚慰和经济补偿，不属于被继承人的遗产。原告王某某已垫付符某甲丧葬费 8521 元，应从被继承人符某甲的丧葬费、抚恤金 73658 元中扣除，扣除后剩余的丧葬费、抚恤金 65137 元比照被继承人的遗产进行处理，故酌情判令原告王某某享有 40000 元、被告符某某享有 25137 元。考虑到目前被继承人符某甲的遗产及丧葬费、抚恤金均由被告符某某占有或领取，故上述被继承人符某甲银行存款及丧葬费、抚恤金分配后应由被告符某某向原告王某某支付 123874.43 元。

湖北省武汉市青山区人民法院依照《继承法》第二条、第三条、第五条、第十条、第十三条第一款、第二十四条、第二十五条第一款、第二十九条，《最高人民法院关于贯彻执行〈中华人民共和国继承法〉若干问题的意见》第五十九条，《中华人民共和国民事诉讼法》第六十四条、第一百四十二条规定，判决如下：

一、被继承人符某甲名下的位于武汉市青山区的拆迁还建房房屋一套归原告王某某所有；

二、被继承人符某甲名下的位于武汉市武昌区的房屋一套归被告符某某所有；

三、被告符某某支付原告王某某房屋补偿款 200000 元；

四、被继承人符某甲的丧葬费、抚恤金 73658 元由原告王某某享有 48521 元（含原告王某某已垫付的丧葬费 8521 元）、由被告符某某享有 25137 元；

五、被继承人符某甲的银行存款 75353.43 元（含原告王某某已付的医疗费 63276.39 元）由原告王某某继承；

六、上述第三项、第四项、第五项由被告符某某于本判决生效之日起两个月内支付原告王某某 323874.43 元；

七、驳回原告王某某的其他诉讼请求。

一审法院判决后，王某某、符某某不服，均向湖北省武汉市中级人民法院提起上诉。法院认为，被继承人符某甲与符某某于1995年在青山区民政局办理了收养登记手续，双方构成养父女法律关系。一审认定被继承人符某甲的第一顺位继承人为王某某与符某某正确。一审法院认定因被继承人符某甲生病住院期间以及去世后的丧葬事宜均由王某某委托戈某操办，且符某某在符某甲去世后存在虚构“被继承人符某甲母亲姓周、于70年代的时候去世了”的事实获得公证书，将被继承人符某甲的财产转移至其名下的行为，存在侵吞遗产的故意。根据《继承法》第二十四条、《最高人民法院关于贯彻执行〈中华人民共和国继承法〉若干问题的意见》第五十九条规定，人民法院对故意侵吞遗产的继承人，可以酌情减少其应继承的份额。据此，酌定对被继承人符某甲的财产进行分割，是一审法院行使自由裁量权的行为，其分割份额与本案事实相符，且符合法律的规定，应予维持。

综上，湖北省武汉市中级人民法院依照《中华人民共和国民事诉讼法》第一百七十条第一款第一项的规定，判决如下：

驳回上诉，维持原判。

【法官后语】

对于虚构事实骗取公证书的行为应该怎样认定和处理，以及继承案件中如何从平衡利益和便于执行的角度分割遗产，本案提供了一个可供参考的思路和处理意见。

一、法院查明的事实与公证书所载事实不符的，法院可以直接推翻公证书公证的内容

公证书本是民事诉讼中免除当事人证明责任而径行认定事实的证据，具有较强的证明力。然而公证书在民事诉讼中并非可以绝对地免除当事人的举证义务，《最高人民法院关于适用〈中华人民共和国民事诉讼法〉的解释》第九十三条第二款明确规定：“前款第二项至第四项规定的事实，当事人有相反证据足以反驳的除外；第五项至第七项规定的事实，当事人有相反证据足以推翻的除外。”因此，在公证书依法作出且未被公证机构撤销、变更的情况下，其记

载的事实属于当事人免予举证即可认定的事实，除有相反证据推翻外应当予以认定。

“足以推翻”的含义是相对方提供相反证据，足以证实待证事实的相反事实存在，从而排除待证事实存在的可能性。在推翻过程中，相对方对特定的事实（即生效裁判、生效裁决、公证文书记载事实的相反事实）负证明责任，其为推翻提供的证据属于本证。可以看出，“足以推翻”对证据的证明力要求是比较高的，标准是“证伪”+“证是”，不只要证明不是什么，还要证明是什么，形成了举证责任的转移。具体到本案中，原告提交了在籍工人登记表、证人证言等证据证明其作为被继承人亲生母亲的继承人资格，该事实明确，足以推翻继承权公证书认定的被告为被继承人唯一继承人的事实。故法院查明的事实与公证书所载事实不符的，法院可以直接推翻公证书公证的内容。

二、以虚构事实骗取公证书的当事人应当少分遗产

公证制度是国家司法制度的组成部分，是国家预防纠纷、维护法制、巩固法律秩序的一种司法手段。任何法律行为和有法律意义的文书、事实经过公证证明，即意味着国家证明了它的真实性、合法性，即产生法律上的证据效力。公证法第四十四条明确规定，提供虚假证明材料骗取公证书，并给他人造成损失的，承担民事责任；违反治安管理的，依法给予治安管理处罚；构成犯罪的，依法追究刑事责任。《刑法修正案（九）》亦明确规定，在依照国家规定应当提供身份证明的活动中，使用伪造、变造的或者盗用他人的居民身份证、护照、社会保障卡、驾驶证等依法可以用于证明身份的证件，情节严重的，处拘役或者管制，并处或者单处罚金。但是在实际操作中，公证员在面对层出不穷的各种提供虚假材料或冒名顶替前来办理公证的申请人，即使识破虚假行为，也只能将虚假材料没收并拒绝为其办证，公证员没有执法权，不能对这类行为进行有效的惩戒。违法成本低导致很多申请人会怀着侥幸心理虚构事实骗取公证，一旦骗过公证部门，他们就拿着具有较强证明力的公证书去谋取不法利益，既给社会带来了极大的不良影响，也妨害了法律秩序。本案中，对骗取公证的当事人在分割遗产上予以少分的处理，有效惩戒了骗取公证的行为，对未来类似

案例的处理可以起到一定的导向作用，也维护了司法行为在公众心中的公平公信形象。

三、继承案件中如何从平衡利益且便于执行的角度分割遗产

本案存在一方隐瞒事实骗取公证导致部分遗产已经发生所有权转移的情形。民法典第一千一百五十六条规定，遗产分割不应损害遗产的效用，不宜分割的遗产可以采取折价、适当补偿或者共有等方法处理。本案中房产即属于不宜分割的遗产，一审法院考虑到双方矛盾已深，不宜采用共有分割方法，而被继承人的两套房产存在现有价值及升值空间的差异，再加上对被告符某某虚构、隐瞒事实获取公证、侵吞遗产的行为应予以少分遗产的考虑，因此判令位于武汉市武昌区的房屋一套归被告符某某所有，位于武汉市青山区的拆迁还建房一套归原告王某某所有，由被告符某某支付原告王某某房屋补偿款。该做法不仅进一步平衡了双方当事人间的利益，而且避免了房产分割给当事人增加产权过户等烦琐事宜，同时也便于执行，利于减少矛盾。

综上，本案判决在公证机构办理的继承权公证遗漏继承人的情况下，采信相反证据直接推翻公证书所证明的事实，认定当事人存在虚构陈述骗取公证书的失信行为，并对其应继承的遗产份额予以少分，保护了被遗漏继承人的合法权益，使其免予进行公证投诉复查程序，大大减少了当事人的维权时间及精力。该判决另考虑到了房屋所有权现状和便于执行、利益平衡等因素，处理方式有利于纠纷的解决，做到了司法裁判社会效果与法律效果的有机统一，将为此类案件的裁判提供一定的依据和借鉴。

编写人：湖北省武汉市青山区人民法院　胡阳　雷岑岑

36

民法典颁布后被继承人兄弟姐妹的子女具有代位继承资格

——童甲诉童乙等继承案

【案件基本信息】

1. 裁判书字号

湖北省武汉市青山区人民法院（2021）鄂0107民初637号民事判决书

2. 案由：继承纠纷

3. 当事人

原告：童甲

被告：童乙、童丙、童丁

【基本案情】

被继承人李某原为武汉钢铁公司薄板厂职工，在母亲去世后被其母亲的哥哥童戊收养，李某于2019年9月10日去世，未婚，无子女。童戊与妻子刘某育有一子童己。童己与李某系表兄妹关系。童己与妻子武某育有四子、二女，分别为原告童甲，被告童乙、童丙、童丁以及童庚（2011年9月12日去世）、童辛（于2009年5月4日因去世被注销户口）。刘某、童戊均先于李某去世，2017年6月13日童己去世。李某去世后，遗留房屋一套，银行存款共计若干元。李某生前未留有遗嘱或遗赠扶养协议。李某去世前生病住院及去世后的丧葬事宜均由原告童甲照顾、操办。另查明，李某的生父已于1995年7月13日去世。原告童甲认为自己有权继承李某名下的全部遗产，故起诉至法院，请求法院判令原告童甲有权继承被继承人李某名下的全部遗产。被告童乙、童丙、童丁应诉后均向法院表示自愿放弃对被继承人李某遗产的继承权，并同意被继承人李某的遗产均由原告童甲继承。

【案件焦点】

被继承人李某兄弟姐妹的子女（即侄子、侄女、外甥、外甥女）童甲是否具有代位继承权的资格。

【法院裁判要旨】

湖北省武汉市青山区人民法院经审理认为：因被继承人李某未婚，无子女，而其养父母、生父母、兄长均已先于其去世，依照《中华人民共和国民法典》第一千一百二十八条规定："被继承人的子女先于被继承人死亡的，由被继承人的子女的直系晚辈血亲代位继承。被继承人的兄弟姐妹先于被继承人死亡的，由被继承人的兄弟姐妹的子女代位继承。代位继承人一般只能继承被代位继承人有权继承的遗产份额。"被继承人李某的遗产应由童己的子女继承。童己共育有四子、二女，分别为被告童乙、童丙、童丁，原告童甲以及童庚（2011 年 9 月 12 日去世）、童辛（于 2009 年 5 月 4 日因去世被注销户口）。而被告童乙、童丙、童丁均表示自愿放弃对被继承人李某遗产的继承权，并同意被继承人李某的遗产均由原告童甲继承，故本案的原告童甲有权继承被继承人李某的全部遗产，即被继承人李某名下房屋以及银行存款共计若干元均应由原告童甲继承。

湖北省武汉市青山区人民法院依照《最高人民法院关于适用〈中华人民共和国民法典〉时间效力的若干规定》第三条，《中华人民共和国民法典》第一千一百二十一条第一款、第一千一百二十二条第一款、第一千一百二十四条第一款、第一千一百二十七条、第一千一百二十八条第二款，《中华人民共和国民事诉讼法》第六十四条、第一百四十二条、第一百四十四条规定，作出如下判决：

被继承人李某名下的全部遗产均由原告童甲继承，即被继承人李某名下的房屋一套以及银行存款均应由原告童甲继承。

【法官后语】

一、代位继承的法律规定

《中华人民共和国民法典》（以下简称《民法典》）第一千一百二十八条规定：“被继承人的子女先于被继承人死亡的，由被继承人的子女的直系晚辈血亲代位继承；被继承人的兄弟姐妹先于被继承人死亡的，由被继承人的兄弟姐妹的子女代位继承。代位继承人一般只能继承被代位继承人有权继承的遗产份额。”本条规定了两种代位继承的方式：一是被继承人的子女的直系晚辈血亲的代位继承；二是被继承人的兄弟姐妹的子女的代位继承。其中，第二种为《民法典》新增的代位继承方式。即在被继承人没有第一顺序继承人的情况下，如果第二顺序继承人也都先于被继承人死亡，但第二顺序继承人中的兄弟姐妹有子女的，则兄弟姐妹的子女可以代位继承。《民法典》的上述规定扩大了遗产继承人的范围，增加了财产在亲人之间传承的可能性，完善了代位继承制度，加大了对私产的保护力度。

二、代位继承需满足的条件

代位继承是指被继承人的子女先于被继承人死亡时，由被继承人子女的晚辈直系血亲代替先死亡的长辈直系血亲继承被继承人的遗产；在被继承人无配偶、子女、父母继承其财产，被继承人的兄弟姐妹又先于被继承人死亡时，由被继承人兄弟姐妹的子女代替先死亡的父母继承被继承人遗产的一项法定继承制度。[①] 先于被继承人死亡的继承人称为被代位继承人或本位继承人，代替被代位继承人取得遗产的直系卑血亲称为代位继承人。在代位继承中，代位继承人只能继承被代位继承人所得的遗产份额。代位继承需满足以下条件：

1. 享有继承权的被代位继承人必须先于被继承人死亡。被代位继承人在继承开始前死亡，是发生代位继承的前提条件。如果被代位继承人于继承开始后死亡，则因继承已经开始，遗产已经为被代位人取得，只是尚未来得及分割遗产。此时，只发生转继承而无代位继承，即被代位人应继承的遗产份额转由其

---

① 最高人民法院民法典贯彻实施工作领导小组主编：《中华人民共和国民法典理解与适用》，人民法院出版社2020年版，第533页。

法定继承人或者遗嘱继承人承受。

2. 先死亡的被代位人必须是被继承人的子女或兄弟姐妹，其他继承人如被继承人的配偶、父母、祖父母、外祖父母等先于被继承人死亡不发生代位继承。被继承人的子女，不仅包括婚生子女、非婚生子女，还包括养子女、形成扶养关系的继子女。被继承人的兄弟姐妹，不仅包括同父母的兄弟姐妹、同父异母或同母异父的兄弟姐妹，还包括养兄弟姐妹和有扶养关系的继兄弟姐妹。

3. 代位继承人必须是被继承人的子女的直系晚辈血亲或被继承人的兄弟姐妹的子女。被继承人的子女的直系晚辈血亲，如子女、孙子女、外孙子女、曾孙子女、外曾孙子女都可以代位继承，不受辈数的限制。即子女可以代父或母之位，继承祖父母或者外祖父母的遗产，孙子女亦可以代祖父母或者外祖父母之位，继承曾祖父母或者外曾祖父母的遗产。同时，被继承人的养子女、已形成扶养关系的继子女所生子女可代位继承；被继承人亲生子女的养子女可代位继承；被继承人养子女的养子女可代位继承；与被继承人已形成扶养关系的继子女的养子女也可以代位继承，也即拟制的直系血亲之间也发生代位继承。被继承人的兄弟姐妹被列为被代位人后，代位继承人限于被代位人的子女而非其直系晚辈血亲，除子女、养子女、已形成扶养关系的继子女外，被继承人的兄弟姐妹的其他继承人不发生代位继承。

应特别明确的是，被继承人的子女的直系晚辈血亲与被继承人的兄弟姐妹的子女不能同时代位继承。根据《民法典》第一千一百二十七条规定，继承开始后，由第一顺序继承人继承，第二顺序继承人不继承。因此，当被继承人有配偶、子女、父母任意一人作为第一顺位继承人继承遗产，或被继承人的子女的直系晚辈血亲代位继承遗产时，被继承人兄弟姐妹不能继承，该兄弟姐妹的子女亦不能代位继承。当第一顺序继承人全部死亡，如存在被继承人的子女的直系晚辈血亲作为代位继承人时，只能发生该直系晚辈血亲的代位继承，不发生第二顺序继承人的本位继承，就不发生被继承人的兄弟姐妹的子女代位继承。只有在被继承人没有第一顺位继承人，且没有被继承人的子女的直系晚辈血亲代位继承的情况下，被继承人的兄弟姐妹的子女才能够代位继承被继承人的遗产。

4. 被代位人生前必须享有继承权，如被代位继承人基于法定事由丧失继承权，则连带引起代位继承权的消灭。关于代位继承的法律性质，存在两种学说，一种是代表权说，一种是固有权说。代表权说认为，代位继承是代位继承人代表被代位继承人参加继承，行使被代位继承人的权利。在被代位继承人丧失或者放弃继承权的情况下，不能再由他人代位继承。固有权说认为，代位继承权是法律赋予代位继承人的固有权利，并不是基于被代位继承人的继承权而继承。因此，只要被代位继承人不能继承，代位继承人就可以代位继承。根据人大法工委的解释，民法典最终没有采纳固有权说，而是采用代表权说，主要理由是：确定代位继承发生原因时，要综合考虑被继承人的意愿、遗产应发挥的功能、公序良俗等多方面因素，允许继承人在丧失继承权时可以由其直系晚辈血亲代位继承，违背丧失继承权制度的目的，容易引发道德风险，也不符合社会公众关于公平正义的期待。《最高人民法院关于适用〈中华人民共和国民法典〉继承编的解释（一）》第十七条采代表权说，在继承人丧失继承权的情况下，其直系晚辈血亲不得代位继承。

5. 代位继承人无论人数多少，被代位人无论是否全部死亡，原则上代位继承人只能继承被代位人有权继承的份额。这是因为代位继承人是代替被代位人的地位而继承遗产的，其只能取得被代位人应有的份额。

6. 代位继承只适用于法定继承，在遗嘱继承中不发生代位继承，在遗赠中也不发生代位受遗赠。也就是说，如果遗嘱人通过遗嘱指定了子女以外的人作为继承人，该继承人先于遗嘱人死亡的，在遗嘱人死亡后，该继承人的直系晚辈血亲不能通过代位继承继承遗产。这是因为遗嘱中指定的继承人或受遗赠人先于立遗嘱人死亡，将会导致遗嘱失效。当被继承人死亡时，只能按法定继承处理，不能根据遗嘱代位继承。

值得注意的是，被继承人的子女的代位继承人与被继承人的兄弟姐妹的代位继承人的亲等限制有所不同。被继承人子女的代位继承人为其直系晚辈血亲，不受辈分的限制，但是在代位继承时以辈分大者优先。被继承人的兄弟姐妹的代位继承人仅限于其子女，这主要是由于兄弟姐妹属于旁系血亲，如果将旁系血亲的代位继承人的范围规定得过于宽泛，就会使与被继承人没有太多血缘以及情感联系的人取得遗产。因此，要对旁系血亲的代位继承人进行一定程度的限制。

三、本案适用情况

本案中，李某未婚，无子女，而其养父母、生父母、兄长均已先于其去世，原告童甲在李某去世前照料其生病住院及操办李某去世后的丧葬事宜，而被继承人李某生前亦未留有遗嘱或遗赠抚养协议。在这种情况下，如果按照以前的《继承法》处理，童甲并不能享有法定继承权，势必会导致李某的财产无人继承的现象出现。《民法典》将作为侄甥的童甲纳入代位继承人范围之内后，原告童甲即可按《民法典》第一千一百二十八条规定顺利继承被继承人李某的遗产。此案中由童甲来继承姑妈李某的遗产既符合中华民族的伦理传统又符合善良风俗的要求，还保护了公民一生辛劳所得在家族中的延续。

编写人：湖北省高级人民法院　宋森军

湖北省武汉市青山区人民法院　胡阳

37

农村小产权房的使用权可作为遗产继承

——张女诉张男继承案

【案件基本信息】

1. 裁判书字号

山东省德州市中级人民法院（2021）鲁14民申168号民事裁定书

2. 案由：继承纠纷

3. 当事人

原告（上诉人、再审申请人）：张女

被告（被上诉人、被申请人）：张男

【基本案情】

张男与张女系同父异母的兄妹，父亲张某于1987年去世，生前为东北某林场员工，张男于1976年接替张某在林场的工作，户口随之迁出张村。2010年，张男退休后回到山东。张女的生母王某一直居住在张村，直至2009年张村拆迁完毕，村民搬上楼房，王某搬入张村社区102室案涉房产中居住，102室燃气卡、水电费单据的用户名均为王某，后王某于2019年去世，王某生前录有录音遗嘱，102室由张女继承。该房产为农村拆迁改造的小产权房。张女以案涉房产102室系父母遗产为由向法院起诉分割，主张应分份额为15万元。张男辩称，不同意分割，主张拆旧房换来的案涉房产102室与王某没有任何关系，旧房是张男个人所建。

【案件焦点】

张女能否继承与案涉小产权房相关的权益。

【法院裁判要旨】

山东省齐河县人民法院经审理认为：张女仅提供案涉房产的燃气卡、水电费单据再无其他证据，诉讼过程中又变更了起诉状中的案涉房产楼号，案涉房产是否为遗产不明确，无法认定案涉房产102室系遗产，张女主张分割，亦无依据。依照《中华人民共和国民事诉讼法》第三十九条第二款、第六十四条、第一百三十四条第一款、第一百五十二条规定，判决：

驳回张女的诉讼请求。

张女不服一审判决，提出上诉。

山东省德州市中级人民法院经审理认为：案涉房产尚未取得所有权证书，无法根据不动产登记情况对涉案楼房的性质作出认定。张女亦无法证明旧房由其父母生前出资建设，主张系父母去世后的遗产无事实及法律依据。依照《中华人民共和国民事诉讼法》第一百七十条第一款第一项规定，判决：

驳回上诉，维持原判。

张女不服二审判决，申请再审。

山东省德州市中级人民法院经审查认为：被继承人王某生前系张村村民，始终在张村居住，因旧房被拆迁而搬入案涉房产102室，王某生前对案涉房产享有使用权和收益权。案涉房产为农村拆迁改造的小产权房，小产权房不具有不动产登记权证，其所有权在法律上无法进行确认，无法进行分割继承，但，小产权房的使用权及收益权属于公民合法遗产范围，可以继承。本案中，因张女的诉讼请求并不明确，且一审、二审均是围绕案涉房产所有权进行审查，故一审、二审处理并无不当。但张女可基于本院再审审查的论述，另行起诉主张权利，必要时可申请司法鉴定，对小产权房的使用价值进行鉴定后作价分割。若本案房产未来可确权，张女可待案涉房产所有权人确定后再主张权利。原审法院裁判并无不当，张女的再审申请不属于《中华人民共和国民事诉讼法》第二百条规定的再审事由。依照《中华人民共和国民事诉讼法》第二百零四条第一款、《最高人民法院关于适用〈中华人民共和国民事诉讼法〉的解释》第三百九十五条第二款规定，裁定：

驳回张女的再审申请。

【法官后语】

农村宅基地制度改革是全面推进乡村振兴的一项重要内容，事关农村社会稳定和发展大局。虽然农村小产权房并非法律意义上可以确权登记的不动产，亦因其特殊性而被限制转让和交易，但其使用、居住的权益是现实存在的，使用权也是财产权，也会因权利人死亡、离婚而产生继承、分割等问题，在司法实践中围绕农村小产权房的纷争时有发生。

一、小产权房的性质

小产权房一般是指在农村集体土地上建设的房屋，其建设未办理相关证件，亦未缴纳土地出让金等费用，依法不得确权发证。“小产权房”的形成有两种情况：一是在集体建设用地上建成的，即“宅基地”上建成的房屋，只属于该农村的集体所有者，不具有非法性，但是本集体经济组织以外的人不能购买；二是在集体企业用地或者占用耕地违法建设的房屋，具有非法性。所谓的小产权房产权证不是由国家房管部门颁发，而是由乡镇政府颁发，亦称“乡产权房”，不构成法律意义上的房屋产权。“小产权房”不是法律概念，而是人们在社会实践中形成的一种约定俗成的称谓。但是小产权房本身属于法律意义上的物，能够被占有、使用、收益，因此会成为相关民事法律关系的标的，成为法律的调整对象，同样也能因死亡事实发生，进入继承法律关系的范畴。

二、不具有违法性的小产权房使用权可作为自然人的遗产

《中华人民共和国民法典》第一千一百二十二条规定：“遗产是自然人死亡时遗留的个人合法财产。依照法律规定或者根据其性质不得继承的遗产，不得继承。”该条以概括辅以排除的方式明确了自然人死亡时遗留的财产范围，意在强调除法律规定或者根据财产性质不得继承的外，自然人死亡时遗留的个人合法财产均为遗产，这一立法模式给法院在审判实践中的认定留有较大空间。为充分保护继承人的继承权益，应对遗产的“类型、范围”作出合理界定，即能否作为遗产的关键是自然人死亡时遗留的个人财产是否合法，是否属于法律规定或者根据其性质不得继承的财产。

司法实践也普遍认为，农村小产权房的所有权无法确认，亦无法进行份额的分割继承，所以小产权房的产权归属问题不属于人民法院民事案件受理范围，但是被继承人生前对其小产权房是能够占有、使用和收益的，该种权利是被继承人生前的合法权利，也是体现财产利益的财产权，应属于权利人的遗产范围，可以继承，也可以成为遗赠的标的。鉴于农村小产权房的使用权可以继承，可对其使用权及一定程度上的收益进行分割，必要时可申请鉴定并作价分割，但要充分考虑农村小产权房的流转限制等因素对其使用价值的影响。

三、审理小产权房使用权纠纷案件应注意的问题

由于小产权房产权归属的复杂性、权利主体的限定性和处理依据的政策性，人民法院审理相关案件时应在准确把握司法权和行政权界限的前提下，强调对当事人财产权、继承权的保护。本案当事人在一、二审中的争议焦点集中于涉案房产在安置前后的所有关系，在涉案房产不能取得产权登记的情况下，其诉求难以获得支持。再审在认为本案不存在申请再审法定事由的同时，论述了小产权房使用权可列入遗产范围的合理性并向当事人释明了另行主张权利的路径。

对相关纠纷的处理，有的地方法院出台了相关指引，如《北京市高级人民法院民一庭关于审理婚姻纠纷案件若干疑难问题的参考意见》第三十五条【小产权房分割】分三款对涉及小产权房所有权归属、使用权归属及分割、裁判说理进行了规定。[①] 本案从我国经济社会发展实际出发，围绕因农村宅基地而产生的小产权房的继承问题，对当事人的权利内容、权利构成以及诉求途径辨法析理，与农村发展及我国社会实际紧密相连，对于以“充分利用农村资产、增加农民财产权益”为目的的农村产权制度改革，具有积极的意义。

编写人：山东省德州市中级人民法院　张小雪　尚敏

38

财产分割纠纷中死亡赔偿金的性质认定及分配

——赵某诉左乙、齐某共有物分割案

【案件基本信息】

1. 裁判书字号

山东省邹平市人民法院（2020）鲁1626民初4498号民事判决书

2. 案由：共有物分割纠纷

3. 当事人

① 《北京市高级人民法院民一庭关于审理婚姻纠纷案件若干疑难问题的参考意见》第三十五条【小产权房分割】：对于已被有权机关认定为违法建筑的小产权房，不予处理；但违法建筑已经行政程序合法化的，可以对其所有权归属做出处理。对于虽未经行政准建，但长期存在且未受到行政处罚的房屋，可以对其使用做出处理。在处理使用时，人民法院应向当事人释明变更相关诉讼请求。在处理相关房屋的使用归属时，能分割的进行分割，不能分割的可采用协商、竞价、询价等方式进行给予适当补偿。在涉小产权房分割案件中，应在判决论理部分中明确使用处理的判决内容不代表对小产权房合法性的认定，不能以此对抗行政处罚、不能作为产权归属证明或拆迁依据等。

原告：赵某

被告：左乙、齐某

【基本案情】

原告赵某系受害人左甲之母，被告齐某系左甲之妻，被告左乙系左甲之子。2020年5月10日，左甲驾驶电动二轮车与许某驾驶的重型特殊结构货车发生交通事故，导致左甲死亡。经认定，许某负事故的全部责任，左甲无责任。肇事车辆在中华联合保险公司投保了机动车交通事故强制责任险和机动车交通事故商业险。6月16日，左乙、齐某、许某等签订赔偿《协议书》，约定由左乙、齐某向中华联合保险公司索赔，事故发生后，筑路有限公司已为两被告垫付了丧葬费30000元，许某在中华联合保险公司赔付款之外另行赔偿左乙、齐某70000元。经中华联合保险公司核定，交强险和商业险总共需要赔偿各项法定赔偿款796000元，其中包含被扶养人生活费26731元、死亡赔偿金634935元、精神损害抚慰金10000元。6月17日，齐某银行账户先后收到款项70000元、677870元，左乙为许某出具了收到赔偿款796000元的赔偿凭证一份，齐某于2020年6月17日、6月18日分多次以提取现金的方式将上述赔偿款从银行卡中全部取出。同日，左乙收到许某给付的额外赔偿款70000元，又给许某出具了70000元的赔偿凭证一份。因被告左乙、齐某收到赔偿款后未给付赵某应分得的赔偿款，故赵某诉至法院，请求判决两被告支付其应分得赔偿款265000元。

【案件焦点】

死亡赔偿金的性质以及如何在死者近亲属之间进行分配。

【法院裁判要旨】

山东省邹平市人民法院经审理认为：死亡赔偿金、精神损害抚慰金的性质是财产损害赔偿，其内容是对死者家庭整体预期收入的赔偿。赔偿权利人首先是指与死者共同生活的家庭成员范围内的近亲属即第一顺序继承人，即配偶、父母、子女。被告齐某、原告赵某、被告左乙系受害人左甲的配偶、母亲、儿子，均系左甲的第一顺序法定继承人，因此三人均有权参与分配因左甲的死亡所得到的死亡赔偿金、精神损害抚慰金等赔偿款。死亡赔偿金、精神损害抚慰金并非死者的遗产，因此其分割不同于遗产分配，原则上应由家庭生活共同体成员共同取得，当事人未请求分割的，人民法院不主动予以分割，当事人请求分割的，在分割该笔赔偿金前，应扣除已实际支付的丧葬费用，并优先照顾被扶养人的利益，剩余部分的分配应根据与死者关系的亲疏远近、与死者共同生活的紧密程度及生活来源等因素适当分割。因本案总的赔偿款796000元已经包含了丧葬费用，本院认为经中华联合保险公司核定的死亡赔偿金634935元、精神损害抚慰金10000元，系法定赔偿项目，是对受害人左甲近亲属物质损失与精神损害的混合赔偿款，原告赵某虽然需要依赖左甲进行扶养，但被告齐某、左乙与左甲生前共同生活的紧密程度更高，原告赵某要求分得死亡赔偿金、精神损害抚慰金的三分之一，并无不当，本院予以支持，原告赵某应分得214978元。因原告赵某系左甲在世的唯一被扶养人，因此被扶养人生活费26731元应单独归其所有。综上，原告赵某应分得赔偿款241709.33元。许某额外给付的赔偿款70000元系其为了取得受害人家属的谅解而与两被告签订赔偿协议时约定的赔偿款，因为赔偿协议书仅有两被告的签名而无原告赵某的签名，原告赵某无证据证明两被告在签订协议书向许某索要额外的赔偿款70000元时，除代表两被告的意思表示之外，还代表原告赵某的意思表示，因此原告赵某暂无证据证明其有权参与分配许某额外给付的赔偿款70000元，因此本院对该70000元暂不予处理。《中华人民共和国民法通则》第九十二条规定："没有合法根据，取得不当利益，造成他人损失的，应当将取得的不当利益返还受损失的人。"虽然赔偿款中的717875元系直接汇入被告齐某的银行账户而未汇入被告左乙的银行账户，但是赔偿协议书系被告齐某、左乙共同与许某、赵某签订，协议书中并未明确指定收款人或收款方式，且收到796000元赔偿款的赔偿凭证系被告左乙签字出具，因此应视为两被告共同收到了赔偿款，两被告未及时给予原告赵某应当分得的赔偿款，属于违反《中华人民共和国民法通则》第九十二条规定的行为，从而构成不当得利。无论赔偿款现由被告齐某持有还是由被告左乙持有，或者由两被告共同持有，两被告应当共同向原告赵某返还其应当分得的赔偿款。被告左乙称未收到赔偿款、其在本案中作为被告主体不适格、不应承担返还赔偿款责任的辩解理由不成立，本院不予支持。

山东省邹平市人民法院依照《中华人民共和国民法通则》第八十四条、第八十七条、第九十二条、第一百零八条，《中华人民共和国民事诉讼法》第六十四条、第一百四十四条，《最高人民法院关于审理人身损害赔偿案件适用法律若干问题的解释》第一条第二款、第十八条、第二十八条、第二十九条之规定，作出如下判决：

一、被告左乙、齐某于本判决生效之日起五日内共同返还原告赵某应当分得的被扶养人生活费、死亡赔偿金、精神损害抚慰金等赔偿款共计241709.33元；

二、驳回原告赵某的其他诉讼请求。

【法官后语】

本案是死者近亲属之间关于死亡赔偿金的分配纠纷，这类案件是基层法院审判工作中的一个难点。要妥善解决此类纠纷，应在明晰死亡赔偿金性质的基础上，进而确定其分配原则。

一、死亡赔偿金的性质

（一）死亡赔偿金属于精神损害赔偿还是财产损害赔偿

理论界对死亡赔偿金性质的争论存在已久，其中，“精神损害赔偿说”和“财产损害赔偿说”的争论尤为激烈。笔者认为，基于亲属关系，侵权人致受害人死亡，其侵权行为给死者近亲属造成了损害，这种损害包括财产损失和非财产损失。财产方面的损害通常包括直接财产损害和间接财产损害。直接财产损害即受害人因侵权行为产生的医疗费、护理费等。间接财产损害即受害人因死亡而导致其余命年岁内可期待财产利益的损失。以上财产损害也是死者家庭整体预期收入的损失。非财产损害是死者近亲属因死者死亡而承受的心理损害，即精神损害赔偿。按照我国民法理论，损害赔偿之目的在于“填平损害”，侵权人应就其行为造成的损害后果予以全面、足额的赔偿。据此，在民事赔偿诉讼中，受害人的近亲属在向侵权人主张财产损害赔偿即死亡赔偿金的同时，还可以向侵权人主张精神损害赔偿金。死者近亲属对这些损害的请求赔偿权利源于其与死者间的亲属身份权受到了侵害，其应该享有损害赔偿请求权。因此，死亡赔偿金并非对死者自身损害的赔偿，而是对死者近亲属因死者死亡而导致的财产损害的赔偿，也是对死者家庭整体预期收入损失的赔偿。

（二）死亡赔偿金是否属于死者的遗产

死亡赔偿金与遗产关系的争论，导致在司法实践中，各地法院判决不一的情形时有发生。笔者认为，死亡赔偿金属于遗产的认识不当，其具有非遗产性。

1. 从产生的时间角度来看，公民死亡的时间是划定遗产的特定时间界限，遗产是公民死亡时尚存的个人合法财产，而死亡赔偿金是受害人因侵权行为致死之后才产生的，不是公民死亡时所遗留的，因此不属于遗产。

2. 从主体来看，自然人的权利能力始于出生、终于死亡，当受害人的生命因侵权行为而消灭时，其权利能力不复存在，故人身损害赔偿请求权也随之消灭。死亡赔偿金并非对死者自身损害的赔偿，而是死者的近亲属基于与死者间因亲属关系产生的身份权受到侵害，直接享有的向侵权人请求损害赔偿的权利。因此，权利的享有者为死者的近亲属，而非死者本身，当然也不能认定为死者的遗产。

3. 从立法目的来看，亲人的死亡带给近亲属无限的悲痛和长久的思念，物质和精神上都遭受重大打击，作为守护道德底线的“良法”，需要对其损害给予及时的救济，并警示他人尊重和敬畏生命。死亡赔偿金制度关心的是活人的世界和利益，其立法本意在于弥补死者近亲属的损害。民法典继承编规定，死者的继承人在继承遗产前必须先以遗产清偿死者生前的债务。如果将死亡赔偿金定性为遗产，将赋予死者生前的债权人请求权，要求分割死亡赔偿金以抵债。这极容易导致死者近亲属所遭受的损害最终并不能得到合理的弥补，无疑违背了死亡赔偿金制度的立法本意。因此，死亡赔偿金不宜认定为遗产。

二、死亡赔偿金的分配

（一）请求分配主体

请求分配主体即死亡赔偿金的请求权利人，应为死者的近亲属。笔者认为民法典继承编中关于继承顺序较为科学，可以参照上述规定确定死亡赔偿金请求权的“近亲属”范围和请求顺序，即第一顺序为：配偶、父母、子女；第二顺序为：兄弟姐妹、祖父母、外祖父母、孙子女、外孙子女。丧偶的儿媳对公、婆，丧偶的女婿对岳父、岳母，尽了主要赡养义务的，可作为第一顺序请求人。只有第一顺序请求权人不存在时，才由第二顺序请求权人请求赔偿。当“近亲属”缺位时，像流浪汉发生交通事故时，很难在短时间内找到其近亲属，可以由其他行政部门代为行使赔偿请求权，如民政机关、公诉机关或相应的公益性维权机构。

（二）分配原则

死亡赔偿金原则上由赔偿权利人共同取得，属于权利人共同共有，权利人未请求分割的，人民法院不主动予以分割。在分割死亡赔偿金之前，应扣除已实际支付的医疗费、丧葬费等合理费用。当然，如果权利人明确表示放弃或转让的，也应尊重其意思表示。基于死亡赔偿金的共同共有性，有观点认为，对死亡赔偿金应实行等额分配。笔者认为，死亡赔偿金作为一项特殊的财产，不能简单、机械地在权利人之间进行等额分配，因为这种形式上的均等可能导致实质上的不公。死亡赔偿金作为损害赔偿的一种，也应遵循损害赔偿的一般原则，即有损害才有赔偿，谁受到损害谁受到赔偿，谁受到的损害越大谁受到的赔偿越多。因此，人民法院对死亡赔偿金的分割应根据权利人与死者关系的亲疏远近，共同生活的亲密程度，权利人的经济、生活状况，对死亡赔偿金的依赖程度等情况综合考虑、合理分配，如果有协议的按协议处理。

（三）立遗嘱人不得在遗嘱中处分其死亡后将要获得的死亡赔偿金

遗嘱是自然人按照法律的规定处分自己的财产，安排与此有关的事务，并于死亡后产生法律后果的单方民事法律行为，因而遗嘱事实上也就是对遗产的处分行为。而死亡赔偿金并非死者的遗产，死者不能在其死亡前通过遗嘱的形式对其死亡后将要获得的死亡赔偿金进行处分。

三、本案死亡赔偿金的分配

根据上述分析，死亡赔偿金是对死者近亲属因死者死亡导致的财产损害的赔偿，也是对死者家庭整体预期收入损失的赔偿，属于赔偿权利人赵某、左乙、齐某共同共有。本案中，死者左甲因交通事故去世前，一直与左乙、齐某共同居住生活，两被告虽然不需要左甲对其履行赡养义务，但二人与左甲共同生活的紧密程度相对赵某要高，而赵某虽然年事已高，无劳动能力与经济来源，需要左甲履行赡养义务，但是赵某尚有其他扶养人，其与左甲共同生活的紧密程度相对左乙、齐某而言要低，原、被告各方对左甲的死亡赔偿金的依赖性相等。综合以上情况，法院判决由赵某分得左甲死亡赔偿金三分之一的分配方案合法、合情、合理。

编写人：山东省邹平市人民法院　姜道策

（二）遗嘱继承纠纷

39

村委会工作人员代为打印遗嘱的形式规范与效力

——单某甲诉单某乙、单某丙法定继承案

【案件基本信息】

1. 裁判书字号

江苏省无锡市中级人民法院（2020）苏02民终3188号民事判决书

2. 案由：法定继承纠纷

3. 当事人

原告（上诉人）：单某甲

被告（被上诉人）：单某乙

被告（被上诉人）：单某丙

【基本案情】

单某丁与范某育有单某甲、单某乙、单某丙三名子女。范某、单某丁已先后去世。单某乙提供遗嘱一份，该遗嘱由单某乙代笔，其中记载，单某乙继承10万元，该遗嘱中有单某丁的名字、捺印，日期记载为2016年3月。此外，单某乙提供一份由王某记录的笔录，记载：1万元存折由单某甲、单某丙继承，单某甲、单某丙各继承两间房，13万元由单某乙继承。该笔录由单某乙、王某签字，单某丁捺印，未记载日期。2018年，王某提供遗嘱一份，载明两间房屋分别由单某甲、单某丙继承，13万元现金由单某乙继承，死亡抚恤金、1万元存折由操办后事的子女平分。该遗嘱中有单某丁的名字及捺印，未记载日期。

另查，王某系单某丁居住地村委会工作人员，出具情况说明确认2018年遗嘱由当事人口述内容，其代为打印，单某丁捺手印，村委会工作人员单某戊在场。

后，单某甲、单某乙、单某丙因遗产继承纠纷诉至法院。

【案件焦点】

由村委会工作人员王某代为打印的遗嘱的效力如何。

【法院裁判要旨】

江苏省无锡市锡山区人民法院经审理认为：2018年由王某提供的遗嘱并未有代书人及其他见证人的签字确认，也未署明日期，根据法院对代书人王某的调查情况，该份遗嘱系单某乙口述，单某丁在旁点头，无法确认遗嘱上的名字是否系单某丁本人所签，据王某所言，单某丁全程仅有点头动作，现有证据无法证实单某丁立遗嘱时的精神状态，无法证明该份遗嘱系单某丁的真实意思表示，且遗嘱从形式上不具备代书遗嘱的有效要件，应属无效。至于单某乙提供的2016年遗嘱及笔录，遗嘱未有两个以上的见证人见证、签字，形式上亦不符合代书遗嘱的有效要件，同属无效；笔录照王某所言，仍是单某乙口述单某丁点头，单某丁未签字，仅在单某乙帮助下捺印，仍无法确认笔录中的内容系单某丁的真实意思表示。

江苏省无锡市锡山区人民法院依照《中华人民共和国继承法》第二条、第三条、第五条、第十条、第十三条，《中华人民共和国民事诉讼法》第六十四条第一款、第一百四十四条之规定，判决：

一、单某丁的抚恤金40610元、丧葬费6000元、截至销户日银行账上余额，由单某甲、单某乙、单某丙各继承三分之一；

二、单某乙应于判决生效之日起十日内支付单某甲36666.67元，支付单某丙46666.67元；

三、驳回单某甲的其他诉讼请求。

单某乙不服一审判决，提出上诉。江苏省无锡市中级人民法院经审理认为：案涉的代书遗嘱未有代书人及其他见证人的签字确认，也未署明日期。因此，该遗嘱从形式上不具备代书遗嘱的有效要件，应认定为无效。

江苏省无锡市中级人民法院依照《中华人民共和国民事诉讼法》第一百七十条第一款第一项规定，判决如下：

驳回上诉，维持原判。

【法官后语】

被继承人可以通过设立遗嘱的方式处分个人财产。遗嘱作为被继承人意思自治的一种表现形式，与其他意思自治的表现形式（如合同）相比，特殊性主要体现为对形式的严格规范，以保证遗嘱的真实有效。

民法典规定了遗嘱的设立方式：自书遗嘱、代书遗嘱、打印遗嘱、录音录像遗嘱、口头遗嘱、公证遗嘱等。与原继承法相比，民法典增加了打印遗嘱和录音录像遗嘱两种形式。本案中所涉遗嘱实际为打印遗嘱，但因案件发生在民法典实施前，彼时法律尚未对打印遗嘱的形式明文认可，加之该份遗嘱是由立遗嘱人以外的人在电脑上书写并打印出来的，故法院将涉案打印遗嘱作为代书遗嘱处理并对其效力进行认定。

一、民法典有关打印遗嘱形式要件的规定

民法典第一千一百三十六条规定，打印遗嘱应当有两个以上见证人在场见证。遗嘱人和见证人应当在遗嘱每一页签名，注明年、月、日。该条规定了打印遗嘱应当满足的形式要件。司法实践中，应当准确把握见证人在场见证的含义。因打印遗嘱制作过程和形式的特殊性，遗嘱制作过程既包括在电脑上书写遗嘱，也包括利用打印机将此份遗嘱打印出来，[①] 故见证人应当就遗嘱制作的全过程进行见证。此外，若打印遗嘱有多份的，以防遗嘱被篡改，遗嘱人和见证人需在遗嘱的每一页签名，并注明年、月、日。

二、村民委员会代为打印的遗嘱不因其基层群众性自治组织的性质免除遗嘱形式要件的要求

村委会作为村民自我管理、自我教育、自我服务的基层群众性自治组织，在基层治理中发挥着重要作用。设立遗嘱本非村委会的职责所在，但囿于村民法律知识欠缺，村委会可以根据村民需要提供帮助设立遗嘱的服务。应当注意的是，村委会设立的遗嘱并非当然有效，在村委会帮助下设立的遗嘱必须符合法律规定的实质要件和形式要件方能认定有效。实践中，村委会可以通过代书、打印、录音录像等方式帮助村民设立遗嘱，其中最为常见的即为代书遗嘱和打印遗嘱。无论村委会通过何种形式帮助村民设立遗嘱，均应符合法律规定的遗嘱形式要件。

具体到本案，涉案遗嘱由村委会工作人员王某代为打印，遗嘱上仅有单某丁的签名、捺印，未有代书人王某及在场见证人单某戊的签名，也未注明日期，该遗嘱在形式上不具备代书遗嘱的有效要件。根据王某的陈述，设立遗嘱时无法确认单某丁的精神状态是清楚的，遗嘱内容系由单某乙口述，内容上也无法确认系被继承人的真实意思表示，属于无效的遗嘱。因此，应当按照法定继承的规则处理被继承人的遗产。

编写人：江苏省无锡市锡山区人民法院　王亦华

---

① 参考最高人民法院民法典贯彻实施工作领导小组主编：《中华人民共和国民法典理解与适用》，人民法院出版社2020年版。

40

自书遗嘱真实性的司法认定

——滕乙等诉滕丁继承案

【案件基本信息】

1. 裁判书字号

北京市第一中级人民法院（2020）京01民终6560号民事判决书

2. 案由：继承纠纷

3. 当事人

原告（被上诉人）：滕乙、滕戊、孙某

被告（上诉人）：滕丁

【基本案情】

滕甲与郭某系夫妻，两人共生有子女三人：长子滕乙，次子滕丙，女儿滕丁。滕甲于1992年10月15日因病去世注销户口，郭某于2010年5月25日去世。滕丙与郭丙婚后生有一子滕戊，2001年3月9日滕丙与郭丙离异。2004年6月8日，滕丙与孙某再婚。2016年3月20日滕丙因病去世。

305号房屋系在滕甲去世后，由郭某向其单位购买，使用女方工龄21年，男方工龄35年。2008年10月22日，郭某取得305号房屋的产权证。各方均认可305号房屋现值为600万元，滕乙、滕戊、孙某要求折价补偿，滕丁主张房屋所有权。

滕丁主张滕丙留有遗嘱，将滕丙继承的305号房屋的份额由滕丁继承，为此滕丁提交了日期为2015年12月16日滕丙签字的“致滕丁妹妹的信”，该信内容为：“鉴于咱大哥滕乙在咱妈病重住院直至去世，他对咱妈的病情不闻不问，漠不关心，让咱妈走得很伤心，对于这样的大哥我永远都不会原谅他。自咱妈退休后，一直是我妹滕丁照顾，咱妈留给咱俩中关村的房产，我的份额由我妹滕丁继承。我2015年因病住进309医院，我病重期间都由我妻孙某全天照料，我的儿子滕戊从没尽过作为儿子的义务，漠不关心，无情无义，与滕乙如出一辙，让我寒心至极，对于滕戊这个不孝之子，我永远都不想再见到他。为了支付高额的医疗费用，我与我妻卖掉了海淀区二里庄的住房，为了方便看病，我与我妻租住在医院附近，我看病所剩余额及属于我名下的财产全部由我妻孙某继承，与滕戊没有任何关系。另外，我身前身后的一切事情都由我妻和我妹全权处理，滕戊、滕乙无权插手我的任何事情，我永远都不想见到他俩。”后，各方当事人因继承纠纷诉至法院。

另查，经滕丁申请，法院委托中天司法鉴定中心对“致滕丁妹妹的信”全部书写内容及签字与样本中的字迹及签名是否为同一人书写进行鉴定，该中心出具情况说明：因目前样本材料多为签名字迹样本，其他字迹样本与检材内容字迹没有相同字，故此“致滕丁妹妹的信”中内容字迹不具备比对检验条件，不予受理全部书写内容字迹的鉴定委托，只对“滕丙”签名进行司法鉴定。对于签名的鉴定意见：检材中信的最后一行“滕丙”签名与样本签名是同一人所写。

【案件焦点】

2015年12月16日滕丙签字的遗嘱真实性如何认定。

【法院裁判要旨】

北京市海淀区人民法院认为：郭某去世时未留有遗嘱，其遗产应按法定继承处理，由其继承人滕乙、滕丙、滕丁继承。滕丁主张的滕丙已通过“致滕丁妹妹的信”用立遗嘱的方式将滕丙继承的中关村89楼305室中的遗产份额由其继承一节，因“致滕丁妹妹的信”中遗嘱内容的字体不具备比对检验条件，未能作出鉴定意见，故对该信中遗嘱内容是否为滕丙本人亲笔书写证据不足，滕丁应当承担举证不能的法律责任并承担不利后果，滕丙签名的“致滕丁妹妹的信”中的遗嘱内容无效。对于滕丙继承的其母亲遗产份额应按法定继承处理。滕丙继承的遗产房屋份额，为其与其妻孙某在婚姻关系存续期间所得的共同所有的财产，应先分出一半为孙某所有，另外一半为滕丙遗产，由孙某与滕戊继承。

据此，北京市海淀区人民法院判决：

一、郭某遗产305号房屋由滕丁继承；

二、滕丁于判决生效后六个月内给付滕乙房屋折价补偿款200万元；给付滕戊房屋折价补偿款50万元；给付孙某房屋折价补偿款150万元；

三、驳回滕乙、滕戊其他诉讼请求。

宣判后，滕丁提起上诉。

北京市第一中级人民法院经审理，判决：

一、维持北京市海淀区人民法院民事判决第一项；

二、撤销北京市海淀区人民法院民事判决第二项、第三项；

三、滕丁于本判决生效后六个月内给付滕乙房屋折价补偿款190万元；

四、滕丁于本判决生效后六个月内给付孙某房屋折价补偿款95万元；

五、驳回滕乙、孙某其他诉讼请求；

六、驳回滕戊的诉讼请求。

【法官后语】

一、自书遗嘱的形式真实与实质真实

自书遗嘱属于典型的私文书证。在民事诉讼中，无论是公文书证还是私文书证，任何书证的真实性均包含两层意义：形式真实与实质真实。前者是指文书记载的陈述内容由其制作者所为，后者是指文书记载的陈述内容对于待证事实具有证明价值 。具体到自书遗嘱，自书遗嘱的形式真实指自书遗嘱的记载内容均由遗嘱人亲笔书写完成，包括签名，注明年、月、日。自书遗嘱的实质真实指遗嘱记载的内容对遗产的处理具有证明价值，能够认定是遗嘱人的真实意愿，据此对遗产作出相应的处理。

形式真实与实质真实的区分，符合认识规律和证明的自然过程，因此，对书证真实性的判断，首先判断书证是否具备形式真实性，然后再判断书证是否具备实质真实性，如果书证不具备形式真实性，即无须再判断书证是否具备实质真实性。在审判实践中，当持有自书遗嘱的一方当事人向法院提交该遗嘱时，对方当事人往往以不知道遗嘱人立有遗嘱、自书遗嘱并非遗嘱人本人书写为由否认自书遗嘱的真实性，这针对的就是自书遗嘱的形式真实。对方当事人主张，自书遗嘱并非遗嘱人的真实意思表示，这针对的则是自书遗嘱的实质真实。在对自书遗嘱真实性的判断上，先判断形式真实性，在确认形式真实的基础上，再判断自书遗嘱的实质真实性。这是判断自书遗嘱真实性应当遵循的程序思维路径。

二、自书遗嘱真实性的举证责任

自书遗嘱的真实性包含形式真实与实质真实，自书遗嘱真实性的举证责任也相应分为两个层次：形式真实的举证责任和实质真实的举证责任。

对于形式真实的举证责任，根据《最高人民法院关于民事诉讼证据的若干规定》（2019年修正）第九十二条第一款规定，私文书证的真实性，由主张以私文书证证明案件事实的当事人承担举证责任。即主张以私文书证证明案件事实的当事人，应当承担对私文书证真实性的举证责任，如果对方认可私文书证的真实性，当然可以免除提出书证一方当事人的证明责任；如果对方对书证的真实性提出异议，那么不是让对方提供反证，而是要求提出书证的一方当事人承担证明责任，此时，提出书证的一方当事人需要申请鉴定或者继续举证，否则就要承担举证不能的不利后果。在继承纠纷中，由于自书遗嘱完全由遗嘱人自行完成，而发生争议时，遗嘱人已经去世，故对于自书遗嘱真实性的判断往往要通过鉴定来辅助确认。根据前述规定，应由持有遗嘱并主张遗嘱真实一方承担遗嘱真实性的举证证明责任，由该方提出鉴定申请，在因无足够的鉴定对比样本而导致遗嘱笔迹鉴定不能的情况下，法官对该遗嘱的真实性不予采信。

为了简化对私文书证形式真实的证明，《最高人民法院关于民事诉讼证据的若干规定》（2019年修正）第九十二条第二款进一步规定，私文书证由制作者或者其代理人签名、盖章或捺印的，推定为真实。此处的推定，是从已知的基础事实推论未知的推定事实，即在提出书证的当事人已证明私文书证由制作者或者其代理人签名、盖章或捺印的基础事实上，推定私文书证所记载的陈述内容由其制作者所为或者认可。

有争议的一个问题是，对自书遗嘱，是否适用《最高人民法院关于民事诉讼证据的若干规定》（2019年修正）第九十二条第二款。笔者认为，《最高人民法院关于民事诉讼证据的若干规定》（2019年修正）第九十二条第二款所规定的推定是一种法律上的立法技巧，目的是减轻援引私文书证一方当事人的举证责任，来平衡当事人之间的利益，当然，这种推定可以被否定或者被推翻，且推定并不改变第九十二条第一款规定的举证责任。例如，在自书遗嘱的内容笔迹、书写用笔的墨迹与签名存在明显差异的情况下，法官就不能作出这种推定；或者，有证据证明，遗嘱人文化水平有限，除签署自己姓名外，不可能书写遗嘱内容，推定就应当被推翻。但如果要求自书遗嘱的全部内容，包括签名、日期都通过鉴定确认是遗嘱人亲笔书写，由于完成鉴定需要较为严格苛刻的条件，对遗嘱全文进行笔迹鉴定确实存在客观困难，将导致大量自书遗嘱得不到确认，违背遗嘱人的真实意愿，故笔者认为，在对自书遗嘱的真实性进行判断时，可以适用第九十二条第二款。

对于自书遗嘱实质真实的举证责任，法律依据仍然是《最高人民法院关于民事诉讼证据的若干规定》（2019年修正）第九十二条第一款，私文书证的真实性，由主张以私文书证证明案件事实的当事人承担举证责任。但在形式真实已经得到确认的前提下，根据第九十二条第二款，这种推定同时也是对私文书证实质真实性的推定，即在认定自书遗嘱由遗嘱人亲笔书写，签名，注明年、月、日的基础上，推定该自书遗嘱具备实质真实性。如果对方当事人主张，自书遗嘱并非遗嘱人的真实意思表示，此时，应当由其负举证证明责任，对方当事人如果不能证明自书遗嘱并非遗嘱人的真实意愿，就应当认定自书遗嘱的实质真实性。

三、自书遗嘱真实性的证明标准

在自书遗嘱真实性的判断问题上，必然涉及自书遗嘱真实性的证明标准。证明标准也称证明要求、证明度，是指在诉讼证明活动中，对于当事人之间争议的事实，法官根据证明的情况对该事实作出肯定性或者否定性评价的最低要求。《最高人民法院关于适用〈中华人民共和国民事诉讼法〉的解释》第一百零八条规定，“对负有举证证明责任的当事人提供的证据，人民法院经审查并结合相关事实，确信待证事实的存在具有高度可能性的，应当认定该事实存在。对一方当事人为反驳负有举证证明责任的当事人所主张事实而提供的证据，人民法院经审查并结合相关事实，认为待证事实真伪不明的，应当认定该事实不存在。法律对于待证事实所应达到的证明标准另有规定的，从其规定”。第一百零九条规定，“当事人对欺诈、胁迫、恶意串通事实的证明，以及对口头遗嘱或者赠与事实的证明，人民法院确信该待证事实存在的可能性能够排除合理怀疑的，应当认定该事实存在”。可见，对于口头遗嘱的证明，需要达到排除合理怀疑的证明标准，而对于其他遗嘱包括自书遗嘱的证明，人民法院确信待证事实的存在具有高度可能性的，就应当认定该事实存在。

本案中，从证明标准角度看，检材中信的最后一行“滕丙”签名系滕丙本人所签，基于现有条件，对遗嘱全文是否为滕丙本人所书写，无法通过鉴定程序来予以认定，但这不等于该遗嘱并非滕丙本人书写，该份遗嘱书证主文字迹、书写用笔的墨迹与落款处滕丙的签字并无明显区别，从形式上看较为一致，同时，从自书遗嘱内容看，其中的一些表述细节符合遗嘱人的身份，与案件中的其他证据能够相互印证，进一步增强了法官的内心确信，能够达到高度盖然性的证明标准，在无相反证据的情况下，应当认定滕丙遗嘱的真实性。

编写人：北京市第一中级人民法院　何锐

41

调解类电视栏目视频录像证据效力的正确认定

——王甲诉王乙等遗嘱继承案

【案件基本信息】

1. 裁判书字号

山东省淄博市中级人民法院（2020）鲁03民终2649号民事判决书

2. 案由：遗嘱继承纠纷

3. 当事人

原告（被上诉人）：王甲

被告（上诉人）：王乙、王丙、王丁

被告：王戊、王己

【基本案情】

原告王甲和被告王戊、王乙、王丙、王丁、王己系被继承人韩某的子女。被继承人韩某于2015年2月5日死亡。韩某名下登记所有（1991年登记）房屋四间。在1976年3月6日分家析产的协议中，明确记载涉案西屋两间、大栏一间、大门一座及院落归原、被告父母（王庚、韩某）所有，该记载与1991年韩某的房屋产权证及附图记载一致，能够证实韩某对涉案西屋两间、大栏一间、大门一座及院落享有所有权。经法院到涉案房屋现场察看，现仅存有西屋两间，大栏一间、大门一座均已不存在。王甲提起本案诉讼要求确认对韩某遗留的房屋拥有100%继承权。

证明人王A、吕某、王B于2014年12月31日出具证明，证实其受韩某委托在韩某百年之后其一切房产归王甲继承，有录音证明，其他人无权继承。但王甲并未提交其母韩某录音遗嘱的原始载体及录音资料；且在法院对王A、吕某及王B的调查笔录中，听过录音的证明人王B、吕某均陈述给韩某录音时不在场；而王A却陈述是听韩某亲口说将房屋给王甲，没有录音。且三人亦均不是王甲主张其母韩某录音遗嘱的见证人。

韩某生前，市电视台相关栏目曾对原被告双方之间的家庭纠纷进行调解，王甲提交电视台栏目第4至5分钟时间段的视频录像，栏目中的热心大妈在调解过程中问韩某，韩某仅是点头示意，当时参与调解的各方未能达成调解协议。

【案件焦点】

调解类电视栏目视频录像证据效力应如何正确认定。

【法院裁判要旨】

山东省淄博市张店区人民法院经审理认为：涉案房屋于1991年经登记机关确认为韩某所有，为韩某个人财产。原告提交遗嘱录音、证明等证实韩某生前表示将房屋留给原告，该录音形成于2014年12月31日之前。原告提交的市电视台相关调解栏目视频形成于2015年，在视频中韩某明确表示将房产留给原告。以上两份视听证据，相互印证，意思表示一致，是韩某真实意思的表示，对以上两份视听证据予以采信。韩某名下登记的房屋四间中，南屋两间已被拆除，西屋两间存在。原告主张按照遗嘱继承韩某名下西屋两间符合法律规定，予以支持。据此，一审判决确认韩某名下西屋两间由王甲继承。

王乙、王丙、王丁不服一审判决提起上诉。山东省淄博市中级人民法院经审理认为，本案争议焦点为王甲主张确认其对母韩某遗留的房屋享有100%的继承权是否具有事实及法律依据。对此，王甲为了证实其诉讼请求成立，一是提交了2014年12月31日由证明人王A、吕某、王B出具的证明，主要证明王甲母亲有过录音遗嘱，将其房产全部由王甲继承；二是提交电视台相关调解栏目的视频录像第4至5分钟时间段，其中热心大妈问韩某，韩某明确表示将房屋给王甲。但王甲在本案审理过程中，并未提交韩某的录音遗嘱原始载体及录音资料，且王A、吕某、王B三人对同时于2014年12月31日在王甲家的陈述事实相矛盾，且均不是王甲主张其母亲韩某录音遗嘱的见证人。故王甲主张其母立有“录音遗嘱”及以王 A、吕某、王 B 签字的证明证实王甲母亲立有“录音遗嘱”，不符合《中华人民共和国继承法》第十七条第四款、第十八条的规定，于法无据。同时，王甲主张证明人王 A、吕某、王 B 于 2014 年 12 月 31 日签字的证明条系代书遗嘱，但上述证明人王 A、吕某、王 B、王戌于 2014 年 12 月 31 日签字的证明条的形式及记载内容，均不符合《中华人民共和国继承法》第十七条第三款的规定，不属于代书遗嘱。关于王甲提交的电视台相关栏目第 4 至 5 分钟视频录像的证据效力问题。该栏目属于调解类栏目，参与调解的各方并未达成调解协议；该视频录像仅是第 4 至 5 分钟的情形，不是整个调解过程的全部情形，且只是热心大妈在调解过程中问韩某，韩某仅是点头示意；栏目调解过程中当事人发表的意见，不能直接作为认定案件事实的依据，即不能作为韩某生前赠与或所立遗嘱予以认定。综上，王甲要求确认对韩某遗留的房屋拥有 100% 继承权的诉讼请求，证据不足，不予支持。据此，二审判决：

驳回王甲的诉讼请求。

【法官后语】

本案主要涉及调解类电视栏目视频录像证据效力的正确认定问题。

近年来，随着矛盾纠纷多元化解机制的建立和完善，不少电视台也专门设置了调解类栏目。但关于调解类电视栏目视频录像的证据效力问题，司法实践中认识不一。本案中原告提供的电视台栏目第 4 至 5 分钟视频录像正是典型的调解类电视栏目视频录像。关于该证据，一审法院对其证明效力予以确认并采信，二审法院则认为电视台栏目调解过程中当事人发表的意见不能直接作为认定案件事实的依据。因而司法实践中对于该类调解类电视栏目视频录像证据效力的认定问题无疑是正确审理此类案件的关键。

从调解类电视栏目视频录像本身来看，其在民事诉讼证据中属于视听资料的范畴。因此，要想正确认定调解类电视栏目视频录像的证据效力，就必须对视听资料在实务中的认定予以准确把握。视听资料又称“音像资料”，是指借助电磁、光电、电子计算机设备等技术手段所记载和再现的声音、图像、数据等信息资料，是以图像和声音形式证明案件真实情况的证据，包括与案件事实有关的录音、录像、照片、胶片、声卡、视盘等。视听资料作为新的证据形式，是《中华人民共和国民事诉讼法》规定的八种法定证据形式之一，它具有直观、清晰、形象的特点，有助于司法机关客观公正地了解案情。但同时其因制作过程容易受到仪器设备、操作水平、环境条件的影响，加之其本身容易被伪造、添加、删减等，其易存在虚假的可能性。故对其只有经过严格的审查判断，才能作为定案的依据。《最高人民法院关于适用〈中华人民共和国民事诉讼法〉的解释》第一百一十六条规定："视听资料包括录音资料和影像资料。电子数据是指通过电子邮件、电子数据交换、网上聊天记录、博客、微博客、手机短信、电子签名、域名等形成或者存储在电子介质中的信息。存储在电子介质中的录音资料和影像资料，适用电子数据的规定。"第一百零四条规定，人民法院应当组织当事人围绕证据的真实性、合法性以及与待证事实的关联性进行质证，并针对证据有无证明力和证明力大小进行说明和辩论。能够反映案件真实情况、与待证事实相关联、来源和形式符合法律规定的证据，应当作为认定案件事实的根据。据此，司法实践中人民法院对视听资料的审查判断，应当重点把握如下三个方面：

一、视听资料应当系原件且内容真实未经过剪辑、删改等，即必须确保视听资料的真实性和完整性

《最高人民法院关于民事诉讼证据的若干规定》第十五条规定，当事人以电子数据作为证据的，应当提供原件。电子数据的制作者制作的与原件一致的副本，或者直接来源于电子数据的打印件，或其他可以显示、识别的输出介质，视为电子数据的原件。第二十三条规定，人民法院调查收集视听资料、电子数据，应当要求被调查人提供原始载体。提供原始载体确有困难的，可以提供复制件。提供复制件的，人民法院应当在调查笔录中说明其来源和制作经过。当事人以视听资料作为证据的，应当提供存储该视听资料的原始载体。如同书证、物证一样，视听资料也适用最佳证据规则，调取视听资料应当调取原件。取得原件确有困难的，可以调取副本或者复制件，但应当附有不能调取原件的原因、

复制过程和原件存放地点的说明，并由制作人员和原视听资料持有人签名或者盖章。因此，对于调解类电视栏目视频录像而言，当事人将其提供作为证据的，首先必须将其原始完整的视频录像予以提供。

二、视听资料应当具备合法性和关联性

虽然视听资料具备传统证据形式所不具备的一些特点，但其作为证据形式的一种，与其他形式的证据一样，应当在保证真实性的基础上具备证据的合法性和关联性。当然证据的真实性是指证据形式上的真实性，即用于证明案件事实的视听资料必须在形式上是真实的；而证据的合法性和关联性则是对证据在内容上的基本要求。其中证据的合法性是指作为证据的收集主体、形式、内容、程序或提取方法必须符合法律的有关规定；证据的关联性是指作为民事证据的视听资料与案件待证事实存在内在联系。作为调解类电视栏目视频录像而言，既然是电视台制作完成，其在合法性上通常不会存在问题，毕竟电视台制作节目一般不会采取非法手段；但在关联性上，其节目内容所反映的情况是否与案件待证事实具有内在联系，则需要由人民法院根据节目内容进行具体判断。

三、视听资料应当结合其他证据予以综合认定

《中华人民共和国民事诉讼法》第七十四条规定，人民法院对视听资料，应当辨别真伪，并结合本案的其他证据，审查确定能否作为认定事实的根据。故司法实践中对于视听资料证据效力的审查判断，应结合案件的其他证据予以综合审查认定。而调解类电视栏目视频录像亦是如此。如果调解类电视栏目视频录像内容中能够明确具有当事人所想证明的事实内容，则其可以直接作为定案证据。但现实中往往是仅凭节目内容难以判断是否能够直接证明待证事实，毕竟调解类电视栏目从内容上来看更多的是在调解，其中的很多内容都具有不确定性，其内容到底能否具有证明力需要结合案件其他证据进行综合认定。

具体到本案中，涉案电视台栏目明显属于调解类电视栏目，在原告提供的该电视栏目录像中，参与调解的各方并未达成调解协议；该视频录像也仅是第4至5分钟的情形，不是整个调解过程的全部记录，且只是热心大妈在调解过程中问韩某，韩某仅是点头示意。因此，该电视栏目录像从内容上来看并不具

有直接明确证明原告主张的证明效力，也就是说，本案中电视台栏目调解过程中当事人发表的意见不能作为认定案件事实的依据，即不能作为韩某生前赠与或所立遗嘱来加以认定。综上，一审法院对该证据予以直接认定不当，二审法院在经过审理后对该证据未予认定无疑是正确的。

编写人：山东省淄博市张店区人民法院　刘晓辉

山东省淄博市中级人民法院　荣明潇

42

亲子关系推定的限制

——王甲诉徐乙继承案

【案件基本信息】

1. 裁判书字号

北京市第三中级人民法院（2019）京03民终14672号民事判决书

2. 案由：继承纠纷

3. 当事人

原告（被上诉人）：王甲

被告（上诉人）：徐乙

【基本案情】

徐甲于2014年9月19日死亡，徐乙为徐甲与前妻李某之女儿。王甲于2007年2月19日出生于美国加利福尼亚州洛杉矶，在出生证明上记载的母亲名字处为WANGMOU，父亲名字处为空白。位于海淀区房屋以及朝阳区房屋原均登记于徐甲名下。2016年1月29日，北京市东方公证处分别出具（2016）京东方内民证字第01696××及016××号公证书，以被继承人徐甲的父母均先于徐甲死亡，徐甲和其配偶李某于1993年1月19日离婚，且徐甲在离婚后未再婚，徐甲的独生女徐乙要求继承徐甲的上述遗产为由，证明被继承人徐甲的上述遗产由其独生女徐乙一人继承。依上述公证书及其他相关材料，该房屋于2016年12月20日及27日分别转移登记至徐乙名下。

王甲现持有一份打印遗嘱，内容为："本人徐甲69岁，因近期查体情况不好，随时可能发生危险，故于2014年5月20日情形状态下自愿立此遗嘱：我的两套房子全部留给爱女王甲。我的现金、汽车、书、碟和一只猫（名叫blue）全部留给王甲处理。我爱你们！"立遗嘱人处有徐甲手写的签字。打印遗嘱正文中，在"69岁"处，手写地将"9"划去，改为"8"，并在旁边签有徐甲的名字，在最后一段将"处理"二字涂掉，并在旁边签有徐甲的名字。

针对遗嘱的制作过程，王甲表示上述遗嘱系由徐甲在北京市家中自行打印并修改签字，当时在场的人员包括徐甲的好友刘某以及合作伙伴万某。后王甲、徐乙因继承权纠纷诉至法院。

【案件焦点】

1. 遗嘱的法律性质及效力；2. 王甲是否为徐甲的法定继承人，能否基于遗嘱继承诉争房产。

【法院裁判要旨】

北京市通州区人民法院经审理后判决：

一、位于北京市朝阳区光华西里房屋及位于北京市海淀区北三环中路房屋由原告王甲继承；

二、被告徐乙于本判决书生效之日起十五日内协助原告王甲办理上述两套房屋的过户手续。

徐乙不服一审判决，提起上诉。

北京市第三中级人民法院经审理认为：1. 涉案遗嘱具备自书遗嘱的形式要件且系徐甲真实意思的反映。涉案遗嘱主文内容虽系打印形成，但综观遗嘱的全文，徐甲对于打印内容的前、中、后部分的三处文字部分进行了手写修改，并在修改位置的空白处均进行了签字确认，最后在遗嘱的立遗嘱人处亦手写了签名，刘某、万某两位证人出庭作证分别陈述了见证徐甲斟酌修改涉案遗嘱的过程。两位证人的证言内容与涉案遗嘱文本等其他证据之间可以相互印证，已形成较为完整的证据链，足以初步证实涉案遗嘱系徐甲本人制作完成，系其真实意思表示。本案现有证据可以证实系徐甲本人完成了涉案遗嘱的制作修改过程并签名，该遗嘱可以认定为自书遗嘱。

2. 依本案现有情况，不应启动血缘鉴定。首先，王甲一方不同意进行血缘关系鉴定，强制要求其鉴定势必涉及对其人身实施强制，有违自愿原则。其次，王甲尚未成年，其现年满13周岁，依该年龄相应的认知水平，其对亲子鉴定的性质、作用、目的等均已具有一定认知，故无论鉴定结果如何，该鉴定行为本身势必对其心理造成重大负面影响，此亦系本案不宜启动亲子鉴定的重要考量因素。最后，亲子鉴定作为一种科学证据方法，亦有其自身局限性，兄弟姐妹之间血缘鉴定的准确率远低于父母子女之间鉴定的准确率，尚达不到准确认定真实血缘关系的程度，在徐甲已去世的情况下，通过启动徐乙与王甲之间的血缘鉴定，在徐乙与徐甲之间存在亲子关系的前提下亦无法保证鉴定结果可以客观反映王甲与徐甲之间的亲子关系。故对徐乙要求通过血缘鉴定方式以确定亲子关系的请求，法院不予采纳。

王甲不同意血缘鉴定，并不能据此推定其与徐甲不存在亲子关系。认定亲子关系应当兼顾身份关系的真实性和身份法律关系的安定性，提出亲子异议的权利人限于父母及成年子女，并不包括兄弟姐妹在内的其他亲属，且无论是请求确认或否认亲子关系均应首先承担相应的举证责任，形成合理的证据链条证明当事人之间可能存在或者不存在亲子关系，人民法院经审查并结合相关事实，认为确有必要的，才应准许当事人关于亲子鉴定的申请，此时对方拒绝配合进行亲子鉴定的，法院可推定亲子关系的存在或不存在。兄弟姐妹并非要求确认或否认亲子关系的权利人，当事人要求与同父（母）异母（父）的兄弟姐妹进行血缘关系鉴定以确认或否认亲子关系的，不应适用亲子关系的推定原则。本案中，徐甲本人已经去世，徐乙要求通过血缘关系鉴定的方式确定徐甲与王甲之间的亲子关系存在与否，不符合上述司法解释以及即将实施的民法典相应规定精神，王甲拒绝鉴定行为亦不应适用前述司法解释中的推定原则，据此否定其与徐甲之间的亲子关系。

本案中，可以认定王甲具有徐甲法定继承人身份，并依据涉案遗嘱继承诉争房产。亲子鉴定确系鉴别亲子关系的一个有效方法，但并非唯一方法，在未进行亲子鉴定的情形下同样可通过其他证据综合分析，作出正确判断。就本案而言，在涉案遗嘱中徐甲称王甲为其“爱女”，该遗嘱是徐甲的真实意思表示，可见徐甲本人认可其与王甲之间的亲子关系；结合王甲一方提供的其出生时以及成长过程的大量照片、证人证言等在案证据材料，可以证实徐甲与王某虽未登记结婚，但长期共同生活，王甲出生后亦由徐甲、王某共同养育并以一家人相称，即王甲系在徐甲、王某共同生活期间出生，且后者对王甲存在事实上的抚养关系；徐甲去世后，在其葬礼中由王甲怀抱徐甲遗像，按照我国社会的传统习俗，葬礼中一般由逝者的子女怀抱遗像，包括徐乙在内的徐甲家人未就王甲上述行为提出反对，亦佐证了徐甲与王甲以父女相称相待，而徐甲家人亦知悉认可上述情况。综合上述论述，依据本案现有证据及具体情况，法院有理由相信徐甲与王甲之间存在亲子关系这一事实。

北京市第三中级人民法院判决：

驳回上诉，维持原判。

【法官后语】

在非婚生父（母）或子女一方去世后，相关权利人因遗产继承等与身份相关的权利发生争议时，对于亲子关系应如何认定，应否启动亲属间的血缘鉴定以确定或排除亲子关系，以及在相对方不予配合的情况下能否作出不利推定等往往成为双方争议的焦点。对此，法律及司法解释并无明确规定，理论界及实践领域亦尚未形成统一观点，结合本案，笔者认为可参考以下原则及方式进行考量和处理。

1. 主张确认非婚生子女与父母存在亲子关系的一方，对于双方存在亲子关系的事实负有举证责任。

对于婚生子女，我国法律、司法解释虽均未明文规定婚生子女的推定规则，但此确为我国司法实践中所遵循的一般规则，即直接推定夫妻婚姻关系存续期间所生育子女与该夫妻之间具有亲子关系，而无须当事人对此另行举证证实，反之，提出否定前述亲子关系一方则需要提供相反证据以推翻上述推定。

对于非婚生子女而言，一方面，因父母之间并无法律认可的有效和稳定婚姻关系，使得其与父母的血缘关系较之婚生子女具有更大的不确定性；另一方面，非婚生子女亲子关系的确认，通常导致现有身份关系以及相关衍生权利义务的变化，亦可能对既有的家庭结构造成冲击和影响，因而对于非婚生子女的亲子关系的确认，应由主张存在亲子关系一方承担相应的举证责任，对该事实加以证明。

2. 亲子鉴定并非确认亲子关系的唯一方式，法官可通过现有证据及案件事实对是否存在亲子关系作出事实推定；在法官据此作出初步推定后，相对方否认推定事实存在的，负有提供反证以推翻上述推定的义务。

推定是根据某一事实的存在而作出的与之相关的另一事实存在或不存在的假定，其可免除主张推定事实的一方当事人的举证责任，从而把证明不存在推定事实的证明责任转移于对方当事人。推定依有无法律规定为标准，可分为法律推定及事实推定。法律推定是指法律明确规定的推定，而事实推定则是指法律没有明确规定，法官依据经验法则和逻辑推理，从已知事实推定事实存在的假定。亲子关系存在与否作为案件事实的一种，可以适用事实推定的方式予以认定。

在父（母）或子女一方去世的情形下，一般情况下无法再行通过亲子鉴定的方式确认亲子关系，而通过与去世一方其他亲属血缘鉴定的方式确定亲子关系的准确率，尚不足以达到准确认定的程度，如兄弟姐妹之间的鉴定的准确率在60%~80%。此种情形下，可通过对相关证据及案件事实进行综合分析，运用生活经验及逻辑法则对是否存在亲子关系作出推定判断。实践中，笔者认为可着重围绕几个方面的事实进行审查：一是相关凭证记载，如子女的出生证明中记载的父母姓名，发生争议前个人既往档案、履历中所记载的父母子女情况等；二是双方共同生活的情况，是否存在父母对子女抚养教育的事实，子女对父母生养死葬的事实；三是双方之间对内对外对其身份关系的确认情况，包括双方相互之间以及对外是否以父母子女名义相称，去世一方生前对双方关系的自认等；四是其他家庭成员以及朋友、邻居等其他公众对双方亲子关系的认知情况等。

在法官结合查明的前述事实对存在亲子关系作出初步推定后，相应证明责任即转移至相对方，相对方否认推定事实存在的，则应提出相应反证以推翻上述推定，否则即应承担举证不能的不利后果即法院认定推定事实存在。司法实践中，对于下列重要反证应予着重审查，即父母一方不具备生育能力的诊断证明等证据、怀孕时父母双方未同居的证据、子女与他人存在亲子关系的证据等。

3. 其他亲属要求通过血缘鉴定方式以确定或否认去世一方与相对方亲子关系的，在相对方不同意进行鉴定的情形下，不适用《最高人民法院关于适用〈中华人民共和国民法典〉婚姻家庭编的解释（一）》第三十九条确立的推定规则。

《最高人民法院关于适用〈中华人民共和国民法典〉婚姻家庭编的解释（一）》第三十九条规定，父或者母向人民法院起诉请求否认亲子关系，并已提供必要证据予以证明，另一方没有相反证据又拒绝做亲子鉴定的，人民法院可以认定否认亲子关系一方的主张成立。但在父（母）或子女一方去世后，其他家庭成员要求通过血缘鉴定的方式以确定或否认亲子关系的，相对方不同意进行鉴定的情形下，不应比照适用上述推定规则。理由在于：其一，上述规定所确立的推定规则的基础在于，现代科技的发展使得亲子鉴定具有极高的准确率，且鉴定检材的收集方式不会对人体健康造成损害，在一方当事人已经就其所提出存在或不存在亲子关系的主张提出了相当的证据，但穷尽其举证能力仍不足以证实其主张成立的情况下，申请通过亲子鉴定的方式证明其主张，另一方无正当理由不同意鉴定，依据举证负担的公平原则，推定提出确认或否认亲子关系一方的主张成立。而如前文所述，其他亲属之间的血缘关系鉴定准确性不高，尚不足以据此对亲子关系作出准确认定，因此不具备适用前述推定规则的基础。其二，亲子鉴定仅是据以判断亲子关系存在与否的证据之一，而并非判断亲子关系的唯一方法。其三，亲子鉴定可能会对现有家庭结构造成极大冲击，故我国法律、司法解释对于提起亲子关系否认之诉的权利人的范围以及启动条件进行了限制。举重以明轻，除父母子女之外的其他亲属无权提起亲子关系否认之诉，自然亦应对其通过血缘鉴定的方式以否定亲子关系的存在予以限制。

编写人：北京市第三中级人民法院 赵霞 杨俊逸

（三）遗赠纠纷

43

军产房的分割应当考虑房屋性质来源等因素

——北某诉史某遗赠案

【案件基本信息】

1. 裁判书字号

北京市第一中级人民法院（2020）京01民终8833号民事判决书

2. 案由：遗赠纠纷

3. 当事人

原告（被上诉人）：北某

被告（上诉人）：史某

【基本案情】

乔某与史甲于1966年7月登记结婚，婚后生育史某。后乔某与史甲于1976年12月11日经法院调解离婚，约定史某归史甲抚养。1982年9月30日，乔某与宋某结婚，二人未生育子女。乔某于2015年12月25日去世，宋某于2018

年12月12日去世。庭审中，史某确认与宋某不存在抚养关系。

乔某生前系军队正师职离休干部，其与宋某生前居住在58号房屋中。乔某去世后，宋某（乙方）与某干休所（甲方，以下简称干休所）于2018年4月8日签订《军队现有住房出售协议书》，约定甲方将58号房屋一套出售给乙方，后宋某取得该房屋的产权证，登记在其名下，产权证编号为京军×市不动产权第×××号，产权证中权利性质栏中记载为“军队经济适用住房价格”。

2018年8月20日，宋某留有手写《遗嘱》一份，将涉案房产中属于其的份额全部遗赠给北某（本人朋友的儿子），其他任何人无权享有。落款立遗嘱人处有宋某签名、手印及手书日期。宋某去世后，北某于2018年12月29日作出《接受遗赠声明》，表示其已知晓宋某所立上述遗嘱，并表示愿意接受宋某遗赠的上述房产份额。

关于58号房屋的权属，干休所出具的住房情况说明中记载：58号房屋系按照军队安置离退休人员政策给予乔某居住并由其个人承租。乔某去世后，按照军队的相关政策用乔某本人的住房补贴并以经济适用房价格来购买此房，未曾用到其配偶宋某的工龄和钱款。另外依照军队以及住建委的相关规定，若军人已故，可由其配偶来办理购房手续。就房屋的分割方式，双方在庭审中均表示同意按照份额进行分割。

【案件焦点】

史某、北某对于58号房屋享有的继承份额。

【法院裁判要旨】

北京市海淀区人民法院经审理认为：宋某系乔某的配偶，根据有关政策，乔某去世后，宋某作为乔某的遗孀，有权办理购房手续购买58号房屋，实际上宋某也使用了乔某生前所遗留的住房补贴购买了58号房屋，并登记在宋某名下，该房应属于宋某与乔某的夫妻共同财产。乔某去世后未留有遗嘱，故其在58号房屋中的份额应按照法定继承办理，由宋某、史某各继承50%的所有权份额。现宋某已去世，其留有遗嘱将其在58号房屋的份额全部遗赠给北某，北某亦已表示接受遗赠。通过录像及心理健康测试报告，可以认定该遗嘱系宋某本人的真实意思表示，应属合法有效。

综上所述，北京市海淀区人民法院依照《中华人民共和国继承法》第三条、第五条、第十条、第十三条、第十六条、第二十六条，《中华人民共和国民事诉讼法》第六十四条之规定判决：宋某名下位于北京市海淀区58房屋由北某、史某继承所有，其中北某占四分之三所有权份额，史某占四分之一所有权份额。

史某不服原审判决，提起上诉。北京市第一中级人民法院经审理认为：58号房屋原系军队根据乔某的职级按照安置离退休人员政策分配给乔某租住使用的住房。乔某去世后，宋某于2018年4月8日与干休所签订了《军队现有住房出售协议书》，使用乔某名下住房补贴购买，产权登记在宋某名下。宋某去世前将其在58号房屋中的份额遗赠给北某，北某在法定期限内表示接受。现就该房屋继承分割问题，受遗赠人北某与继承人史某无法协商一致，引发本案诉讼。

产权原属于军队、由个人租住的军产房，因政策性房改而使用军人配偶一方的住房补贴购买取得产权后，在离婚、继承等分割时，由夫妻双方或继承人协议处理，并向军队管理单位报备；协议不成时，由人民法院根据房产的具体情况，结合房产来源、出资、军队职业折扣、夫妻双方军（工）龄折扣、是否影响另一方福利分房资格等因素，公平合理地予以分割。

具体到本案争议房产，从最初来源来看，产权原属军队，后军队根据乔某正师级身份对应的住房建筑面积待遇分配给乔某租住使用；从购房主体来看，乔某去世前，58号房屋应由且仅能由乔某本人购买，乔某去世后，宋某基于乔某配偶即合法继承人身份办理购房手续。换言之，58号房屋虽由宋某个人与干休所签订售房协议，但本质上仍基于与乔某特殊的身份关系；从购房出资来看，购房款全额使用乔某名下住房补贴，因乔某前后有两段婚姻，根据《关于乔某同志住房补贴计算方式的说明》，其住房补贴按照对应时期应具体分为四部分：与史甲婚前约18.92万元，与史甲婚内约11.8万元，与宋某婚前约6.47万元，与宋某婚内约7.96万元。考虑到住房补贴转换为房产的巨大价值，优先考虑使用两段婚姻关系存续期间的住房补贴购买58号房屋。经本院核算，仅考虑购房出资，乔某应占58号房屋约67%的份额，宋某约占13%的份额，史甲约占20%的份额。另外，宋某在购买58号房屋时承诺未在地方购买或集资建有住房，可以认定宋某因购买58号房屋丧失在本单位福利分房资格，且宋某与乔某共同生活30余年，对其份额，可予以适当照顾。

综合以上因素，58号房屋虽系乔某去世后由宋某购买，但在乔某去世前已分配给乔某居住使用，且与乔某本人军人身份、军龄、职级待遇等密切相关，购房款亦使用乔某不同婚姻阶段前后购房补贴支付，应当依法确认乔某、史甲、宋某在58号房屋中所占份额。一审法院以58号房屋属于乔某与宋某夫妻共同财产为由，径行确认宋某享有58号房屋一半份额不当，予以纠正。结合史甲、乔某、宋某先后去世发生的继承效果以及本案继承人、遗赠等具体情况，酌情确定北某、史某在58号房屋中的继承份额。依据《中华人民共和国继承法》第五条、第十六条、第二十六条，《中华人民共和国婚姻法》第十七条，《中华人民共和国老年人权益保障法》第三条、第二十二条，《中华人民共和国民事诉讼法》第一百七十条第一款第二项之规定，判决如下：

一、撤销北京市海淀区人民法院民事判决；

二、宋某名下位于北京市海淀区58房屋由北某、史某继承所有，其中北某占49%的所有权份额，史某占51%的所有权份额。

【法官后语】

本案是继承人基于遗产分割请求，提起的有关军产房分割的继承诉讼。争议的核心问题是如何确定被继承人对于军产房所占份额。现分述如下：

一、军产房分割的特殊性

军产房，顾名思义是指在国家划拨给军队的土地上建筑的房屋，其来源、建设、分配等都与普通房产不同，具有一定的特殊性。首先，军产房的取得、面积与军人一方的职级密切相关，尤其随着军人一方职级的调整，房屋也可随之调整；其次，军产房往往经历从租住到购买的过程，购买军产房多使用军人一方的住房补贴直接划扣支付，且购买时的折扣价格亦考虑军人一方的军龄、职级待遇等方面因素；最后，实践中，军队允许军人一方去世以后，配偶或其他合法继承人办理购房手续购买军产房，故军产房受部队政策的指导性较强。

基于军产房的特殊性，在司法实践中虽对于因军人身份取得的房屋统称为军产房，但具体情况却纷繁复杂：（1）购房者身份。一方具备军人身份或双方均具备军人身份，购房者为军人本人或军人配偶。（2）购买时间。军人去世前购买，军人去世后购买。（3）登记情况。登记在军人一方名下，还是配偶名下。（4）出资情况。是否使用军人一方住房补贴，占全部购房款的比重，剩余价款使用夫妻共同财产还是一方个人财产支付。（5）房屋取得时间。军人一方婚期已获分配，还是婚内取得，是否存在随职级变动调整的情况。其中尤以军人一方婚前取得，去世后，非军人一方签订购房合同购买，产权登记在个人名下，使用部分军人住房补贴支付购房款且折抵非军人一方工龄较为复杂。从性质界定到出资厘清、份额划分等都颇为棘手。更鉴于军产房整体难以上市交易、价值评估，年代久远，取得时房屋市值更难以确定，使得涉军产房分割案件在不同审级、不同地区法院间观点不一、裁判标准差异较大。

二、如何分割军产房

军产房因与军人一方特殊身份紧密相关，在分割时，应依法确认军人一方的份额，尤其在军产房并非婚内分配、购房补贴也涵盖婚前时期的情况下，应当依法保障军人再婚前配偶一方的合法财产性权益。目前，对于军产房的分割并无直接明确的规范性文件，结合处理军产房案件的具体情况，归纳如下思路：产权原属于军队、由个人租住的军产房，因政策性房改而使用军人配偶一方的住房补贴购买取得产权后，在离婚、继承等分割时，由夫妻双方或继承人协议处理，并向军队管理单位报备；协议不成时，由人民法院根据房产的具体情况，结合房产来源、出资、军队职业折扣、夫妻双方军（工）龄折扣、是否影响另一方福利分房资格等因素，公平合理地予以分割。

具体到本案，查明乔某住房补贴总额以及购房使用额度，结合乔某不同婚姻阶段前后购房补贴发放情况，确认两段婚姻关系存续期间购房补贴出资购房情况，在纯购房补贴出资购房比例的基础上，结合案件具体情况，查明再婚共同生活30余年，且宋某因购买军产房丧失了在本单位福利分房资格，从老年人权益保护的角度出发，对于份额进行适当调整，依法保护各方当事人的合法权益。

三、关于夫妻共有的特殊不动产的分割

除军产房这一特殊不动产外，北京目前较为特殊的不动产还包括两限房、限竞房、共有产权房等，这些特殊房产的取得资质、上市时间、交易税费、产权份额等均不同于普通商品房。对于这些房产的分割需要审判者建立一种思维框架，结合民法典物权编的相关规定，层层拆解，区分按份共有与共同共有，依法将个人部分析出，公平合理地予以分割。如《最高人民法院关于适用〈中华人民共和国民法典〉婚姻家庭编的解释（一）》第二十九条、第三十二条、第七十八条均对于夫妻双方购买的不动产如何具体分割进行了细化规定。实务中，甚至有婚前以结婚为目的共同购房、婚前一方支付大部分首付购买等复杂情形，在离婚分割时，需要考虑不动产购买时间、出资、还贷、登记、约定等不同情况，绝非一刀切对半分。同样，配偶一方去世后，继承其在夫妻共有的特殊不动产时，仍应遵循上述夫妻共有房屋处理规则，依法析清双方份额，公平合理地予以分割，保护双方的合法财产权益。

编写人：北京市第一中级人民法院　张琳　谷文博

三、申请人身安全保护令

44

人身安全保护令是家暴案件的“紧箍咒”

——韦甲申请人身安全保护令案

【案件基本信息】

1. 裁判书字号

广西壮族自治区柳州市柳江区人民法院（2021）桂0206民保令2号民事裁定书

2. 案由：离婚纠纷

3. 当事人

原告：韦甲

被告：韦乙

【基本案情】

1994年5月27日，韦甲与韦乙登记结婚，双方婚后生育三名子女。婚后，韦乙长期暴力殴打、威胁、恐吓韦甲。韦甲为了正常地生活和工作，向法院提出离婚，并根据《中华人民共和国反家庭暴力法》的相关规定提出人身安全保护令申请。

【法院裁判要旨】

广西壮族自治区柳州市柳江区人民法院经审理认为，申请人韦甲因遭受家庭暴力，向人民法院申请人身安全保护令，提交了韦乙烧毁其衣物并辱骂其的录像光碟、韦乙殴打韦甲后书写的保证书、韦甲申请调取其被韦乙殴打时的报警出警处理材料等证据，可证实韦甲有遭受家庭暴力或者面临家庭暴力现实危险的情形，其申请符合《中华人民共和国反家庭暴力法》第二十七条“作出人身安全保护令，应当具备下列条件：（一）有明确的被申请人；（二）有具体的请求；（三）有遭受家庭暴力或者面临家庭暴力现实危险的情形”。

广西壮族自治区柳州市柳江区人民法院依照《中华人民共和国反家庭暴力法》第二十六条、第二十七条、第二十八条、第二十九条之规定，作出裁定：

一、禁止被申请人韦乙对申请人韦甲实施家庭暴力；

二、禁止被申请人韦乙骚扰、跟踪、干扰申请人韦甲的工作和生活。

【法官后语】

在一个文明和法治的社会，家庭暴力不仅是对家庭秩序的破坏，更是对社会文明和法治底线的突破。2016年《中华人民共和国反家庭暴力法》（以下简称《反家庭暴力法》）确立了人身安全保护令制度，人身安全保护令在施暴者与受害者之间设立了一把“保护伞”，大幅度降低了家庭暴力再发生的概率。《中华人民共和国民法典》第一千零四十二条第三款明确规定“禁止家庭暴力”，提升了司法干预家庭暴力的力度，强化了司法保护人权的功能。在司法实践中，颁发人身安全保护令需重点关注以下问题：

一、人身安全保护令的申请人

想要启动人身安全保护令程序，应当由当事人或法定主体依法向人民法院提出申请。人身安全保护令既可以由当事人本人申请，也可以由其他有权主体代为申请。根据《反家庭暴力法》第二十三条第二款规定，当事人是无民事行为能力人、限制民事行为能力人，或者因受到强制、威吓等原因无法申请人身安全保护令的，其近亲属、公安机关、妇女联合会、居民委员会、村民委员会、救助管理机构可以代为申请。申请应当以书面方式提出，但是书面申请确有困难的，可以口头申请，由人民法院记入笔录。

二、申请人身安全保护令的前提条件

当事人申请人身安全保护令的前提是“遭受家庭成员或共同生活人的家庭暴力或者面临家庭暴力的现实危险”。根据全国人大法工委对《反家庭暴力法》的解读，家庭暴力范围主要包括身体暴力和精神暴力，性暴力和抚养、赡养义务人忽视照料或拒绝履行抚养、赡养义务的情况也属于家庭暴力的范围。司法实践中，人民法院在决定是否颁发人身安全保护令时，对受害者提出其遭受家庭暴力的威胁或面临家庭暴力的主张进行审查时，应注意以下几点：

（一）家庭暴力的举证责任由申请人承担，法院必要时可以主动收集

因家庭暴力行为具有封闭性、隐秘性，不易被外人察觉，加之受害人举证意识淡薄，经常存在受害人没能及时有效地收集证据，由此家庭暴力认定难，无法对加害人进行必要的惩罚仍是目前的处理难点。在处理人身安全保护令案件时，不应当机械套用“谁主张，谁举证”的举证原则，应该适当放宽受害人的举证责任，必要时人民法院应依职权进行调查取证。最高人民法院在强化人身安全保护令的司法实践上，明确提出，通过召开座谈会、培训等方式禁令减轻当事人的举证责任，适当放宽标准，同时加大人民法院依职权调查取证的力度。[1] 此外，各地方法院也出台了相应的司法文件，如《重庆市高级人民法院人身安全保护令工作指引》[2] 明确规定，申请人若缺乏举证能力，人民法院应当向其履行释明义务，指导申请人举证。《成都市中级人民法院人身安全保护令适用规则（适行）》[3] 中也进一步规定了，必要时法官可主动调查收集证据。

---

① 最高人民法院民一庭：《家暴认定仍是难点，可适当减轻当事人举证责任》，载微信公众号“最高人民法院司法案例研究院”，2021年3月14日访问。

② 《重庆市高级人民法院发布人身安全保护令工作指引》，载重庆法院网（chinacourt. gov. cn），2021年4月3日访问。

③ 《成都中院制定〈适用规则〉规范人身安全保护令适用》，载成都法院网（chinacourt. gov. cn），2021年4月3日访问。

（二）“遭受了家庭暴力和面临遭受家庭暴力的危险”两者的认定需要注意区分。

《反家庭暴力法》第二十三条规定，当事人因遭受家庭暴力或者面临家庭暴力的现实危险，向人民法院申请人身安全保护令的，人民法院应当受理。从这一规定可以推测出，“遭受家暴”和“家暴危险”是家暴证明的选择性对象，二者满足其一即可。总体来讲，法官在认定是否遭受家暴或面临家暴危险时需要在对初步证据进行审查的基础上，运用经验法则进行判断。

第一，关于面临遭受家暴危险的认定。面临遭受家暴危险的认定存在两个难点：一方面，家暴危险的发生在时间上是将来事件，法官在审理案件时并不存在家暴事实和危害结果，证明一个将来可能发生，也可能不发生的“危险”存在困难；另一方面，危险是被判断为具有侵害法益的可能性与盖然性的状态，相较于实际发生的危险，危险在认定时更依赖于法官的自由心证。笔者认为，面临遭受家暴的危险是指行为的危险，而非结果的危险，在认定时需要综合衡量被申请人是否有言语上的威胁或恐吓、行为上是否有轻微暴力或者为行凶准备工具等，同时还要了解被申请人是否有既往家暴史。

第二，关于受害人主张实际遭受家庭暴力的认定。关于人身安全保护令中“遭受家暴”的标准应当注意与刑事案件和民事赔偿类案件中的“家暴证明”作出区分。刑事案件的家暴证明需要达到排除一切合理怀疑的程度，民事赔偿类的家暴证明需要具有高度盖然性，对于保护令中的家暴证明，笔者认为只要申请人的证据达到优势证明标准，根据逻辑推理、经验法则内心确信其可能遭受家暴即可发出人身安全保护令，最大限度地保护受害人的合法权益。遭受家暴事实可以通过受害人提供的伤情照片、身体伤痕、协议录音、证人作证、医疗诊断书以及投诉报警记录等证据得到证明，需要注意的是，这些证据并非必要条件，也并不要求一定有严重损害后果。此外，法官还可以详细了解双方感情基础、纠纷产生过程、既往家暴史以及感情现状等信息综合认定既往家暴是否存在。

总之，法官在决定是否颁发保护令时需要注意区分“遭受了家庭暴力和面临遭受家庭暴力的危险”。在认定时需要在证据基础上，运用经验法则和逻辑理性作出判断。

（三）精神暴力的认定

精神暴力具有隐蔽性、主观性和无形性特点，婚姻关系中的受害人也很难发觉，法官在司法实践中认定精神暴力需要根据经验法则作出判断。在心理学上，精神暴力的表现包括在他人面前羞辱、贬低对方价值，不断地指责和质疑对方等。笔者认为应当基于个案，综合衡量冷暴力的时间长短、分居状态、与其他异性伴侣的界限等作出是否颁发人身安全保护令的决定。

三、人身安全保护令的措施

根据《反家庭暴力法》第二十九条规定，人身安全保护禁令的措施包括禁止被申请人实施家庭暴力，禁止被申请人骚扰、跟踪、接触申请人及其相关近亲属，责令被申请人迁出申请人的住所，保护申请人人身安全的其他措施。申请人申请时既可以申请其中一项，也可以同时申请多项，请求的内容不足以保护其人身安全的，法院应当向其履行释明义务，增加相应的申请请求。法院作出的人身安全保护裁定内容应当尊重当事人的请求，不得擅自变更。

四、当事人对人身安全保护令裁定不服的救济措施

当事人对人身安全保护令的裁定不服的，可以申请复议，但是复议期间不停止人身安全保护令的执行。《反家庭暴力法》第三十一条规定了复议的情形，一是申请人申请人身安全保护令，人民法院裁定驳回其申请。申请人认为其人身安全保护令申请符合法律规定要件，法院作出驳回申请的裁定存在错误的情形。二是人民法院根据申请人的申请作出人身安全保护令后，被申请人认为人身安全保护令的作出不符合法律规定要件可以向作出裁定的人民法院申请复议。复议期间不停止人身安全保护令的执行，可以避免复议申请人利用复议程序拖延或规避人身安全保护令的执行，发挥保护令迅速及时保护受害人的功能。

五、其他应注意的问题

第一，人身安全保护令不以申请人提起家事诉讼为前提，申请涵盖诉前、

诉中、诉后各时间段，[1] 申请既可以在诉讼程序中适用，也可以完全与诉讼程序脱离。

第二，人身安全保护令无须申请人提供担保。作出人身安全保护令不是为了保障裁判结果能够得以实现，而是为了防止损害后果的扩大或损害的实际发生，因此提供担保以保证裁判结果实现的目的不存在[2]；此外，要求申请人提供担保在一定程度上会限制申请人提起禁令的需求。

第三，人身安全保护令的执行主体是人民法院，协助执行主体是公安机关以及居民委员会、村民委员会等。裁定作出后，应立即向当事人住所地的辖区派出所、社区、妇联等单位送达裁定书，并发出协助执行通知，社区民警和妇联干部通过不定期回访、心理辅导等方式督促被申请人严格遵守裁定内容；此外，基层群众自治组织也在社区邻里间发挥着社会监督作用。

具体到本案，韦甲、韦乙二人系夫妻关系，婚后韦乙长期暴力殴打、威胁、恐吓韦甲，韦甲提出离婚的同时向人民法院申请人身安全保护令，满足《反家庭暴力法》第二十七条规定的作出人身安全保护令的三个条件：有明确的被申请人、有具体的请求、有遭受家庭暴力或者面临家庭暴力现实危险的情形，因此应当予以签发。

编写人：广西壮族自治区柳州市柳江区人民法院　莫俊玲

最高人民法院司法案例研究院与复旦大学联合培养实习生　王雪瑞

---

① 《以案说法丨申请人身安全保护令无需依附离婚诉讼》，载微信公众号“全国妇联女性之声”，2021 年 11 月 30 日访问。

② 程啸：《论我国民法典中的人格权禁令制度》，载《比较法研究》2021 年第 3 期。

ISBN 978-7-5216-2502-8

图书在版编目（CIP）数据

中国法院2022年度案例．婚姻家庭与继承纠纷/国家法官学院，最高人民法院司法案例研究院编．—北京：中国法制出版社，2022.2

ISBN 978-7-5216-2502-8

Ⅰ．①中… Ⅱ．①国…②最… Ⅲ．①婚姻家庭纠纷-案例-汇编-中国②继承法-民事纠纷-案例-汇编-中国 Ⅳ．①D920.5

中国版本图书馆CIP数据核字（2022）第025250号

策划编辑：李小草　韩璐玮（hanluwei666@163.com）

责任编辑：韩璐玮　　封面设计：李宁

中国法院2022年度案例．婚姻家庭与继承纠纷

ZHONGGUO FAYUAN 2022 NIANDU ANLI. HUNYIN JIATING YU JICHENG JIUFEN

编者/国家法官学院，最高人民法院司法案例研究院

经销/新华书店

印刷/三河市紫恒印装有限公司

开本/730毫米×1030毫米　16开　　印张/14.75　字数/179千

版次/2022年2月第1版　　2022年2月第1次印刷

中国法制出版社出版

书号 ISBN 978-7-5216-2502-8　　定价：58.00元

北京市西城区西便门西里甲16号西便门办公区

邮政编码：100053　　传真：010-63141600

网址：http://www.zgfzs.com　　**编辑部电话：010-63141790**

市场营销部电话：010-63141612　　**印务部电话：010-63141606**

（如有印装质量问题，请与本社印务部联系。）